马克思主义哲学研究文选

徐亦让 著

中国社会科学出版社

图书在版编目（CIP）数据

马克思主义哲学研究文选 / 徐亦让著. -- 北京：
中国社会科学出版社，2025.3. -- ISBN 978-7-5227
-4792-7

Ⅰ. B0-0

中国国家版本馆 CIP 数据核字第 2025G846Q9 号

出 版 人	赵剑英
责任编辑	刘 洋
责任校对	王 潇
责任印制	张雪娇

出　　版	中国社会科学出版社
社　　址	北京鼓楼西大街甲 158 号
邮　　编	100720
网　　址	http：//www. csspw. cn
发 行 部	010 - 84083685
门 市 部	010 - 84029450
经　　销	新华书店及其他书店

印　　刷	北京君升印刷有限公司
装　　订	廊坊市广阳区广增装订厂
版　　次	2025 年 3 月第 1 版
印　　次	2025 年 3 月第 1 次印刷

开　　本	710×1000　1/16
印　　张	20.75
插　　页	2
字　　数	270 千字
定　　价	128.00 元

前　言

马克思说他的新贡献就是证明了："（1）阶级的存在仅仅同生产发展的一定历史阶段相联系；（2）阶级斗争必然导致无产阶级专政；（3）这个专政不过是达到消灭一切阶级和进入无阶级社会的过渡……"①

由此可见，马克思主义的无产阶级革命与空想社会主义相反，不是和平改良，而是用暴力革命夺取政权，建立无产阶级专政的社会主义国家，剥夺地主和资本家的生产资料收归国家和集体所有，实行按劳分配，并逐步过渡到按需分配的共产主义社会。巴黎公社的第一次实践虽然被镇压，但经过马克思的科学总结，列宁和斯大林在俄国的第二次实践就成功了，证明了马列主义的科学。而我国在毛泽东和周恩来等同志的领导下进行的农村包围城市的新民主主义革命也取得了胜利，又一次证明了暴力革命的科学性。

随着改革开放，我国社会主义事业发展到新的阶段，阶级斗争似乎过时，逐渐远离了实际工作和学术探讨。等到冷战结束，更引起广泛"反思"，似乎苏联解体证明它那条经典的革命道路终究是走不通的，至少需要大量的"补充"和"修正"。诚然路线正确与否是决定一切的起点，但苏联解体的一个原因，恰恰是从

---

① 《马克思恩格斯选集》第 4 卷，人民出版社 2012 年版，第 426 页。

赫鲁晓夫开始大搞修正主义，把指导思想从马克思主义的唯物史观转为人道主义的唯心史观。我们更要搞清马克思主义的本来面目，才能守住理论建设的根本，顶住国内外形形色色思潮的冲击。

为此，在中国社会科学出版社的帮助下，我出版了《基于马克思主义原典的哲学研究》一书。本书作为补充，选编了另外一些文章，主要涉及的内容为：第一，马克思主义的出发点是什么；第二，马克思主义视角下对一些基本概念的探析；第三，国内发展马克思主义理论的一些误解。其中一些文章发表过，未注明出处的皆为首次发表。对过去发表的文章中所参考引用的马列原著的内容，已按照最新版本进行了核对、修订。

当然，一己之见难免有错，一切要以马列原著为准。

目　录

第三编

第一编

评"人是马克思主义的出发点"[*]

近几年来，我国理论界有的同志也宣传"人是马克思主义的出发点"。这种观点很有迷惑性，必须弄清它究竟错在什么地方。否则，即使今天认为它错了，由于思想上没有搞通，在一定条件下，又可能重复类似的错误。

应当指出，如果认为做饭、穿衣服、盖房子都要从人出发，只要不把这个"人"当作一个抽象概念，那是无可非议的。因为做这些工作不从人出发，就可能造成饭没人吃、衣服不能穿、房子不能住的后果。因此，做饭不仅要看人数多少，而且要看大家爱吃什么、不爱吃什么；裁衣服首先要考虑式样、量好尺寸；盖房子要注意居住的方便和需要，不能不管三七二十一就在那里瞎干。这是人们都知道的常识。不过，即使做这些工作也不能只从人出发，还需要考虑各个方面的条件，否则也是搞不好的。这都不必多说。

提出"人是马克思主义的出发点"的理论，显然不是为了处理这些日常生活的问题，而是要说明马克思主义作为一种世界观，它是从人出发的。也就是说，在研究自然、社会和思维的规律时，马克思主义不是从这些对象出发，而是从"人"出发。这是完全错误的，也根本不是马克思主义的观点。因为自然科学工作者早

＊ 本文发表于《解放日报》1983 年 12 月 14 日。

已知道，不从他自己所研究的自然对象出发，就不可能找到它的规律。思维虽然是属于人的，但是每个形式逻辑的研究者也知道，研究思维的规律，不能只从"人"出发，而是必须从人们的思想活动出发。离开人们的思维过程，是不可能发现任何思维规律的。同样，社会虽然也是属于人的，但是研究社会的规律，也不能只从"人"出发，而是必须从人们的社会活动出发，这个道理在马克思发现唯物史观以前，人们是不知道的。他们往往从"人"出发，而不是从人们的社会活动出发。因此，他们都没有发现社会发展的客观规律，只能在黑暗中摸索，难免对社会现象做出各种各样唯心主义的解释。

只有在马克思发现唯物史观以后，才第一次在人类历史上打破了研究社会问题的唯心主义世界观。他在批判黑格尔法哲学以后，得出这样一个结论："法的关系正像国家的形式一样，既不能从它们本身来理解，也不能从所谓人类精神的一般发展来理解，相反，它们根源于物质的生活关系，这种物质的生活关系的总和，黑格尔按照18世纪的英国人和法国人的先例，概括为'市民社会'，而对市民社会的解剖应该到政治经济学中去寻求。"① 因此，他研究政治经济学就是为了解剖"市民社会"。虽然对"市民社会"这个概念，人们至今还有不同的理解，但是，马克思和恩格斯在《德意志意识形态》中第一次系统地阐明唯物史观时，就已经说过："在过去一切历史阶段上受生产力所制约、同时也制约生产力的交往形式，就是市民社会。"又说："市民社会包括各个个人在生产力发展的一定阶段上的一切物质交往。"② 他们在这里所说的"交往形式"，相当于后来的生产关系。因此，作为"一切物质交往"形式的"市民社会"，也就是后来所说的"生产关系的总和"，即社会经济结构的意思。

---

① 《马克思恩格斯选集》第2卷，人民出版社2012年版，第2页。
② 《马克思恩格斯全集》第3卷，人民出版社1960年版，第40、41页。

　　在马克思研究政治经济学的过程中，他自己还有一个准确的说明："我在巴黎开始研究政治经济学，后来因基佐先生下令驱逐而移居布鲁塞尔，在那里继续进行研究。我所得到的，并且一经得到就用于指导我的研究工作的总的结果，可以简要地表述如下：人们在自己生活的社会生产中发生一定的、必然的、不以他们的意志为转移的关系，即同他们的物质生产力的一定发展阶段相适合的生产关系。这些生产关系的总和构成社会的经济结构，即有法律的和政治的上层建筑竖立其上并有一定的社会意识形式与之相适应的现实基础。物质生活的生产方式制约着整个社会生活、政治生活和精神生活的过程。不是人们的意识决定人们的存在，相反，是人们的社会存在决定人们的意识。社会的物质生产力发展到一定阶段，便同它们一直在其中运动的现存生产关系或财产关系（这只是生产关系的法律用语）发生矛盾。于是这些关系便由生产力的发展形式变成生产力的桎梏。那时社会革命的时代就到来了。随着经济基础的变更，全部庞大的上层建筑也或慢或快地发生变革。"①

　　马克思这段精彩的表述，对于我们今天弄清马克思主义的出发点，是多么重要啊！他就这样从人们的生产活动出发，把社会发展的规律归结为从生产出发的生产力和生产关系、经济基础和上层建筑的矛盾运动，在人类历史上树立了唯物主义历史观的科学旗帜。他在这个理论指导下，还用《资本论》阐明了剩余价值学说。列宁说："自从《资本论》问世以来，唯物主义历史观已经不是假设，而是科学地证明了的原理。""唯物主义历史观始终是社会科学的同义词"，"是唯一科学的历史观。"② 正是马克思发现了唯物史观和剩余价值学说，恩格斯说："社会主义变成了科

① 《马克思恩格斯选集》第 2 卷，人民出版社 2012 年版，第 2 页。
② 《列宁全集》第 1 卷，人民出版社 2013 年版，第 112 页。

学"①。

　　研究科学社会主义是为了解放全人类,否则研究它还有什么意义呢? 但是问题就在于,不弄清解放全人类的条件,就不可能使社会主义从空想变成科学,无论怎样美好的愿望也是不能实现的。因此,当瓦格纳谈论什么是"人的自然愿望"时,马克思说:"'人'? 如果这里指的是'一般的人'这个范畴,那末他根本没有'任何'需要;如果指的是孤立地站在自然面前的人,那末他应该被看做是一种非群居的动物;如果这是一个生活在不论哪种社会形式中的人,——瓦格纳先生就是这样假设的,因为他的'人',虽然没有受大学教育,但至少会说话,——那末出发点是,应该具有社会人的一定性质,即他所生活的那个社会的一定性质,因为在这里,生产,即他获取生活资料的过程,已经具有这样或那样的社会性质。"② 因此,不能抽象地谈论"人的需要",必须从客观实际条件出发。恩格斯研究了社会主义从空想到科学的发展以后得出结论:"完成这一解放世界的事业,是现代无产阶级的历史使命。深入考察这一事业的历史条件以及这一事业的性质本身,从而使负有使命完成这一事业的今天受压迫的阶级认识到自己的行动的条件和性质,这就是无产阶级运动的理论表现即科学社会主义的任务。"③

　　有人也许会说,即使马克思发现唯物史观是从生产出发的,也不能说马克思主义的世界观是从生产出发的,因为世界观不仅是历史观,还是自然观。而在人类开始生产以前,自然界早就存在了,怎么能从生产出发呢? 其实,从人出发也有这个问题。因为在人出现以前,自然界早已存在了,怎么能从人出发呢? 而发生这种问题的原因,就在于不了解人类是随着生产的开始而出现,

---

① 《马克思恩格斯选集》第 3 卷,人民出版社 2012 年版,第 797 页。
② 《马克思恩格斯全集》第 19 卷,人民出版社 1963 年版,第 404—405 页。
③ 《马克思恩格斯选集》第 3 卷,人民出版社 2012 年版,第 817 页。

没有生产也就没有人类。而人类对自然界的认识归根到底要受生产发展水平的制约。恩格斯总结了自然科学的发展史说："科学的产生和发展一开始就是由生产决定的。"① 因此，从生产出发，不仅为唯物主义的历史观开辟了道路，而且为辩证唯物主义的自然观开辟了道路，从而为整个马克思主义哲学开辟了道路。

因此，十分明显，马克思主义的三个组成部分的出发点不是"人"，而是人们的生产活动。马克思曾说："在社会中进行生产的个人，——因而，这些个人的一定社会性质的生产，当然是出发点。"② 因此，马克思发现唯物史观将近 40 年以后，当瓦格纳还把《资本论》歪曲为从人出发时，马克思则针锋相对地指出："甚至没有看出我的这种不是从人出发，而是从一定的社会经济时期出发的分析方法，同德国教授们把概念归并在一起（'以言语掉弄舌峰，以言语构成一个系统'）的方法毫无共同之点。"③ 可见，从"人"出发，还是从一定的经济关系出发，既是两种世界观的对立，又是两种方法论的对立。只要把马克思主义的出发点从经济关系改变为"人"，就会使马克思主义从世界观到方法论都倒退回从前的唯心主义思想体系。因此，这个"出发点"关系马克思主义能否存在的命运，不可等闲视之。

从"人"出发之所以不是马克思主义的，而是唯心主义的思想体系，就在于，这个"人"不是现实的人，而是抽象的人。道理很简单，现实的人要想存在，首先必须依靠吃、喝、穿、住等最起码的物质生活条件，否则，即使这个"人"今天还是活生生的人，几天以后，他就不得不变成一个完完全全的死人。因此，只要不从一定的经济关系出发，不管你说得多么好听，人都是不能生存的，因而不能不是抽象的人。从"抽象的人"出发来解释

---

① 《马克思恩格斯选集》第 3 卷，人民出版社 2012 年版，第 865 页。
② 《马克思恩格斯选集》第 2 卷，人民出版社 2012 年版，第 683 页。
③ 《马克思恩格斯全集》第 19 卷，人民出版社 1963 年版，第 415 页。

一切社会现象，就是过去一切社会学说之所以是唯心主义思想体系的根本原因。结果就把人们之间一切实实在在的经济关系都掩盖起来，而把人们本来受一定经济关系支配的思想感情都归结为一个抽象不变的"人类本性"。所以一切从"人"出发的理论也叫作"抽象的人性论"。

马克思的唯物史观正是在批判这种"人性论"的基础上发展起来的。他在 1845 年春写的《关于费尔巴哈的提纲》（以下简称《提纲》）中说道："费尔巴哈把宗教的本质归结于人的本质。但是，人的本质并不是单个人所固有的抽象物，实际上，它是一切社会关系的总和。"① 因此要想了解"人的本质"，就不能从"人所固有的抽象物"出发，只能从人们"一切社会关系的总和"出发。列宁抓住了这个关键，他说："唯物主义的社会学者把人与人间一定的社会关系当作自己研究的对象，从而也就是研究真实的个人，因为这些关系是由个人的活动组成的。"② 恩格斯在 1888 年回顾说，马克思这些笔记"作为包含着新世界观的天才萌芽的第一个文献，是非常宝贵的"③。现在有的同志为了说明"人是马克思主义的出发点"，往往援引马克思在 1845 年以前的著作，这是不足为据的。因为那时马克思还没有这个"新世界观的天才萌芽"。当时他的"真实思想"虽然已经远远地超过了费尔巴哈的"人性哲学"，但是还没有从世界观和哲学术语上抛弃费尔巴哈的人道主义思想体系。这在《1844 年经济学哲学手稿》和《神圣家族》中都可以看得很清楚。他在《神圣家族》中还说："有产阶级和无产阶级同是人的自我异化"，并把自己的哲学信仰叫作"现实的人道主义"或"真正的人道主义"。当时他的共产主义还是以人类本性自我异化的人道主义为理论基础的，并不是以历史唯

---

① 《马克思恩格斯全集》第 3 卷，人民出版社 1960 年版，第 5 页。
② 《列宁全集》第 1 卷，人民出版社 1984 年版，第 368 页。
③ 《马克思恩格斯选集》第 4 卷，人民出版社 2012 年版，第 219 页。

物主义的理论为基础的。只有从这个《提纲》开始，接着他和恩格斯在《德意志意识形态》中"共同钻研"了他们的观点和德国哲学思想体系之间的对立，实际上也是"清算"了他们自己从前的"哲学信仰"①后，才批判了费尔巴哈的人道主义，第一次系统地阐明了唯物主义的历史观，并把共产主义建立在这个科学理论的基础之上，标志着马克思主义开始形成。也只有从这个时候开始，马克思的著作才能成为马克思主义的证据，并且使我们知道，此后马克思的著作中，如果偶然还出现从前使用过的"哲学术语"，也不再是原来的意思了。因此，马克思的著作之所以成为马克思主义，除了从一定的经济关系出发以外，时间上还有一个1845年的分界线。掌握了这个分界线，不仅可以帮助我们弄清马克思在1845年以前的"真实思想"，还可以使我们懂得：把"人"当作马克思主义的出发点，在最好的情况下，也只能是坚持了马克思和恩格斯还没有"清算"过的"哲学信仰"，并且错误地把它当作马克思发现的新世界观。因此，不是坚持和发展了马克思主义，而是倒退到马克思制定唯物史观以前了，甚至倒退到费尔巴哈和黑格尔的哲学那里了。这样，我们当前在理论上的任务，就不是研究马克思创立唯物史观以前的思想，而是应当认真学习恩格斯晚年鉴于德国古典哲学在国外"好像有点要复活的样子"②而写的《费尔巴哈和德国古典哲学的终结》。因为这部著作可以帮助我们分清马克思主义和德国古典哲学的区别。只有在这个基础上才能提高我们的马克思主义水平，并且不断地用现代科研的新成就来丰富自己，正确解决当代实践中提出的各种新问题，为人类做出自己应有的贡献。

---

① 《马克思恩格斯选集》第 2 卷，人民出版社 2012 年版，第 4 页。
② 《马克思恩格斯全集》第 21 卷，人民出版社 1965 年版，第 411 页。

"人是马克思主义的出发点"
错在哪里？*

　　"人是马克思主义的出发点"的说法，现在人们已经知道是不对的。但是这种说法到底错在哪里，还是一个问题。有的人往往提出这样的疑问：既然马克思主义是为了解放全人类，为什么又不是从"人"出发呢？从思想上弄清这个问题是很重要的。

　　说"人是马克思主义的出发点"之所以是错误的，原因就在于，这个"人"，不是现实的人，而是抽象的人。因为现实的人要想生活下去，首先需要吃、喝、穿、住等最起码的物质生活条件。如果没有这种最起码的物质生活条件，不用说"解放全人类"，就是人的生命也难以维持。有人也许会说，从"人"出发，正是为了关心人的一切生活需要，因此，这个"人"不是抽象的人，而是现实的、活生生的人。

　　但据我所知，我国的哲学教材和有关论著，都只讲生产力和生产关系、经济基础和上层建筑的矛盾运动，人道主义者就说我们的哲学不关心"人"。因此，我在 1995 年出版的《人道主义到唯物史观——马克思世界观的飞跃》一书中，根据马克思恩格斯原著加上第一条说："生产是人类史的出发点"，然后再讲生产力和生产关系、经济基础和上层建筑的矛盾运动。但是人道主义者

---

　　* 本文发表于《工人日报》1984 年 1 月 12 日，有改动。

还说我的哲学没有"人"，需要存在主义的"人"来补充，而不知马克思恩格斯在《德意志意识形态》中制定唯物史观时就清算了从前人道主义的哲学信仰，把哲学变成和自然科学一样的实证科学。然而人道主义者还抓住"哲学"不放，而不知原始社会生产力水平极低，只能用公有制的平均分配，等到生产力水平有所提高，就开始了奴隶社会的奴隶和奴隶主、封建社会的农民和地主、资本主义社会的工人和资本家的阶级斗争。这种阶级斗争只有经过社会主义革命建立的无产阶级专政，经过按劳分配，彻底消灭阶级及其影响，才能自然进入共产主义高级阶段，实现全人类的彻底解放，否则都是空想。

可见，所谓从"人"出发，在任何时候都是行不通的空话。因为任何现实的人都要受一定生产条件的限制，不受任何生产条件限制的人是根本不存在的。但是从"人"出发的观点，却不讲关于"人"的这个最基本的前提，怎么不是抽象的人呢？马克思和恩格斯第一次系统地阐明唯物史观时，就已经强调指出，他们"这种世界观没有前提是绝对不行的"。而这些前提也就是"一些现实的个人，是他们的活动和他们的物质生活条件，包括他们已有的和由他们自己的活动创造出来的物质生活条件"①。只有生活在这种物质生活条件的基础之上的人才是现实的人。

有的同志之所以认为，"人是马克思主义的出发点"是符合马克思主义的唯物史观的，主要是由于这些同志不了解唯物史观的"物"是什么意思。他们以为"人"就是"自然物"，就是唯物史观的"物"，这是一种误解。唯物史观的"物"根本不是人这个"自然物"的意思，它是在生产过程中人与人之间的物质关系，也就是生产关系的总和，即通常所说的"经济基础"。列宁指出，马克思"所用的方法就是从社会生活的各种领域中划分出经济领域

① 《马克思恩格斯选集》第 1 卷，人民出版社 2012 年版，第 146 页。

来，从一切社会关系中划分出生产关系来"①。因此，只有"从直接生活的物质生产出发"，才有唯物史观这个"物"的概念。而所谓从"人"出发的观点，错就错在把"人"当作唯物史观的"物"，也就是把"人本身"和"人与人之间的经济关系"混为一谈。

马克思还在方法论上批评了从"人"出发的错误观点。他说，从现实的前提开始，例如，在经济学上，从人口开始"似乎是正确的。但是，更仔细地考察起来，这是错误的。如果我，例如，抛开构成人口的阶级，人口就是一个抽象。如果我不知道这些阶级所依据的因素，如雇佣劳动、资本等等，阶级又是一句空话。而这些因素是以交换、分工、价格等等为前提的。比如资本，如果没有雇佣劳动、价值、货币、价格等等，它就什么也不是"②。正是从商品经济出发，马克思以无可辩驳的逻辑得出资本主义必然灭亡和共产主义必然胜利的结论。列宁说："马克思一次也没有利用这些生产关系以外的什么因素来说明问题"③。"社会主义学说正是在它抛弃关于合乎人类天性的社会条件的议论，而着手唯物地分析现代社会关系并说明现今剥削制度的必然性的时候盛行起来的。"④

现在可以看到，马克思主义的三个组成部分，即辩证唯物主义的世界观、政治经济学和科学社会主义，都是在唯物史观这个"物"的基础上发展起来的。用"人"去代替这个"物"，整个马克思主义就失去了科学根据。历史唯物主义和历史唯心主义的根本区别在于，历史唯物主义不是以抽象的人、人性、人的本质等的概念为出发点，而是以具体的社会物质生活条件为出发点来解

① 《列宁全集》第1卷，人民出版社1955年版，第118页。
② 《马克思恩格斯选集》第2卷，人民出版社2012年版，第700页。
③ 《列宁全集》第1卷，人民出版社1955年版，第121页。
④ 《列宁全集》第1卷，人民出版社1955年版，第165页。

释历史。每个马克思主义者在这个"出发点"上都不能有丝毫含糊。而在马克思发现唯物史观将近一个半世纪的今天，还宣传"人是马克思主义的出发点"，不管其主观愿望如何，客观上则不是坚持和发展马克思主义，而是在世界观和方法论上的倒退。如不弄清这个问题，结果就会把马克思早已指明了的解放全人类的道路模糊起来，使人们重新在黑暗中摸索，不知阶级斗争必然导致无产阶级专政，而且只有无产阶级专政才能完成共产主义建设任务，其他都是空想。

怎样"重视人的问题"

近年来，我国理论界有些同志宣传"人是马克思主义的出发点"的一个重要理由，即认为目前的马克思主义哲学教科书"不重视人的问题"，极少触及"人的价值"和"人的解放"等问题，还往往把产生这种现象的原因归结为斯大林1938年发表的《辩证唯物主义和历史唯物主义》。这是一种误解。目前的马克思主义哲学教科书尽管还存在各种各样的缺点、错误，但一般都知道马克思主义哲学是一种世界观。它反对崇拜"抽象的人"，正是为了唯物地研究"现实的人"。这才是重视人的问题，恩格斯干脆称之为"关于现实的人及其历史发展的科学"①。

马克思主义作为一种世界观，第一次将唯物主义运用到历史领域，创立了唯物主义历史观，科学地说明了人类发展的全部历史。从人类起源到原始社会、奴隶社会、封建社会、资本社会乃至未来的共产社会，对每一个历史阶段上的人，它都做了客观分析。因为"唯物主义的社会学者把人与人间一定的社会关系当做自己研究的对象，从而也就是研究真实的个人"②，学过马克思主义社会发展史的人都知道，除了抽象的人以外，一切现实的人都包括在内。世界上还没有一种"主义"像这样对人类历史的全部

---

① 《马克思恩格斯选集》第4卷，人民出版社2012年版，第247页。
② 《列宁全集》第1卷，人民出版社2013年版，第374页。

发展历程做出如此全面而正确的解释。

在这种科学研究的过程中，马克思主义第一次搞清了"一般生产曾经在物种方面把人从其余的动物中提升出来"①，所以劳动人民才是历史的真正创造者。这充分肯定了劳动人民的价值，也从根本上否定了一切剥削者的价值——他们不创造任何物质和精神财富，而是劳动人民身上的寄生虫。只要世界上还存在剥削者，就不该泛泛谈论"人的价值"，因为每个人的价值不在他的"人"自身，而在于他有没有创造物质或精神财富，对人类历史有没有贡献。而如果只是空泛讨论"人的价值"，就不能不包括剥削者在内，也就不能不肯定剥削者的价值。

同样，"由于文明时代的基础是一个阶级对另一个阶级的剥削，所以它的全部发展都是在经常的矛盾中进行的。生产的每一进步，同时也就是被压迫阶级即大多数人的生活状况的一个退步。对一些人是好事，对另一些人必然是坏事，一个阶级的任何新的解放，必然是对另一个阶级的新的压迫"②。因此，马克思主义者全心全意支持被压迫阶级反对压迫阶级的解放斗争，而不会一般地谈论"人的解放"。而若宣扬一般的"人的解放"，就不能不包括剥削阶级的解放，被剥削阶级也就失去了斗争的对象，解放也就成了一句自欺欺人的空话。

也许有人会说，我们谈的是在 20 世纪 80 年代的社会主义中国，剥削阶级在这里早已消灭，为什么还不能一般地"重视人的问题"，谈论"人的价值"和"人的解放"呢？但要知道，在这里，剥削阶级纵然消失，政治上和经济上的犯罪分子也没有完全消灭，国际上的帝国主义霸权依然存在——对他们也能一般地谈论这些吗？我们反对政治和经济上的犯罪分子，正是要保护全国广大劳动人民的利益，巩固社会主义制度，加快现代化建设；我

---

① 《马克思恩格斯选集》第 3 卷，人民出版社 2012 年版，第 860 页。
② 《马克思恩格斯选集》第 4 卷，人民出版社 2012 年版，第 194 页。

们反对帝国主义和霸权主义，也是支持世界各国人民的解放事业——这不是很简单的道理吗？说这是"不重视人的问题"、不尊重"人的价值"和"人的解放"，又是站到了谁的立场呢？

马克思主义哲学作为唯一科学的世界观，对每个人来说都很重要。因为每个人的行动无论自觉与否都要受到一定世界观的支配，而世界观正确与否对于每个人的一生能创造多大价值往往很有影响。恩格斯说："自然科学家相信：他们只有忽视哲学或侮辱哲学，才能从哲学的束缚中解放出来。但是，因为他们离开了思维便不能前进一步……所以他们完全作了哲学的奴隶，遗憾的是大多数都作了最坏的哲学的奴隶，而那些侮辱哲学最厉害的恰好是最坏哲学的最坏、最庸俗的残余的奴隶。""问题只在于：他们是愿意受某种坏的时髦哲学的支配，还是愿意受一种建立在通晓思维的历史和成就的基础上的理论思维的支配。"① 为了避免盲目受到坏哲学的支配，就必须学习通晓历史及其规律的马克思主义哲学，才能对万事万物产生正确的立场和态度，也就是要有一个正确的政治观点。毛泽东说："没有正确的政治观点，就等于没有灵魂。"② 马克思主义哲学才重视人们的"灵魂"。

不过，好的马克思主义哲学教科书在说明掌握正确世界观的重要性时，应当进一步指出：马克思主义哲学不是"一般人"的世界观，而是无产阶级的世界观。因为"一般人"只存在于哲学家的头脑中，在现实世界是没有的。从原始社会进入阶级社会以后，世界上就只有奴隶和奴隶主、农民和地主、工人和资本家以及处于这些阶级之间正在分化的人。马克思主义哲学之所以不是其他人和阶级的世界观，而是无产阶级的世界观，就是因为它反映了无产阶级的历史地位。其他的人和阶级要么早已消失，要么走向灭亡，而无产阶级不仅是现代大工业的产物，并且随着大工

① 《马克思恩格斯全集》第 20 卷，人民出版社 1971 年版，第 551—552 页。
② 《毛泽东文集》第 7 卷，人民出版社 1999 年版，第 226 页。

业的发展而壮大。无产者一无所有的阶级地位，决定了他们只有消灭一切私有制，实现共产主义才能得到解放。这就是让受压迫、受剥削的劳动人民做社会的主人，自觉地共同组织社会生产和分配，也就消除了人与人之间的生存竞争，从而"在社会方面把人从其余的动物中提升出来"①，进入一个新的历史阶段。

斯大林的《论辩证唯物主义和历史唯物主义》教科书，不管有多少缺点、错误，它的第一句话就抓住了马克思主义哲学的实质："辩证唯物主义是马克思列宁主义党的世界观。"② 这正是一些哲学教科书所没有的优点，因为只有马列主义政党才集中代表无产阶级的利益，而且不屑隐瞒自己的观点和意图。从最开始的《共产党宣言》就宣告："共产党人同其他无产阶级政党不同的地方只是：一方面，在无产者不同的民族的斗争中，共产党人强调和坚持整个无产阶级共同的不分民族的利益；另一方面，在无产阶级和资产阶级的斗争所经历的各个发展阶段上，共产党人始终代表整个运动的利益。因此，在实践方面，共产党人是各国工人政党中最坚决的、始终起推动作用的部分；在理论方面，他们胜过其余无产阶级群众的地方在于他们了解无产阶级运动的条件、进程和一般结果。"③ 共产党人在斗争中必须联合其他一切革命的政党和组织，但必须始终保持自己在政治和思想上的独立性。正如毛泽东说："马克思主义的哲学辩证唯物论有两个最显著的特点：一个是它的阶级性，公然申明辩证唯物论是为无产阶级服务的；再一个是它的实践性，强调理论对于实践的依赖关系，理论的基础是实践，又转过来为实践服务。"④ 世界上还有其他什么政党能像共产党人这样在马克思主义指导下全心全意地为无产阶级

① 《马克思恩格斯选集》第 3 卷，人民出版社 2012 年版，第 860 页。
② 《斯大林文集》，人民出版社 1985 年版，第 200 页。
③ 《马克思恩格斯选集》第 1 卷，人民出版社 2012 年版，第 413 页。
④ 《毛泽东选集》第 1 卷，人民出版社 1991 年版，第 284 页。

的革命实践服务吗？如果哪个共产党人不为无产阶级革命服务，那也不是马克思主义的问题，而是他背叛了马克思主义的信仰，心底藏着见不得人的东西。

宣传"人是马克思主义的出发点"，不仅仅是一个哲学问题。因为马克思主义除了哲学还有政治经济学和科学共产主义学说，是三个部分组成的完整体系。要知道，现代资产阶级有的思想家，把《资本论》也说成黑格尔哲学著作，企图把整个马克思主义都归结为一门哲学。因此，说到马克思主义的出发点，必须明确其组成部分。既然马克思主义的哲学是研究现实的人及其历史发展的科学，包括人们怎样树立正确世界观在内，其余两个组成部分当然也是为了解决现实的人的问题，它们都是无产阶级世界观的深入和发展。

马克思主义政治经济学是研究生产关系的科学，是为了弄清人们在生产过程中所处的地位，也就是怎样获取自己的物质生活条件。这是人们维持生命的基本问题，如果不解决，其他一切都无从谈起。而且，马克思主义政治经济学不是一般地研究生产关系，而是集中研究了现代资本主义生产过程中最复杂的经济关系，才发现了资本主义生产的目的，即攫取工人阶级创造的剩余价值。马克思说："雇佣工人只有为资本家（因而也为同资本家一起分享剩余价值的人）白白地劳动一定的时间，才被允许为维持自己的生活而劳动，就是说，才被允许生存"。否则他们就没有生存的条件和权利。"因此，雇佣劳动制度是奴隶制度，而且劳动的社会生产力越发展，这种奴隶制度就越残酷，不管工人得到的报酬较好或是较坏。"[1] 所以，在今天的发达资本主义国家，即使有些高级工人得到了较高的酬劳，也不能改变他们被剥削的地位。除非消灭资本主义私有制和雇佣劳动，工人阶级虽然创造了整个社会的

---

[1] 《马克思恩格斯选集》第3卷，人民出版社2012年版，第370页。

物质和精神财富，但他们维持生命所必需的生活资料还受到资产阶级的支配。这就从现实的经济关系出发，为工人阶级的解放斗争指明了正确的方向。

至于科学共产主义学说，本就是无产阶级在反对资产阶级斗争中的理论核心，"是无产阶级解放的条件的理论概括"①。它和空想社会主义学说相反，不是想立即解放全人类，而是要首先解放无产阶级，然后才能解放全人类；而无产阶级不解放全人类，它自己也不能得到彻底解放。这不是马克思和恩格斯的空想，而是总结了阶级斗争的经验，在唯物史观指导下，对资本主义生产关系进行全面深入研究所得出的科学结论，早已由《资本论》这部不朽巨著和现代工人运动的全部实践所证明。恩格斯在 1892 年说："只要有产阶级不但自己不感到有任何解放的需要，而且还全力反对工人阶级的自我解放，工人阶级就应当单独地准备和实现社会变革。1789 年的法国资产者也曾宣称资产阶级的解放就是全人类的解放；但是，贵族和僧侣不肯同意，这一论断……很快就变成了一句纯粹是自作多情的空话而在革命斗争的火焰中烟消云散了。现在也还有不少人，站在不偏不倚的高高在上的立场向工人鼓吹一种凌驾于一切阶级对立和阶级斗争之上的社会主义，这些人如果不是还需要多多学习的新手，就是工人的最凶恶的敌人，是披着羊皮的豺狼。"② 如果不是对全人类的解放事业怀有最大的关心，怎能产生如此科学的义愤！

现在可以看到，马克思主义的三个组成部分，就是指导无产阶级解放的三门科学。只有把全世界的无产者都不放在"人"这个概念里，才能指责马克思主义"从不重视人的问题"、极少触及"人的价值"和"人的解放"。何况，今天在马克思主义的基础上早已建立了社会科学的许多专门学科，如历史、伦理、艺术、教

---

① 《马克思恩格斯全集》第 4 卷，人民出版社 1958 年版，第 312 页。
② 《马克思恩格斯选集》第 1 卷，人民出版社 2012 年版，第 70 页。

育、心理，等等，都是从不同方面研究人的问题；一些自然科学如医学、人类学等，也是直接关于人的问题；而即使不是直接研究人本身，也没有哪一种科学，最终不是为了改善人们的生活。在这种情况下，还说马克思主义不重视人的问题、应当从人出发重新研究"人的哲学"，就好像看到现代医学已经分出各科室，还说它不重视人的疾病、应当从人出发重新研究"人的医学"。

不过，人们都知道要在医学上放弃现有科室而重新建立"人的医学"是荒唐透顶的，但想否定马克思主义三个组成部分而重新建立"人的哲学"却大有人在。自从马克思的《1844年经济学哲学手稿》（以下简称《手稿》）于1932年全文发表以来，这种思想在西方理论界叫嚷了大半个世纪。起初，他们提出早期的"人道主义者的马克思"和后期的"唯物主义者的马克思"相对立，认为早期的《手稿》才是马克思的"中心著作"，而后期的著作显露出他"创作能力的某些衰退和削弱"。后来，他们发现这种说法不妙，因为只要有人指出早期"人道主义者的马克思"还不是马克思主义者，他们否定"唯物主义者的马克思"就是暴露了自己反马克思主义的本来面目。于是，他们改弦更张，说马克思的早期著作和后期著作是一脉相承的，以为这样就能更好地把马克思主义变成人道主义的道德说教。

但是，他们没想到马克思恩格斯早就防着这一手。1859年，马克思在《〈政治经济学批判〉序言》中说明自己思想的发展过程时就公开宣布，1845年春，他和恩格斯在布鲁塞尔共同制定唯物史观时，也清算了从前的哲学信仰；1888年，恩格斯在《费尔巴哈和德国古典哲学的终结》单行本序言中一开始就重申了马克思的说法，还在《关于共产主义者同盟的历史》中把这件事载入史册。他说，当1845年春，他和马克思在布鲁塞尔再次会面时，马克思已经"大致完成了阐发他的唯物主义历史理论的工作，于是我们就着手在各个极为不同的方面详细制定这种新形成的世界观了"①。他们这些观点第一次系统地表现为《德意志意识形态》。在这部著作中，他们不仅指出，"这些意见正是针对着费尔巴哈的"②，而且首先批判了费尔巴哈的人道主义哲学在历史观上的唯心论。他们说："当费尔巴哈是一个唯物主义者的时候，历史在他的视野之外；当他去探讨历史的时候，他决不是一个唯物主义者。在他那里，唯物主义和历史是彼此完全脱离的。"③ 后来，恩格斯发现马克思当时还有一篇《关于费尔巴哈的提纲》，视作"包含着新世界观的天才萌芽的第一个文献"④，也就宣告了批判费尔巴哈是马克思新世界观的标志。如果把马克思早期著作中的人道主义和后期著作中的唯物主义看作一脉相承，就是无视马克思恩格斯反复说明他们对从前哲学信仰的清算，全然不顾他们在 1845 年以前和以后的著作之间存在着不同哲学信仰的分界线。

马克思恩格斯说话算数，他们清算了从前的哲学信仰后，就再不是费尔巴哈派了，而是在唯物史观的基础上升起马克思主义的旗帜，向整个旧世界宣战。到 1888 年，恩格斯说："从那时起，已经过了 40 多年，马克思也已逝世"，而他们都"从来没有回顾过"费尔巴哈。⑤ 可见，他们和人道主义告别得多么彻底！如果不是德国古典哲学在国外"好像有点要复活的样子"⑥，恩格斯都不会想到进一步批判费尔巴哈学说呢。而这一次批判，他还是抓住了"抽象的人"的问题。他说，在费尔巴哈那里，"就形式讲，他是实在论的，他把人作为出发点；但是，关于这个人生活的世界却根本没有讲到，因而这个人始终是在宗教哲学中出现的那种抽象的人。这个人不是从娘胎里生出来的，他是从一神教的神羽

① 《马克思恩格斯选集》第 4 卷，人民出版社 2012 年版，第 203 页。
② 《马克思恩格斯全集》第 3 卷，人民出版社 1960 年版，第 20 页。
③ 《马克思恩格斯全集》第 3 卷，人民出版社 1960 年版，第 51 页。
④ 《马克思恩格斯选集》第 4 卷，人民出版社 2012 年版，第 219 页。
⑤ 《马克思恩格斯选集》第 4 卷，人民出版社 2012 年版，第 217 页。
⑥ 《马克思恩格斯全集》第 21 卷，人民出版社 1965 年版，第 411 页。

化而来的，所以他也不是生活在现实的、历史地发生和历史地确定了的世界里面；虽然他同其他的人来往，但是任何一个其他的人也和他本人一样是抽象的"①。可见，费尔巴哈的"人"之所以是抽象的，就是因为他没有讲到这个"人"生活于其中的那个世界。

而要讲到人们生活于其中的世界，就不能忽视其生活条件。因此，马克思"这种世界观没有前提是绝对不行的"②。而前提就是"一些现实的个人，是他们的活动和他们的物质生活条件，包括他们得到的现成的和由他们自己的活动所创造出来的物质生活条件"③。只从"现实的人"出发，却看不到一定的生活条件，就不知他何以维生，也不知道他的思想从何而来。唯物史观则为："从直接生活的物质生产出发来考察现实的生产过程，并把与该生产方式相联系的、它所产生的交往形式，即各个不同阶段上的市民社会，理解为整个历史的基础；然后必须在国家生活的范围内描述市民社会的活动，同时从市民社会出发来阐明各种不同的理论产物和意识形式，如宗教、哲学、道德等等，并在这个基础上追溯它们产生的过程。"④

因此，人们生活于其中的世界，就是生产力和生产关系、经济基础和上层建筑的矛盾运动。每个人从出生开始，就一刻也不能离开它而存在。马克思说："人的本质不是单个人所固有的抽象物，在其现实性上，它是一切社会关系的总和。"⑤ 马克思恩格斯还指出："每个个人和每一代当作现成的东西承受下来的生产力、资金和社会交往形式的总和，是哲学家们想象为'实体'和'人的本质'的东西的现实的基础，是他们神化了的并与之作斗争的

---

① 《马克思恩格斯选集》第4卷，人民出版社2012年版，第243页。
② 《马克思恩格斯全集》第3卷，人民出版社1960年版，第261页。
③ 《马克思恩格斯全集》第3卷，人民出版社1960年版，第23页。
④ 《马克思恩格斯全集》第3卷，人民出版社1960年版，第42页。
⑤ 《马克思恩格斯选集》第1卷，人民出版社2012年版，第139页。

东西的现实基础。"① 人道主义想当然的出发点——"人的本质"，现在第一次得到了科学的说明。所以，要想重视"人的问题""人的价值"和"人的解放"等，就不能再像过去的哲学家那样神化"人的本质"，而要认真研究"从生产出发"的生产力和生产关系、经济基础和上层建筑的矛盾运动。随着经济基础的变迁，"人的本质"也会发生变化。马克思在《资本论》第一版序言中就说明："这里涉及的人，只是经济范畴的人格化，是一定的阶级关系和利益的承担者。我的观点是把经济的社会形态的发展理解为一种自然史的过程。不管个人在主观上怎样超脱各种关系，他在社会意义上总是这些关系的产物。同其他任何观点比起来，我的观点是更不能要个人对这些关系负责的。"② 人道主义"重视人的问题"，只把人们所做的好事、坏事都归结为个人的"本性"就完事了，马克思却采取了科学分析的态度。

---

① 《马克思恩格斯全集》第 3 卷，人民出版社 1960 年版，第 43 页。
② 《资本论》第 1 卷，人民出版社 2004 年版，第 10 页。

评"只有人才是自然界的真正之本"

《哲学研究》2004 年第 5 期第 12 页的文章写道:"只有人才是自然界的真正之本。"这句话对今天的人来说,也许很难理解。因为自从生态学说传到我国,人们都知道,人来源于大自然,又将回归大自然,环保问题十分重要。因此,不要说哲学上的本体论,就是普通人也懂得,自然界才是人类生活的"真正之本"。通常说,生产力决定生产关系,就是把自然界当作人类生活的根本。因为生产力是人和自然的关系,即人从自然界中取得生活资料的能力,只有它的变化才能引起生产关系的变化,即劳动产品在人们之间的分配关系的变化。到 20 世纪了,怎么还要说违背这种常识的话呢?

原来,这不是偶然现象。该文章引三段马克思原文为依据,说是出自《马克思恩格斯全集》第 3 卷第 335、307、336 页,让人不能不信。

但实际上,《马克思恩格斯全集》第 3 卷中并没有那三段,它们是在第 42 卷第 178、128、179 页,都是在《1844 年经济学哲学手稿》(以下简称《手稿》)中。那么情况就很清楚了。正如恩格斯所说,他和马克思在 1844 年曾经是"费尔巴哈派",那时也"没有科学社会主义"。马克思在这份《手稿》的序言中也说明:"整个实证的批判,从而德国人对国民经济学的实证的批判,全靠费尔巴哈的发现给它打下真正的基础。""只是从费尔巴哈才开始了实证的人道主义的和自然主义的批判。"① 所以那三段都是费尔巴哈的人本主义观点，只是把它推到了新的高峰。

第一段说："被抽象地孤立地理解的、被固定为与人分离的自然界，对人说来也是无。"② 因为费尔巴哈的人本学承认人是自然界的一部分，所以在人这里，唯心主义所说的那种抽象、孤立、与人分离的自然界当然不存在，也就是"无"。

第二段说："在人类历史中……形成的自然界，是真正的、人类学的自然界。"③ 因为在人类历史中形成的自然界是人的现实的自然界，所以通过工业生产出来的物质产品，当然不是与人无关的自然界，而是适合人类生活需要的自然界。这才是"真正的、人类学的自然界"。

第三段说："作为自然界的自然界……它是无意义的，或者只具有应被扬弃的外在性的意义。"④ 因为在感性上不同于自然界的自然界，只是抽象的自然界，实际上并不存在，当然没有意义，应当"被扬弃"。

不难看出，这三段话是马克思用费尔巴哈的人类学把人及其物质产品都看作"自然界的一部分"，以此批判唯心主义把人和自然界都只看作抽象概念或概念外化的观点。因此，在人创造出来的自然界里，说"只有人才是自然界的真正之本"，就有一定道理。毕竟在这里的一切都是人创造的结果。

但是，只有把人看作"自然界的一部分"，即预先设定还有外部自然界的基础上，这才是正确的。否则，没有外部自然界的存在，人本身及其创造的一切都只能从天上掉下来；就算掉下来，也只能掉进虚空，不能掉在地球上。即使人有无穷的创造力，也

---

① 《马克思恩格斯全集》第42卷，人民出版社1979年版，第46页。
② 《马克思恩格斯全集》第42卷，人民出版社1979年版，第178页。
③ 《马克思恩格斯全集》第42卷，人民出版社1979年版，第128页。
④ 《马克思恩格斯全集》第42卷，人民出版社1979年版，第179页。

只能凭借自己的法术，不能利用外部自然界的资源，人本身及其创造的一切就只能是无中生有的臆想。

马克思和费尔巴哈当然不会这样幻想，所以《手稿》已经说明："没有自然界，没有感性的外部世界，工人就什么也不能创造。"① 并不是"只有人才是自然界的真正之本"，人只有在外部自然界的基础上才能产生和创造。

而且，马克思的《手稿》只是在批判黑格尔法哲学以后，发现解剖市民社会应当到政治经济学中去探讨的尝试。一方面，他想用"人类本性"的"异化劳动"来说明"私有财产的起源"②；另一方面，他又看到了"宗教、家庭、国家、法、道德、科学、艺术等等，都不过是生产的一些特殊的方式，并且受生产的普遍规律的支配"③。由此，人性的决定作用和生产的支配作用发生了矛盾，使他能够很快抛弃从人类本性或人本身出发的人本主义，转变为"从直接生活的物质生产出发"，考察现实的生产过程，说明人类社会发展的普遍规律的唯物史观。

因此，到 1845 年春，马克思不仅在《关于费尔巴哈的提纲》中批判了以费尔巴哈为代表的"旧唯物主义"，提出以自己为代表的"新唯物主义"，接着与恩格斯一起写《德意志意识形态》，共同钻研与德国哲学体系相对立的见解，实际上是"清算"自己从前的哲学信仰，制定他们自己发现的唯物史观，不仅像费尔巴哈的人本学那样在自然观上是唯物主义的，而且在历史观上批判了费尔巴哈人本学的唯心主义，也是唯物主义的，因而达到了彻底唯物主义的高度，完成了全部哲学史上的真正大革命。

只有从这时开始，马克思的著作才成为马克思主义的可靠证据。因为恩格斯说，马克思《关于费尔巴哈的提纲》是"包含着

---

① 《马克思恩格斯全集》第 42 卷，人民出版社 1979 年版，第 92 页。
② 《马克思恩格斯全集》第 42 卷，人民出版社 1979 年版，第 102 页。
③ 《马克思格斯全集》第 42 卷，人民出版社 1979 年版，第 121 页。

新世界观的天才萌芽的第一个文献"①，它第一次批判了包括费尔巴哈在内的"从前一切唯物主义"，已经发现他的人本主义或自然主义实际上不过是唯物主义不确切的表述，因而说明人的本质并不是单个人所固有的抽象物，实际上它是"一切社会关系的总和"。可见，"人的本质"不应当到"人本身"这个"自然界"中去寻找，而要用现实的"一切社会关系的总和"来说明。既然如此，"社会关系"当然就比"人本身"更为现实和根本，于是否定了"只有人才是自然界的真正之本"，揭穿了人是自然界的奥秘所在。原来，人不仅是自然界的一部分，而且就其现实性来说，它是生活在社会关系中的动物，因而不同于只生活在自然界中的动物。这就与人本主义或自然主义划清了界限。

马克思恩格斯在《德意志意识形态》中说："我们这些意见正是针对着费尔巴哈的，因为只有他才多少向前迈进了几步，只有他的著作才可以认真地加以分析。"② 而在阐明唯物史观以后又说："从这全部分析中还可以看出，费尔巴哈犯了多大的错误。"③费尔巴哈借助于"社会的人"这一规定，宣称自己是共产主义者。他把这一规定变成"人"的宾词，认为这样一来又可以把表达现存世界中的一定革命政党的拥护者的"共产主义者"一词变成一种空洞的范畴。他在人与人之间的关系问题上的全部推论无非要证明：人们是互相需要的，并且过去一直是互相需要的。他和其他理论家一样，只是希望达到对现存事实的正确理解，然而一个真正的共产主义者的任务却在于推翻这种现存的东西。他在《未来哲学》中承认现存的东西，却又不了解现存的东西，这也是"费尔巴哈和我们的对手的共同之点"④。

---

① 《马克思恩格斯选集》第 4 卷，人民出版社 2012 年版，第 219 页。
② 《马克思恩格斯全集》第 3 卷，人民出版社 1960 年版，第 20 页。
③ 《马克思恩格斯全集》第 3 卷，人民出版社 1960 年版，第 47 页。
④ 《马克思恩格斯选集》第 1 卷，人民出版社 2012 年版，第 177 页。

　　费尔巴哈谈到的是"人自身"而不是"现实的、历史的人"。"人自身"实际上是"德国人"。他没有看到自己周围的感性世界绝不是开天辟地以来就已存在的始终如一的东西，而是工业和社会状况的产物。这种连续不断的感性劳动生产是整个现存感性世界非常深刻的基础，哪怕只停顿一年，他就会看到不仅自然界发生了巨大的变化，而且整个人类世界以及它的直观能力，甚至它本身的存在也就没有了。当然，在这种情况下，外部自然界的优先地位仍然保存着，而这一切当然不适用于原始的、通过自然发生的途径产生的人们。

　　他把人只看作"感性的对象"，而不是"感性的活动"。因为他仍然停留在理论的领域，而没有从人们现有的社会关系和周围的生活条件来观察人们。因此，他从来没有看到真实存在着的活动的人，而是停留在抽象的"人"，并且仅仅限于感性范围内承认"现实的、单独的、肉体的人"，也就是说，除了爱和友情，而且是理想化了的爱和友情以外，他不知道"人与人之间"还有什么其他的"人的关系"。当他看到大批患病的贫民而不是健康的人的时候便不得不诉诸"最高的直观"和理想化的"类的平等化"，这就是说，正是在共产主义的唯物主义者看到改造工业和社会制度的必要性的条件的地方，他却重新陷入了唯心主义。当费尔巴哈是一个唯物主义者的时候，历史在他的视野之外；当他去探讨历史的时候，他决不是一个唯物主义者。在他那里，唯物主义和历史是彼此完全脱离的。实际上，人创造环境，同样环境也创造人。每个人和每一代当作现成东西承认下来的生产力、资金和社会交往形式的总和，是哲学家们想象为"集体"和"人的本质"的现实基础，是他们神化了的并与之斗争的东西的现实基础。

　　马克思恩格斯这样清算费尔巴哈人本学后，经过 40 多年，马克思也逝世了，他们都从来没有回顾费尔巴哈，可见他们与人本学的决裂多么彻底！只因德国古典哲学在国外"好像有点要复活的样子"，甚至在德国大学里"借哲学名义来施舍的折衷主义残羹剩汁，看来已惹得人人都讨厌起来了"，① 恩格斯才不得不用《路德维希·费尔巴哈和德国古典哲学的终结》一书再度批判费尔巴哈人本学的唯心主义："就形式讲，他是实在论的，他把人作为出发点；但是，关于这个人生活的世界却根本没有讲到，因而这个人始终是在宗教哲学中出现的那种抽象的人。这个人不是从娘胎里生出来的，他是从一神教的神羽化而来的，所以他也不是生活在现实的、历史地发生和历史地确定了的世界里面；虽然他同其他的人来往，但是任何一个其他的人也和他本人一样是抽象的。"② "我们一接触到费尔巴哈的宗教哲学和伦理学，他的真正的唯心主义就显露出来了。"③ 他说，人类各时代的彼此不同，仅仅是由于宗教上的变迁。人本主义有神论是自觉的宗教。在宗教的哲学里，我们终究还可以看到男人和女人，但是在伦理学里，连这最后的一点差别也消失了。追求幸福的欲望是人生下来就有的，所以应当成为一切道德的基础。这种道德论和先驱者一样，适用于一切时代、一切民族、一切情况，正因如此，它在任何时候和任何地方都是不适用的。

恩格斯这样批判后，到今天又过了一个多世纪，马克思的唯物史观不仅早已传遍世界，而且早已成为社会主义国家人民的常识。现在还要把马克思拉回到 1844 年的人本学上去，无视他在一个半多世纪以前就在哲学史上实行了大革命，还要信仰唯物史观的人都重新信仰被他彻底批判了的费尔巴哈人本学，这不是哲学史上最大的倒退吗？

何况，费尔巴哈的人本学也承认，人是自然界的一部分，因而人也不是脱离外部自然界的精灵，怎么还说"只有人才是自然

---

① 《马克思恩格斯全集》第 21 卷，人民出版社 1965 年版，第 411—412 页。
② 《马克思恩格斯选集》第 4 卷，人民出版社 2012 年版，第 243 页。
③ 《马克思恩格斯选集》第 4 卷，人民出版社 2012 年版，第 239 页。

界的真正之本""所以人是自然界的奥秘所在"呢？难道人也是外部自然界的"真正之本"和"奥秘所在"吗？那么"人本身"这个"自然界"又是从何而来、在哪儿生活下去呢？这不是比费尔巴哈的人本学更荒谬吗？

由此可见，现在这种哲学上的大倒退，不是倒退到费尔巴哈的人本学上去，而是要退到没有外部自然界也有人的产生和存在的彻底唯心主义上去，还想借马克思的名义挂靠在费尔巴哈的人本学上，也是找错了地方。这就像桃花源那样滑稽："问今是何世，乃不知有汉，无论魏晋。"

唯物史观与人道主义的对抗

胡乔木同志在《关于人道主义和异化问题》一文中总结了我国理论界在这个问题上的一场争论，指出："人是马克思主义的出发点"这个命题，"典型地混淆了马克思主义同资产阶级人道主义、历史唯物主义同历史唯心主义的界限"。提出这个命题的同志以为是从马克思的思想发展过程中得出结论，还引用了不少马克思的原著。而本文试图根据原著说明马克思的思想发展过程，虽曾受到资产阶级人道主义的影响，但他和恩格斯制定唯物史观时就清算了从前的哲学信仰，把出发点从人转到人的生产活动，才树立了马克思主义的旗帜。正因为这个出发点的转变，马克思才能和资产阶级人道主义划清界限。抓住这个思想转变过程，就不会再把马克思主义和人道主义混淆，也不会再在历史领域中把唯物论和唯心论混淆。这是正确理解马克思思想发展的关键。

一　人道主义对马克思的影响

资产阶级人道主义思想源远流长。从 14—16 世纪欧洲文艺复兴时期所出现的人文主义算起，到 19 世纪马克思主义诞生，已有约 500 年历史。其中，法国启蒙学派、英国古典政治经济学、德国古典哲学和空想社会主义，虽然表现形式、政治立场有所不同，但在理论上都以抽象不变的"人类本性"为起点和归宿，把"个性解放""人的价值""人的尊严"和自由、平等、博爱、正义等概念当作奋斗目标，只是从不同角度反映了资本主义经济关系发展的要求和弊病，不能不打上资产阶级人道主义的烙印。

马克思生长在 19 世纪初期的德国，虽然资本主义经济不甚发达，但也属于"进步"的欧洲，还靠近更加"进步"的英法，自然少不了人道思想的传播。生活在这种环境中，马克思在中学毕业论文里就表现出人道主义倾向："历史把那些为共同目标工作因而自己变得高尚的人称为最伟大的人物；经验赞美那些为大多数人带来幸福的人是最幸福的人"，"如果我们选择了最能为人类而工作的职业，那么，重担就不能把我们压倒，因为这是为大家作出的牺牲；那时我们所享受的就不是可怜的、有限的、自私的乐趣，我们的幸福将属于千百万人，我们的事业将悄然无声地存在下去，但是它会永远发挥作用"。① 如果不区别"为人类服务"和"为人民服务"的界限，就可能把这些天真的想法当作马克思主义的信念，使马克思主义变成封建资产阶级也能接受的东西。当时王室考试委员会特别赞赏马克思的天资，"衷心希望该生将由于得天独厚而获得应有的美好前程"，除了看他成绩优异，可能正是被他这种人道主义精神所感动。假如他们知道这位 17 岁的少年准备选择为全人类作出牺牲的职业，将是马克思主义的创始人，恐怕他们不但不会如此祝愿，还会把他驱逐出境呢。

马克思当时的思想大概受到启蒙学者的感染，还有宗教迷信的影响。毕竟他在作文中认为，"只有同基督交往，才能超越利己主义和个人主义的局限，过着真正合乎道德的生活"，离后来的马克思主义还有十万八千里。

进入大学以后，马克思一度向往康德和费希特，不喜欢黑格尔哲学那种"稀奇古怪的调子"。但在"青年黑格尔"运动中，

---

① 《马克思恩格斯全集》第 1 卷，人民出版社 1995 年版，第 459 页。

他很快钻进黑格尔思想的"大海"。他在 1837 年 11 月 10 日写信给父亲说："生活中往往会有这样的时机，它好象是表示过去一段时期结束的界标，但同时又明确地指出生活的新方向"①，"我同我想避开的现代世界哲学的联系却越来越紧密了"②。信仰黑格尔和他原来准备为全人类牺牲的思想并不矛盾。虽然黑格尔哲学从"绝对观念"出发，视人类为绝对观念发展的一个阶段；但是他的唯心辩证法和自我意识还有革命的方面，可以用作反对宗教信仰和封建专制的武器。马克思在博士论文中就用人的自我意识对抗神灵：自我意识具有最高的神性，"不应该有任何神同人的自我意识相并列"③。"对神的存在的一切证明都是对神不存在的证明，都是对一切关于神的观念的驳斥。"④ 他还借用悲剧中的普罗米修斯的台词说："我痛恨所有的神"，"你好好听着，我绝不会用自己的痛苦去换取奴隶的服役：我宁肯被缚在崖石上，也不愿作宙斯的忠顺奴仆"。⑤ 普罗米修斯在古希腊神话是一位造福人类而富有反抗精神的神明，他不顾主神宙斯的禁令，盗取天火送到人间，还把各种技术和知识传授给人类。宙斯发现后大怒，下令把他锁在高加索的山岩上，每天派鹰啄食其肝脏，多年后才得解放。所以他是为了人类不惜一切的象征。

怀着这种不惜自我牺牲的精神，马克思从柏林大学毕业后，就向普鲁士封建专制展开进攻，为自由和真理而战。他在《评普鲁士最近的书报检查令》中，针对德皇压制言论出版自由说："没有出版自由，其他一切自由都是泡影"⑥。针对"书报检查令不得

① 《马克思恩格斯全集》第 40 卷，人民出版社 1982 年版，第 8 页。
② 《马克思恩格斯全集》第 40 卷，人民出版社 1982 年版，第 16 页。
③ 《马克思恩格斯全集》第 1 卷，人民出版社 1995 年版，第 12 页。
④ 《马克思恩格斯全集》第 1 卷，人民出版社 1995 年版，第 101 页。
⑤ 《马克思恩格斯全集》第 40 卷，人民出版社 1982 年版，第 189—190 页。
⑥ 《马克思恩格斯全集》第 1 卷，人民出版社 1956 年版，第 94 页。

阻挠人们严肃和谦逊地探讨真理"①，他说："这两个规定所指的不是探讨的内容，而是内容以外的某种东西"，"难道真理探讨者的首要任务不就是直奔真理，而不要东张西望吗?"② "真理像光一样，它很难谦逊；而且要它对谁谦逊呢? 对它本身吗? 真理是检验它自身和谬误的试金石。那么是对谬误吗?"③ "治疗书报检查制度的真正而根本的办法，就是废除书报检查制度，因为这种制度本身是一无用处的，可是它却比人还要威风。"④

马克思这种为了自由和真理而不顾一切的思想，显然打破了黑格尔思想的保守方面，但这并不妨碍他的哲学信仰仍然属于黑格尔的唯心主义，也把人性当作自己的出发点。他说："哲学所要求的国家是符合人性的国家。"⑤ "先是马基雅弗利、康帕内拉，后是霍布斯、斯宾诺莎、许果·格劳秀斯，直至卢梭、费希特、黑格尔则已经开始用人的眼光来观察国家了，他们从理性和经验出发，而不是从神学出发来阐明国家的自然规律"⑥。可见，人道主义和唯心主义并不矛盾，相反，他们都可以不用神学，而"用人的眼光来观察国家"。但是，不能由此认为这时的马克思已经创立了马克思主义，因为马克思主义和唯心论的一切学说都是绝对不相容的。马克思转到黑格尔哲学固然是思想发展过程中的一个进步，但还没有唯物主义的基础，离马克思主义还很远。

在《莱茵报》工作期间，马克思遇到了书报检查制度和林木盗窃案，发现国家不是保护出版自由，而"私人利益力图并且正在把国家贬为私人利益的工具"⑦，这一切开始动摇他对黑格尔唯

---

① 《马克思恩格斯全集》第1卷，人民出版社1956年版，第6页。
② 《马克思恩格斯全集》第1卷，人民出版社1956年版，第6页。
③ 《马克思恩格斯全集》第1卷，人民出版社1995年版，第110页。
④ 《马克思恩格斯全集》第1卷，人民出版社1956年版，第31页。
⑤ 《马克思恩格斯全集》第1卷，人民出版社1956年版，第126页。
⑥ 《马克思恩格斯全集》第1卷，人民出版社1995年版，第227页。
⑦ 《马克思恩格斯全集》第1卷，人民出版社1956年版，第155页。

心主义哲学的信仰。他说："1842—1843 年间，我作为'莱茵报'
的主编，第一次遇到要对所谓物质利益发表意见的难事。莱茵省
议会关于林木盗窃和地产析分的讨论，当时的莱茵省总督冯·沙
培尔先生就摩塞尔农民状况同'莱茵报'展开的官方论战，最后，
关于自由贸易和保护关税的辩论，是促使我去研究经济问题的最
初动因。"① 促使马克思认识到经济利益在人们生活中的重要性
的，并不是任何思潮的影响，而是他自己的对人们物质生活的切
身体会。但要回到唯物主义的立场上来，就不能不和黑格尔的唯
心主义哲学发生冲突。恩格斯说："这时，费尔巴哈的'基督教的
本质'出版了。它一下子就消除了这个矛盾，它直截了当地使唯
物主义重新登上王座……这部书的解放作用，只有亲身体验过的
人才能想象得到。那时大家都很兴奋：我们一时都成为费尔巴哈
派了。马克思曾经怎样热烈地欢迎这种新观点，而这种新的观点
又是如何强烈地影响了他（尽管还有批判性的保留意见），这可以
从'神圣家族'中看出来。"②

　　为了解决在《莱茵报》时期遇到物质利益问题而产生的"苦
恼的疑问"，马克思写的第一部著作《黑格尔法哲学批判》，却没
有直接成为马克思主义的著作，而是接受了费尔巴哈的人道主义
观点。他之所以成为"费尔巴哈派"，就在于费尔巴哈的《基督
教的本质》解除了黑格尔唯心主义哲学体系的"魔法"，"直截了
当地使唯物主义重新登上王座"③，这正好适应他当时思想发展的
需要。因此，他在《黑格尔法哲学批判》中，当然要用费尔巴哈
把"人自身"当作主体的观点来批判黑格尔的唯心主义。他说，
黑格尔把"理念变成了独立的主体，而家庭和市民社会对国家的
现实关系变成了理念所具有的想象的内部活动。实际上，家庭和

---

① 《马克思恩格斯全集》第 13 卷，人民出版社 1962 年版，第 7 页。

② 《马克思恩格斯全集》第 21 卷，人民出版社 1965 年版，第 313 页。

③ 《马克思恩格斯全集》第 21 卷，人民出版社 1965 年版，第 313 页。

市民社会是国家的前提，它们才是真正的活动者；而思辨的思维却把这一切头足倒置"①。他还指出："政治国家没有家庭的天然基础和市民社会的人为基础就不可能存在。"② 这样就跟黑格尔的观点相反，把国家放在人们的家庭生活和市民社会的基础之上。他说："假如黑格尔从作为国家基础的现实的主体出发，那末他就没有必要神秘地把国家变成主体。"③ "正如同不是宗教创造人而是人创造宗教一样，不是国家制度创造人民，而是人民创造国家制度。"④ 这样就像费尔巴哈那样，重新确立了"人"的地位。他还在《黑格尔法哲学批判》导言中干脆说道："人的根本就是人本身。""对宗教的批判最后归结为人是人的最高本质这样一个学说，从而也归结为这样一条绝对命令：必须推翻那些使人成为受屈辱、被奴役、被遗弃和被蔑视的东西的一切关系。"⑤ 他在《1844年经济学哲学手稿》中也从"人的本质"出发，通过"异化劳动"来说明资本主义社会的矛盾，并把共产主义看作"人的复归"。这种思想，不管和费尔巴哈有多少不同，也不管人们怎样给予高度评价，在出发点上显然和费尔巴哈一致，所以不可否认这是他作为"费尔巴哈派"的表现。

但是，大概由于没有"亲身体验"费尔巴哈著作在当时的"解放作用"，几十年来有些学者还想否定马克思曾经属于"费尔巴哈派"。其理由无非是：马克思在博士论文中就对费尔巴哈持批判态度，他在1842年3月20日致卢格的信中宣告在宗教问题上与费尔巴哈有某种冲突，当时没有一个青年黑格尔派承认《基督教的本质》是他们奉为神圣的著作；发现的资料证明《路德是施特劳斯和费尔巴哈的仲裁人》一文的作者不是马克思，对马克思

① 《马克思恩格斯全集》第1卷，人民出版社1956年版，第250页。
② 《马克思恩格斯全集》第1卷，人民出版社1956年版，第252页。
③ 《马克思恩格斯全集》第1卷，人民出版社1956年版，第272页。
④ 《马克思恩格斯全集》第1卷，人民出版社1956年版，第281页。
⑤ 《马克思恩格斯全集》第1卷，人民出版社1956年版，第460页。

影响最大的不是《基督教的本质》；关于主词和宾词颠倒过来的思想，虽曾受马克思高度评价，并在批判黑格尔中起着首要作用，却是马克思在《莱茵报》发表政论的基础上自己得出的思想……

这些理由纵然有助于理解一些具体情况，但都不足以动摇前面恩格斯在这个问题上的说明。道理很简单：恩格斯的证据不是其他著作和书信，而是从《神圣家族》中还可以看出费尔巴哈对他们的强烈影响。如果不能否定这个事实，其他说辞再多也无济于事。而在《神圣家族》中，马克思恩格斯除了从"人类本性"出发来说明"有产阶级和无产阶级同是人的自我异化"① 以外，对费尔巴哈的评价也说明恩格斯的判断符合实际。他们在书中认为，当时德国对"现实的人"进行考察的是"以费尔巴哈为代表"；还说："到底是谁揭露了'体系'的秘密呢？是费尔巴哈。是谁摧毁了概念的辩证法即仅仅为哲学家们所熟悉的诸神的战争呢？是费尔巴哈。是谁不是用'人的意义'……而是用'人'本身来代替包括'无限的自我意识'在内的破烂货呢？是费尔巴哈，而且仅仅是费尔巴哈。"② "只有费尔巴哈才是从黑格尔的观点出发而结束和批判了黑格尔的哲学。费尔巴哈把形而上学的绝对精神归结为'以自然为基础的现实的人'，从而完成了对宗教的批判。"③ 如果不是把费尔巴哈当作自己哲学信仰的代表，又怎会这样评价？恩格斯在 1845 年 2 月 2 日写的《共产主义在德国的迅速发展》一文中还说："我所知道的最重要的事情是德国当代最杰出的天才的哲学家费尔巴哈博士宣布他自己是共产主义者……他深信共产主义不过是他所宣布的原则的必然结果，而在实质上不过是他很久以前在理论上所宣布的东西的实践。"④ 当谈到德国哲学

---

① 《马克思恩格斯全集》第 2 卷，人民出版社 1957 年版，第 44 页。
② 《马克思恩格斯全集》第 2 卷，人民出版社 1957 年版，第 118 页。
③ 《马克思恩格斯全集》第 2 卷，人民出版社 1957 年版，第 117 页。
④ 《马克思恩格斯全集》第 2 卷，人民出版社 1957 年版，第 594 页。

家时，他明确承认："费尔巴哈是他们的最杰出的代表"①。这都反映了马克思恩格斯站在费尔巴哈的旗帜下和鲍威尔等人展开论战的阵势。直到 1845 年 3 月 15 日，恩格斯在《英国工人阶级状况》的序言中还说：在公开拥护改造这个"丑恶现实"的德国理论家们当中，"几乎没有一个不是通过费尔巴哈对黑格尔哲学的克服而走向共产主义的"②。假如恩格斯在 1888 年的回顾中也有什么"追溯性的差异"，那么他怎么能够说得和 1844 年前后的著作完全一致呢？

正因马克思和恩格斯当时还没有克服费尔巴哈的影响，他们在《神圣家族》中也打起真正的或现实的"人道主义"的旗号，认为"比较有科学根据的法国共产主义者德萨米、盖伊等人，像欧文一样，也把唯物主义学说当做现实的人道主义学说和共产主义的逻辑基础加以发展"③；而不知道德萨米、盖伊等人的共产主义也和欧文一样，都是没有科学根据的空想。可见，当马克思还信仰"现实的人道主义"时，虽然也主张唯物主义，但还不能和空想共产主义划清界限。这也说明他们当时还没有发现唯物史观，不能把自己的世界观同从前的一切唯物主义和以人道主义为理论基础的空想共产主义区别开来，暂时还是"费尔巴哈派"也就不足为奇。

国外还有人认为，早在费尔巴哈的著作出版前，在马克思的著作中就已经出现某些潜在的唯物主义倾向；而促使马克思转向唯物主义的决定性因素，不是各种理论的影响，而是他在《莱茵报》工作期间的实际斗争。但这只能说明马克思的思想发展过程，除开"各种不同理论的影响"，也受到实际生活的制约。而在唯物史观看来，这是人们思想变化的一般情况，世界上根本找不出一

---

① 《马克思恩格斯全集》第 2 卷，人民出版社 1957 年版，第 595 页。
② 《马克思恩格斯全集》第 2 卷，人民出版社 1957 年版，第 279 页。
③ 《马克思恩格斯全集》第 2 卷，人民出版社 1957 年版，第 167—168 页。

个人的思想只受理论的影响而不受现实的制约。因此，"实际斗争"并不排斥马克思当时的思想也受费尔巴哈的影响。正如恩格斯所说："由于对现存宗教进行斗争的实际必要性，大批最坚决的青年黑格尔分子返回到英国和法国的唯物主义。"① 但是马克思恩格斯并不因此就不承认自己当时也成了"费尔巴哈派"，相反，正是这种反宗教的实际需要，令他们如此热烈地欢迎费尔巴哈的新观点。

　　的确，马克思转向唯物主义的时候恰好是在费尔巴哈不是唯物主义者的那个领域，即马克思是在历史观方面成为唯物主义者，费尔巴哈却在这方面陷入唯心主义。但这并不能否定马克思在历史领域转向唯物主义以前已经在自然观方面转到唯物主义。既然费尔巴哈的著作"直截了当地使唯物主义重新登上王座"②，而马克思又需要批判黑格尔的唯心主义，他为什么不能利用费尔巴哈的唯物主义观点呢？事实上，马克思从黑格尔转到费尔巴哈正是他的自然观转向唯物主义的标志。现在有人否定（列宁所说的）马克思发现唯物史观是把唯物主义推广到历史领域，值得商榷。诚然，马克思从黑格尔转到费尔巴哈时，并没有立即发现唯物史观，但不能由此否定他已成为唯物主义者，而发现唯物史观怎么就不是唯物主义的推广和应用呢？恩格斯也说："只是在马克思这里第一次对唯物主义世界观采取真正严肃的态度，把这个世界观彻底地（至少在主要方面）运用到所研究的一切知识领域里去了。"③

　　总之，否定马克思曾经属于费尔巴哈派的各种理由都不能成立。恩格斯举《神圣家族》为例，大概是由于它明确体现了费尔巴哈派的观点，也是马克思作为费尔巴哈派的最后一部著作。在

---

① 《马克思恩格斯全集》第 21 卷，人民出版社 1965 年版，第 313 页。
② 《马克思恩格斯全集》第 21 卷，人民出版社 1965 年版，第 313 页。
③ 《马克思恩格斯全集》第 21 卷，人民出版社 1965 年版，第 336 页。

此以前，他的思想受到费尔巴哈的影响；在此以后，马克思能和费尔巴哈划清界限，是因为这部著作不但受到费尔巴哈的影响，也包含可能发展成新世界观的因素。因此，恩格斯又说："这个超出费尔巴哈而进一步发展费尔巴哈观点的工作，是由马克思于1845年在'神圣家族'中开始的。"① 实际上，马克思在批判黑格尔哲学时就和费尔巴哈不同，不是把黑格尔的哲学简单地抛在一边，而是同时吸取了他的合理内容，丰富和发展了自己的思想。当时德国对"现实的人"进行考察的真正代表，实际上不是费尔巴哈，而是马克思和恩格斯。

马克思在批判黑格尔法哲学以后，得出了这样的结论："法的关系正像国家的形式一样，既不能从它本身来理解，也不能从所谓人类精神的一般发展来理解，相反，它们根源于物质生活关系，这种物质的生活关系的总和，黑格尔按照十八世纪的英国人和法国人的先例，称之为'市民社会'，而对市民社会的解剖应该到政治经济学中去寻求。"② 因此，唯物主义不是停留在"人本身"，而是打通了考察丰富的人类社会生活的道路。恩格斯也说："我在曼彻斯特时异常清晰地观察到，迄今为止在历史著作中根本不起作用或者只起极小作用的经济事实，至少在现代世界中是一个决定性的历史力量；这些经济事实形成了现代阶级对立所由产生的基础；这些阶级对立，在它们因大工业而得到充分发展的国家里，因而特别是在英国，又是政党形成的基础，党派斗争的基础，因而也是全部政治历史的基础。"③ 马克思不仅得出了同样看法，还在《德法年鉴》（1844年）中概括为："决不是国家制约和决定市民社会，而是市民社会制约和决定国家，因而应该从经济关系及

① 《马克思恩格斯全集》第21卷，人民出版社1965年版，第334页。
② 《马克思恩格斯全集》第13卷，人民出版社1962年版，第8页。
③ 《马克思恩格斯全集》第21卷，人民出版社1965年版，第247页。

其发展中来解释政治及其历史，而不是相反。"① 尽管有人认为恩格斯的回顾存在所谓"追溯性的差异"，即马克思关于市民社会决定国家的思想不是表现在《德法年鉴》里，而是表现在《黑格尔法哲学批判》中，但是不可否认，马克思在批判了黑格尔法哲学后，得到了物质生活决定政治思想的结论。

马克思这种思想也表现在《1884 年经济学哲学手稿》中。他说："宗教、家庭、国家、法、道德、科学、艺术等等，都不过是生产的一些特殊的方式，并且受生产的普遍规律的支配。"② 这就把生产发展的普遍规律提到决定其他一切社会关系的高度。《神圣家族》还指出，要认识某一历史时期，就要认识"某一历史时期的工业和生活本身的直接的生产方式"③。因为历史的发源地不在"天上的云雾中"，而在"尘世的粗糙的物质生产中"④；"私有制在自己的经济运动中自己把自己推向灭亡，但是它只有通过不以它为转移的、不自觉的、同它的意志相违背的、为客观事物的本性所制约的发展，只有通过无产阶级作为无产阶级……的产生，才能做到这点"⑤。这样，不仅通过经济运动本身的发展说明了私有制必然消亡，而且只有无产阶级才能完成这一任务。"所以无产阶级能够而且必须自己解放自己。但是，如果它不消灭它本身的生活条件，它就不能解放自己。""它的目的和它的历史任务已由它自己的生活状况以及现代资产阶级社会的整个结构最明显地无可辩驳地预示出来了。"⑥ 至此，丰富和发展了马克思在《黑格尔法哲学批判》导言中所说的"德国人的解放"，它的"头脑是哲

---

① 《马克思恩格斯全集》第 21 卷，人民出版社 1965 年版，第 247 页。
② 《马克思恩格斯全集》第 42 卷，人民出版社 1979 年版，第 121 页。
③ 《马克思恩格斯全集》第 2 卷，人民出版社 1957 年版，第 191 页。
④ 《马克思恩格斯全集》第 2 卷，人民出版社 1957 年版，第 191 页。
⑤ 《马克思恩格斯全集》第 2 卷，人民出版社 1957 年版，第 44 页。
⑥ 《马克思恩格斯全集》第 2 卷，人民出版社 1957 年版，第 45 页。

学，它的心脏是无产阶级"①　的思想，已经接近了科学共产主义的水平。这是费尔巴哈始终没有进入的历史领域。而马克思这种新思想，和接着制定的唯物史观，显然是一脉相承的。可见，马克思发现唯物史观绝非偶然，而是他早期思想发展的必然结果。

二　马克思清算从前的哲学信仰

不能说马克思早期的人道主义和后来的历史唯物主义是"一脉相承"，相反，唯物史观与人道主义只是世界观的一部分，而且是活的一部分，不能混为一谈。马克思早期的人道主义虽然在自然观上是唯物的，但在历史观上还是唯心的。在此基础上，要将唯物主义运用到社会历史领域，发展到彻底唯物主义的历史观，就得抛弃人道主义哲学，不再从"人类本性"出发来说明一切社会关系，而是从人们的物质生产出发来说明一切社会关系。否则就不能摆脱"人性论"的束缚，没法更进一步。例如，马克思的《黑格尔法哲学批判》导言和《论犹太人问题》，虽然"根据经验去研究现实的物质前提；因而最先是真正批判的世界观"，"但当时由于这一切还是用哲学词句来表达的，所以那里所见到的一些习惯用的哲学术语，如'人的本质'、'类'等等，给了德国理论家们以可乘之机去不正确地理解真实的思想过程并以为这里的一切都不过是他们的穿旧了的理论外衣的翻新"。②　而要消除"可乘之机"，就得抛弃"哲学术语"，直截了当地从物质生产出发来说明全部历史过程。因此，马克思要制定自己的唯物史观，首先要清算从前的哲学信仰。

前文说明了人道主义在马克思的思想中的演变。不过，弄清他曾属于费尔巴哈派，也和了解他曾是黑格尔主义者一样，都不

---

① 《马克思恩格斯全集》第 1 卷，人民出版社 1956 年版，第 467 页。
② 《马克思恩格斯全集》第 3 卷，人民出版社 1960 年版，第 261—262 页。

是我们的重要目的。毕竟，我们信仰的不是作为黑格尔主义者或费尔巴哈派的马克思，而是以他的名字命名的马克思主义。因此，作为一个马克思主义者，不了解他早年追随过哪些学派，也没多大关系。有人说不了解马克思早期著作就不能理解马克思主义，也不尽然。只有在研究马克思本人的思想发展时，才是如此。而且，直接学习马克思主义著作，比起从头去啃马克思的早期著作，要容易得多。甚至可以说，不首先掌握马克思主义的基本原理，就想读透他的早期著作，是很不容易的。因为，马克思主义的基本原理已经由科学研究和历史发展所证实，相对好懂；而马克思早期著作还受唯心思辨哲学的影响，理论较为玄奥，形式较为晦涩，难以捉摸。现在把"人"当作马克思主义出发点，往往是没能牢固掌握马克思主义基本思想，甚至没有正确理解，就钻到马克思早期著作里去了。我们应当记住这个教训，就好比制造 666 粉，不能只看前面 665 次的失败实验，关键是学习最后一次的成功经验。

但是，既然有人宣称在马克思的思想发展历程中"人是马克思主义的出发点"，而且往往引用马克思恩格斯的《神圣家族》和更早的著作为依据，那么，弄清马克思在发现唯物史观以前的哲学信仰，就很有必要。只要确认马克思当时还信仰费尔巴哈的人道主义，虽然在哲学、经济和政治方面不乏自己的见解，但在总的理论观点上还不是马克思主义，就不会把他从"人"出发的"现实的人道主义"也当作马克思主义来看待；相反，还会明白相关说法其实是认为马克思的思想停留在费尔巴哈派的水平，而不要制定唯物史观以后的主义。果真如此，马克思制定唯物史观，只不过是早期人道主义思想的继续，并没有引起哲学、经济和政治方面的理论革命。

马克思和恩格斯好像料到会有人不了解他们在哲学信仰上的革命转变，就公开说明了这个问题。马克思在 1859 年的《政治经

济学批判》序言中，说到自己思想的发展过程时就明确指出：当
1845 年春，恩格斯也住在布鲁塞尔时，"我们决定共同钻研我们
的见解与德国哲学思想体系的见解之间的对立，实际上是把我们
从前的哲学信仰清算一下"①。当时德国哲学的思想体系主要是黑
格尔的唯心体系，马克思在 1843 年就开始了对它的批判。从《黑
格尔法哲学批判》开始，他就不再是黑格尔主义者。而在这个批
判以后，直到 1844 年开始写《神圣家族》，他还是一个费尔巴哈
派，他的思想仍然在人道主义影响下发展。因此，马克思清算从
前的哲学信仰，首先不是清算黑格尔唯心体系，而是清算以费尔
巴哈人道主义为代表的旧唯物主义哲学。只要清除了费尔巴哈的
影响，他就和当时德国哲学的整个思想体系划清了界限，才能升
起马克思主义的旗帜。

　　由于这个问题的特殊重要性，恩格斯不仅在 1885 年把这件事
写进《关于共产主义同盟的历史》，而且到 1888 年，当他发现德
国古典哲学在国外"好像有点要复活的样子。甚至在德国，各大
学里借哲学名义来施舍的折衷主义残羹剩汁，看来已惹得人人都
讨厌起来了"②，就在《费尔巴哈和德国古典哲学的终结》单行本
序言中，一开始就重申了马克思的说明，希望人们不要忘记他们
对从前哲学信仰的清算。他在《关于共产主义同盟的历史》中说，
当 1845 年春，他和马克思在布鲁塞尔再次会见时，马克思已经
"大致完成了发挥他的唯物主义历史理论的工作，于是我们就着手
在各个极为不同的方面详细制定这些新观点了"③。

　　他们"这些新观点"第一次系统地表现为《德意志意识形
态》。书中，他们首先提出自己在开展批判时所持的一般意见：
"我们这些意见正是针对着费尔巴哈的，因为只有他才多少向前迈

---

① 《马克思恩格斯全集》第 13 卷，人民出版社 1962 年版，第 10 页。
② 《马克思恩格斯全集》第 21 卷，人民出版社 1965 年版，第 411 页。
③ 《马克思恩格斯全集》第 21 卷，人民出版社 1965 年版，第 247 页。

进了几步，只有他的著作才可以认真地加以分析。"① 而费尔巴哈
人道主义哲学的出发点，是"以自然为基础的现实的人"。虽然从
自然观方面来看，他把黑格尔的抽象思维和宗教本质都归结为
"人的本质"，因而完成了从唯心主义向唯物主义的转变，但是，
这种"现实的人"不是产自娘胎，像是"从一神教的神羽化而来
的"。可见，人最初从何而来，即人类的起源问题，费尔巴哈没有
首先说个明白。而对他"感性世界"的理解，"一方面仅仅局限
于对这一世界的单纯的直观，另一方面仅仅局限于单纯的感
觉"②，结果他所特别强调的"'人自身'实际上是'德国人'"，
而非"现实的历史的人"。③ 因为，他直接观察到的只能是当时生
活在德国的人，而且在德国他能接触到的也只是一部分人。至于
这些人在历史上是怎样演变为他观察到的样子，他的直观和感觉
是根本不加过问的。所以，"当费尔巴哈是一个唯物主义者的时
候，历史在他的视野之外"④。

与此相反，马克思的唯物史观首先必须说明人类的起源："任
何人类历史的第一个前提无疑是有生命的个人的存在。因此第一
个需要确定的具体事实就是这些个人的肉体组织，以及受肉体组
织制约的他们与自然界的关系。"⑤ 这些个人的肉体组织，最初是
在一定的自然条件下形成的，而且直到今天还仍然要受各种自然
条件的制约。不过，马克思恩格斯说："当然，我们在这里既不能
深入研究人们自身的生理特性，也不能深入研究各种自然条
件——地质条件、地理条件、气候条件以及人们所遇到的其他条
件。"⑥ 但是，他们指出："这些个人使自己和动物区别开来的第

---

① 《马克思恩格斯全集》第3卷，人民出版社1960年版，第20页注1。
② 《马克思恩格斯全集》第3卷，人民出版社1960年版，第48页。
③ 《马克思恩格斯全集》第3卷，人民出版社1960年版，第48页。
④ 《马克思恩格斯全集》第3卷，人民出版社1960年版，第51页。
⑤ 《马克思恩格斯全集》第3卷，人民出版社1960年版，第23页。
⑥ 《马克思恩格斯全集》第3卷，人民出版社1960年版，第23页。

一个历史行动并不是在于他们有思想，而是在于他们开始生产自己所必需的生活资料。"① 因此，哲学家们固然可以根据意识、宗教或者别的什么来区别人与动物，但是"一当人们自己开始生产他们所必需的生活资料的时候（这一步是由他们的肉体组织所决定的），他们就开始把自己和动物区别开来"②。后来恩格斯在《劳动在从猿到人转变过程中的作用》中说明："劳动是整个人类生活的第一个基本条件，而且达到这样的程度，以致我们在某种意义上不得不说：劳动创造了人本身。"③ 不仅人的手，而且人的脑，乃至人的其他感觉器官和意识、语言，等等，归根到底，都是劳动生产的结果。不管人们怎样看待恩格斯的这种观点，只要离开劳动生产，就不可能说明人类的起源。这是无法否定的客观真理，不但戳破了一切唯心主义和宗教学说对于人类起源的杜撰，还暴露了直到费尔巴哈的人道主义都把没有经过科学说明的"人本身"当作出发点只是唯心论。阐明这些问题的重要性，正如恩格斯所说，唯心主义世界观"现在还非常有力地统治着人的头脑，甚至达尔文学派的最富有唯物精神的自然科学家们还弄不清人类是怎样产生的，因为他们在唯心主义的影响下，没有认识到劳动在这中间所起的作用"④。

　　但是，只要在人类起源问题上也坚持唯物观点，人类历史的出发点就不是"人本身"，而是人们的物质生产。因为，没有生产劳动，类人猿就不可能演化成人，不能把自身和其他动物区别开来，更谈不到"人类历史"。同时，只要承认"劳动创造了人本身"，就得承认人是随着劳动方式的变化而变化。因为，这些变化虽然是生理上的遗传和变异，但是遗传和变异受到生活环境的制

---

① 《马克思恩格斯全集》第 3 卷，人民出版社 1960 年版，第 23 页注 1。
② 《马克思恩格斯全集》第 3 卷，人民出版社 1960 年版，第 24 页。
③ 《马克思恩格斯选集》第 3 卷，人民出版社 2012 年版，第 988 页。
④ 《马克思恩格斯全集》第 20 卷，人民出版社 1971 年版，第 517 页。

约，而人所处的环境之所以越来越不同于其他动物，正是人们世世代代发展生产的结果。"因此，他们是什么样的，这同他们的生产是一致的"①。"个人是什么样的，这取决于他们进行生产的物质条件。"② 这样正好和人道主义的观点相反：不是从人出发来说明人们的物质生活条件，而是从人们的生产活动出发来说明人们的情况。而且，人们只能在改造客观世界的同时也改造自己的主观世界，而不是相反。正如马克思说："环境的改变和人的活动的一致，只能被看作是并合理地理解为革命的实践。"③

不仅如此，"人们为了能够'创造历史'，必须能够生活。但是为了生活，首先就需要吃喝住穿以及其他一些东西。因此第一个历史活动就是生产满足这些需要的资料，即生产物质生活本身，而且，这是人们从几千年前直到今天单是为了维持生活就必须每日每时从事的历史活动，是一切历史的基本条件"④。没有这种物质生活资料的生产，即使有了"人自身"也没法生存下去，更谈不上任何"革命实践"。因此，无论从"人自身"的起源来看，还是从"人自身"的生活来看，历史的出发点都是人们的物质生产，而不是"人自身"。因为"人自身"只有在一定物质生活条件的基础上才能产生和发展，只要活着就离不开它。因此，人类历史的第一个前提，虽然是有生命的个人的存在，但是这些个人的存在必须依靠生产活动来维持。

可见，人类之所以发展到今天的样子，不能从"人本身"来说明，只能用生产发展的状况来解释。没有生产的发展就没有人类的历史，人类的历史首先是生产发展的历史。只有在这个基础上人们才能建立各种社会关系，它们随着生产的发展而发展，终

① 《马克思恩格斯全集》第3卷，人民出版社1960年版，第24页。
② 《马克思恩格斯全集》第3卷，人民出版社1960年版，第24页。
③ 《马克思恩格斯全集》第3卷，人民出版社1960年版，第4页。
④ 《马克思恩格斯选集》第1卷，人民出版社2012年版，第158页。

于形成了如今这般错综复杂的社会生活。唯物史观正确反映了人类社会的发展过程。正如马克思恩格斯所说，他们"这种历史观就在于：从直接生活的物质生产出发来考察现实的生产过程，并把与该生产方式相联系的、它所产生的交往形式，即各个不同阶段上的市民社会，理解为整个历史的基础；然后必须在国家生活的范围内描述市民社会的活动，同时从市民社会出发来阐明各种不同的理论产物和意识形式，如宗教、哲学、道德等等，并在这个基础上追溯它们产生的过程。这样做当然就能够完整地描述全部过程（因而也就能够描述这个过程的各个不同方面之间的相互作用）了"①。

这种历史观的根本，显然不是"从人出发"，而是"从直接生活的物质生产出发"。所以马克思恩格斯明确指出："按照我们的观点，一切历史冲突都根源于生产力和交往形式之间的矛盾。"② 也就是生产力和生产关系的矛盾运动。随着这种矛盾运动的发展，"每一次都不免要爆发革命，同时也采取各种附带形式——表现为冲突的总和，表现为各个阶级之间的冲突，表现为意识的矛盾、思想斗争等等、政治斗争等等"③。这就说明了人类社会生活是在矛盾运动中合乎规律的发展过程，不再需要他们从前用过的"人类本性的自我异化和复归"这一整套哲学体系。由此，不但和黑格尔哲学，也和费尔巴哈的人本主义划清了界限。

马克思和恩格斯用生产力和生产关系、经济基础和上层建筑、意识形态等科学概念取代了从前的"人的本质""类""异化""复归"等哲学术语，就是在世界观上发生革命的标志。正如恩格斯所说："一门科学提出的每一种新见解，都包含着这门科学的术

---

① 《马克思恩格斯全集》第 3 卷，人民出版社 1960 年版，第 42 页。
② 《马克思恩格斯全集》第 3 卷，人民出版社 1960 年版，第 83 页。
③ 《马克思恩格斯全集》第 3 卷，人民出版社 1960 年版，第 83—84 页。

语的革命。"① 有些人不了解马克思在世界观和术语上的革命。他们为了证明"人是马克思主义的出发点",还引用《德意志意识形态》中所说的"我们的出发点是从事实际活动的人","它的前提是人"等作为依据;却不注意这里的"从事实际活动"是什么意思,也不看书中接着说明:"但不是某种处在幻想的与世隔绝、离群索居状态的人,而是处在一定条件下进行的、现实的、可以通过经验观察到的发展过程中的人。"② 这种"人"没有一定的生产为前提是根本无法想象的。因为"从事实际活动"不能不首先谋取自己的生活资料,否则就不是"处在一定条件下进行的"人。虽然"人的根本就是人本身",但是"人本身"的存在还要以一定生活资料为前提,就不能没有生产这个出发点。只有在生产的基础上,人类才能一代一代延续下来,而且后一代总是在前一代成果的基础上继续前进;而不能离开这些条件在真空中存在。这是每个人每一天的生活都在不断证明的客观真理。

　　《德意志意识形态》虽然不能不说到"人",但为了和"没有任何前提的德国人区别开来",马克思恩格斯总要附加许多条件,还专门说明:"现实中的个人,也就是说,这些个人是从事活动的,进行物质生产的,因而是在一定的物质的、不受他们任意支配的界限、前提和条件下能动地表现自己的。""这里所说的人们是现实的、从事活动的人们,他们受着自己的生产力的一定发展以及与这种发展相适应的交往(直到它的最遥远的形式)的制约。"③ 可见,他们所说的"人",不能脱离生产,而是以生产为前提。这样才能克服费尔巴哈的直观唯物主义,能动地表现人类发展的历史过程。

　　马克思在《关于费尔巴哈的提纲》中对费尔巴哈第一次进行

---

①　《马克思恩格斯全集》第 23 卷,人民出版社 1972 年版,第 34 页。
②　《马克思恩格斯全集》第 3 卷,人民出版社 1960 年版,第 30 页。
③　《马克思恩格斯全集》第 3 卷,人民出版社 1960 年版,第 29 页。

批判时，就指出了他这种感性直观的缺陷："从前的一切唯物主义——包括费尔巴哈的唯物主义——的主要缺点是：对事物、现实、感性，只是从客体的或者直观的形式去理解，而不是把它们当作人的感性活动，当作实践去理解，不是从主观方面去理解。所以，结果竟是这样，和唯物主义相反，能动的方面却被唯心主义发展了，但只是抽象地发展了，因为唯心主义当然是不知道真正现实的、感性的活动的。"① 这在黑格尔那里表现得最明显。恩格斯说："他是第一个想证明历史中有一种发展、有一种内在联系的人……他的基本观点的宏伟，就是在今天也还值得钦佩。在《现象学》、《美学》、《哲学史》中，到处贯穿着这种宏伟的历史观，到处是历史地、在同历史的一定的（虽然是抽象地歪曲了的）联系中来处理材料的。"② 他的《法哲学原理》还包括抽象法、道德、伦理，其中又有家庭、市民社会和国家，等等。"在这里，形式是唯心的，内容是现实的。"③ 法律、经济、政治连同道德都包括在内。"因此，归根结底，黑格尔的体系只是一种就方法和内容来说唯心主义地倒置过来的唯物主义。"④ 这是因为他不了解真正的现实的人，只能把这一切都当作思维发展的产物。

费尔巴哈不满足于黑格尔的抽象思维，想要研究和思维客体确实不同的感性客体，于是从感性的个人出发。这本来是正确的，因为人的感性存在只能是个体。"但是他没有把人的活动本身理解为客观的活动。所以，他在'基督教的本质'中仅仅把理论的活动看作是真正人的活动，而对于实践则只是从它的卑污的犹太人活动的表现形式去理解和确定。所以，他不了解'革命的'、'实践批判的'活动的意义。"⑤ 因而"仍然停留在理论的领域内，而

---

① 《马克思恩格斯全集》第 3 卷，人民出版社 1960 年版，第 3 页。
② 《马克思恩格斯选集》第 2 卷，人民出版社 2012 年版，第 12 页。
③ 《马克思恩格斯全集》第 21 卷，人民出版社 1965 年版，第 329 页。
④ 《马克思恩格斯全集》第 21 卷，人民出版社 1965 年版，第 318 页。
⑤ 《马克思恩格斯全集》第 3 卷，人民出版社 1960 年版，第 3 页。

没有从人们现有的社会联系，从那些使人们成为现在这种样子的周围生活条件来观察人们"①。所以，他始终找不到从他自己极端憎恶的"抽象王国"通向活生生的现实世界的道路，还反对把现实的人当作在历史中行动的人来研究。他没有把人的活动理解为"客观的活动"，也就是只把人看作"感性的对象"而非"感性的活动"，因而，人们在生产实践基础上发展起来的全部社会关系都不在他眼里。"因此无庸讳言，费尔巴哈从来没有看到真实存在着的、活动的人，而是停留在抽象的'人'上，并且仅仅限于在感情范围内承认'现实的、单独的、肉体的人'，也就是说，除了爱与友情，而且是理想化了的爱与友情以外，他不知道'人与人之间'还有什么其他的'人的关系'。"② 然而，在"现实的、单独的、肉体的人"之间，即便是"爱与友情"，也不能不受到他们在生产过程中所处的经济地位以及由此而生的各种社会地位的制约。所以，"当他看到的大批患瘰疬病的、积劳成疾的和患肺痨的贫民而不是健康人的时候，便不得不诉诸'最高的直观'和理想的'类的平等化'，这就是说，正是在共产主义的唯物主义者看到改造工业和社会制度的必要性和条件的地方，他却重新陷入唯心主义"③。可见，把人看作"感性对象"，还是当作"感性活动"，正是在出发点上区分唯心和唯物史观的界线。

费尔巴哈从人出发，只把人当作自己哲学的对象，就不能不把自己的哲学叫作"人本学""人的哲学""人性哲学""感性哲学"，等等，只是用"人自身"来说明人与人之间的一切关系。相反，马克思从人的活动出发，首先是从生产活动出发，才能首先看到"人自身作为一种自然力与自然物质相对立"④，这就是一

---

① 《马克思恩格斯全集》第 3 卷，人民出版社 1960 年版，第 50 页。
② 《马克思恩格斯全集》第 3 卷，人民出版社 1960 年版，第 50 页。
③ 《马克思恩格斯全集》第 3 卷，人民出版社 1960 年版，第 50 页。
④ 《马克思恩格斯选集》第 2 卷，人民出版社 2012 年版，第 169 页。

定的物质生产力；同时，在生产过程中，人们之间也必然发生和他们的物质生产力的一定发展阶段相适应的生产关系，在此基础上形成各种相应的观念。而生产关系既不是"人自身"的"肉体和精神的统一"，也不是"人和人的谈话"，而是人与人之间的物质关系。因此，在《德意志意识形态》中，马克思和恩格斯不能再把自己的哲学信仰叫作"真正的人道主义"，而是称为"实践的唯物主义"，和费尔巴哈的"直观唯物主义"相对立。在这里强调"实践"，是因为"社会生活在本质上是实践的。凡是把理论导致神秘主义方面去的神秘东西，都能在人的实践中以及对这个实践的理解中得到合理的解决"①。比如，古人为了成仙而炼丹，不知多少人服丹丧命。一旦实验证明丹药含有毒性，就不再有人找死，还会觉得炼丹愚蠢可笑。可见，"不是意识决定生活，而是生活决定意识"②。由此，在历史领域中第一次唯物地解决了实践与认识、物质与意识的关系问题，树立了唯物主义的历史观。

　　唯物史观从生产实践出发来说明人们之间的一切关系，不仅排除了用"人的本质"来说明社会现象的人性论和人道主义，还科学地确定了"人的本质"究竟为何物。正如马克思说："费尔巴哈把宗教的本质归结于人的本质。但是，人的本质并不是单个人所固有的抽象物，实际上，它是一切社会关系的总和。"③"单个人所固有的抽象物"说来不过是个体对"人的本质"的一种认识，不同时代的人们有不同的理解，就是同一时代的人们也有不同的看法。我国古代就有"性善""性恶""善恶混"等不同判断，西方也有人的本质是"利己主义"和"利他主义"的分歧，持有不同见解的人们甚至展开了激烈的论战。然而，他们不了解这些不同认识不过是他们各自在生活环境中的不同的社会关系的

---

① 《马克思恩格斯全集》第3卷，人民出版社1960年版，第5页。
② 《马克思恩格斯全集》第3卷，人民出版社1960年版，第30页。
③ 《马克思恩格斯全集》第3卷，人民出版社1960年版，第7页。

反应，因而像马克思说的德国教授们那样，只把概念归并在一起，"以言语掉弄舌锋，以言语构成一个系统"①，而无法触及"人的本质"的现实基础。马克思和恩格斯说："人创造环境，同样环境也创造人。每个个人和每一代当作现成的东西承受下来的生产力、资金和社会交往形式的总和，是哲学家们想象为'实体'和'人的本质'的东西的现实基础，是他们神化了的并与之作斗争的东西的现实基础。"②　这样，不是从"人的本质"的概念出发，而是从它的现实基础出发，破天荒地打破了"人们迄今总是为自己造出关于自己本身、关于自己是何物或应当成为何物的种种虚假观念"③，解除了"他们头脑的产物就统治他们"④　的局面，拆除了"人的本质"这个唯心论的"最后避难所"，让唯物主义占领了历史领域的阵地。任何重建这个"最后避难所"的企图，都只是在理论上开倒车。

例如，《德意志意识形态》中说，格律恩"对生产和消费的真实关系一无所知，所以他只好躲到'真正的社会主义'的最后避难所——人的本质——中去。因此他必然不以生产为出发点，而以消费为出发点。如果从生产出发，那末就应当考虑生产的实际条件和人们的生产活动。如果从消费出发，那末就可以满足于宣称现在人们不'像人一样地'消费，满足于关于'人的消费'、关于用真正消费的精神进行教育的公设以及诸如此类的空洞词句，而丝毫不去考虑人们的现实的生活关系和他们的活动"⑤。可见那些以消费为出发点的经济学家才是反动分子，他们忽视了竞争和大工业的革命方面。

而在《政治经济学批判》导言中，马克思开头就说："在社

---

① 《马克思恩格斯全集》第 19 卷，人民出版社 1963 年版，第 415 页。
② 《马克思恩格斯全集》第 3 卷，人民出版社 1960 年版，第 43 页。
③ 《马克思恩格斯全集》第 3 卷，人民出版社 1960 年版，第 15 页。
④ 《马克思恩格斯全集》第 3 卷，人民出版社 1960 年版，第 15 页。
⑤ 《马克思恩格斯全集》第 3 卷，人民出版社 1960 年版，第 614 页。

会中进行生产的个人，——因而，这些个人的一定社会性质的生产，自然是出发点。"① 还批判了斯密、李嘉图、卢梭等人在出发点上的错误。但我看过的马克思主义哲学教材和参考书都只讲"生产力和生产关系、经济基础和上层建筑"的矛盾运动，只要在这前面加上一句"生产是人类史的出发点"，就能知道"从人出发"是人道主义的反革命修正主义思想，必须把它从马列主义社会科学中彻底清除出去，以免其死灰复燃。

自从进入文明时代，人类的全部历史都是阶级斗争的历史。而所谓人性的斗争不过是阶级斗争在观念上的一种表现。"这里所谓'非人的东西'同'人的东西'一样，也是现代关系的产物；这种'非人的东西'是现代关系的否定面，它是没有任何新的革命的生产力作为基础的反抗，是对建立在现有生产力基础上的统治关系以及跟这种关系相适应的满足需要的方式的反抗。'人的'这一正面说法是同某一生产发展的阶段上占统治地位的一定关系以及由这种关系所决定的满足需要的方式相适应的。同样，'非人的'这一反面说法是同那些想在现存生产方式内部把这种统治关系以及在这种关系中占统治地位的满足需要的方式加以否定的意图相适应的，而这种意图每天都由这一生产发展的阶段不断地产生着。"② 可见，所谓"非人的"和"人的"斗争，听上去非常严重，实际上却没有超出"现存生产方式"的范围，仍然是保守的。正如马克思和恩格斯说："尽管青年黑格尔派思想家们满口讲的都是'震撼世界'的词句，而实际上他们是最大的保守分子。"③

只有从生产力的状况出发，才能看清现存生产关系是否符合生产力发展的要求，是基本适应还是基本不适应，哪些应当改变，哪些不应改变，进而以最大的努力使生产关系适应生产力发展的

---

① 《马克思恩格斯全集》第 12 卷，人民出版社 1962 年版，第 733 页。
② 《马克思恩格斯全集》第 3 卷，人民出版社 1960 年版，第 507 页。
③ 《马克思恩格斯全集》第 3 卷，人民出版社 1960 年版，第 22 页。

需要，才能最大限度地满足人民的生活需要。这才是用革命手段解决"非人"和"人的"之间的矛盾，毕竟"非人"和"人的"其实只是生产关系是否适合生产力发展需要的一种表现。普列汉诺夫说："按照现代唯物主义者的学说，任何一种经济制度，只要合乎一定时间内的生产力状况，就合乎人类本性。相反，任何一种经济制度，只要与生产的状况发生矛盾，就立即开始与人类本性的要求相抵触。"而在阶级社会中，生产力和生产关系的矛盾，就表现为各阶级之间的阶级斗争。一个人只要还在社会生产过程中取得自己的生活资料，他的一切社会关系就不能不带有一定的阶级性。马克思批判普鲁东所谓"从社会的角度来看，并不存在奴隶和公民；两者都是人"[1]，就是因为"在分工的范围内，私人关系必然地、不可避免地会发展为阶级关系，并作为这样的关系固定下来"，"阶级对各个人来说又是独立的，因此各个人可以看到自己的生活条件是早已确定了的：阶级决定他们的生活状况，同时也决定他们的个人命运，使他们受它支配"[2]。只有"在社会之外"也就是不受生产制约的人，才不分奴隶和公民，也就是说，不带有任何阶级性。正是这个缘故，《资本论》不能不把所考察的"一切人"都当作经济范畴的人格化，"是一定的阶级关系和利益的负担者"，因为"一切人"不但不能离开一定的经济关系，而且他们本身就是以经济关系为基础的各种社会关系的产物。

不过，既然阶级是由分工产生的，"分工和私有制是两个同义语，讲的是同一件事情，一个是就活动而言，另一个是就活动的产品而言"[3]，必然随着私有制的消灭而消灭，仅仅和生产发展的一定历史阶段相联系，而不会是永恒的现象。因此，马克思不再像在《1844 年经济学哲学手稿》中那样用"异化劳动"来说明私

---

① 《马克思恩格斯全集》第 46 卷上册，人民出版社 1979 年版，第 220 页。
② 《马克思恩格斯全集》第 3 卷，人民出版社 1960 年版，第 513、61 页。
③ 《马克思恩格斯全集》第 3 卷，人民出版社 1960 年版，第 37 页。

有制的起源，而是说，"到现在为止我们都是以生产工具为出发点，这里已经表明了在工业发展的一定阶段上必然会产生私有制"①；也不再用"人的自我异化和复归"来说明共产主义的到来，而是说，"联合起来的个人对全部生产力总和的占有，消灭着私有制"②。"因此，建立共产主义实质上具有经济的性质"③。正如列宁说明《资本论》的详细分析时所指出的那样："这个分析仅限于社会成员间的生产关系。马克思一次也没有利用这些生产关系以外的什么因素来说明问题，但他使我们有可能看出社会经济的商品组织怎样发展，怎样变成资本主义组织而造成资产阶级和无产阶级这两个对抗的（这已经是在生产关系范围内）阶级，怎样提高社会劳动生产率，并从而带进一个与这一资本主义组织的基础处于不可调和的矛盾地位的因素。"④ 他还随时随地研究适合这种生产关系的上层建筑，"把整个资本主义社会形态作为活生生的东西向读者表明出来，将它的生活习惯，将它的生产关系所固有的阶级对抗的具体社会表现，将维护资产阶级统治的资产阶级政治上层建筑，将资产阶级的自由平等之类的思想，将资产阶级的家庭关系都和盘托出"⑤。马克思就这样用从生产实践出发说明一切社会关系的唯物史观代替了人道主义从"人类本性"出发来说明一切社会关系的唯心史观。他的共产主义不像施蒂纳那样"是从寻找'本质'开始的"，而是"用实际手段来追求实际目的"的最实际的运动。他是在德国，为了反对德国哲学家，才会稍微研究一下"本质"问题，并且只有在抛弃了"这种渴慕'本质'的施蒂纳式的'共产主义'"⑥ 以后才变成科学，实现了世界

---

① 《马克思恩格斯全集》第 3 卷，人民出版社 1960 年版，第 74 页。
② 《马克思恩格斯全集》第 3 卷，人民出版社 1960 年版，第 77 页。
③ 《马克思恩格斯全集》第 3 卷，人民出版社 1960 年版，第 79 页。
④ 《列宁全集》第 1 卷，人民出版社 1955 年版，第 121 页。
⑤ 《列宁全集》第 1 卷，人民出版社 1955 年版，第 121 页。
⑥ 《马克思恩格斯全集》第 3 卷，人民出版社 1960 年版，第 236 页。

观上的革命。

有些人觉得，谈论马克思和恩格斯在世界观上的革命，似乎会影响他们作为无产阶级革命导师的光辉形象。实际上这种担心纯属多余，因为他们也是在一定社会环境中成长起来的，在思想上也有一个成熟的过程。他们的伟大不是天生的，而是"出淤泥而不染"，能够自觉地和一切旧的传统观念做最彻底的决裂。没有这个革命就不能产生新的世界观。而说明了这个革命，就使那些反对者再也不能利用马克思恩格斯的早期著作来蒙骗群众了，也能消除有些人在这个问题上的误解。

马克思恩格斯在世界观上的革命非常坚决，毫不隐讳。这不仅表现在他们公开声明清算从前的哲学信仰，在恩格斯后来谈起自己的早期著作时也能看得很清楚。他在《英国工人阶级状况》的 1892 年德文第二版序言中说："几乎用不着指出，本书在哲学、经济和政治方面的总的理论观点，和我现在的观点绝不是完全一致的。1844 年还没有现代的国际社会主义。从那时起，首先是并且几乎完全是由于马克思的功绩，它才彻底发展成为科学。我这本书只是它的胚胎发展的一个阶段。正如人的胚胎在其发展的最初阶段还要再现出我们的祖先鱼类的鳃弧一样，在本书中到处都可以发现现代社会主义从它的祖先之一即德国古典哲学起源的痕迹。例如本书，特别是在末尾，很强调这样一个论点：共产主义不是一种单纯的工人阶级的党派性学说，而是一种最终目的在于把连同资本家在内的整个社会从现存关系的狭小范围中解放出来的理论。这在抽象的意义上是正确的，然而在实践中在大多数情况下不仅是无益的，甚至还要更坏。既然有产阶级不但自己不感到有任何解放的需要，而且全力反对工人阶级的自我解放，所以工人阶级就应当单独地准备和实现社会革命。……现在也还有这样一些人，他们从不偏不倚的高高在上的观点向工人鼓吹一种凌驾于一切阶级对立和阶级斗争之上的社会主义，这些人如果不是还需要多多学习的新手，就是工人的最凶恶的敌人，披着羊皮的豺狼。"①

三　创立马克思主义的关键

恩格斯上面的说明告诉我们，在哲学、经济学和政治方面的总的理论上，分清马克思恩格斯在 1845 年以前和以后的观点，是何等重要！否则就可能把还没发展成科学的社会主义的东西和科学社会主义混淆。而区别就在于把共产主义看作是单纯工人阶级政党的学说还是包括资本家在内的理论，是"凌驾于一切阶级对立和阶级斗争之上的社会主义"，还是工人阶级的社会革命；从总的理论上看，就是马克思恩格斯是否清算了从前的信仰，在各个方面确立了自己的新观点。而这个清算的关键，如前所述，就是要把历史观的出发点从费尔巴哈"以自然为基础的现实的人"转到以生产为基础的轨道上来。

当然，如此转变并非偶然。马克思为了解决在《莱茵报》工作期间第一次遇到的要对所谓物质利益发表意见的难事，在批判黑格尔法哲学后，就开始了这个过程。到《神圣家族》便出现了两个出发点并存的局面。另外，"物质生产"才是"历史的发源地"，因而人道主义和唯物主义发生了不可调和的矛盾。但是，这个矛盾当时还没解决，说明马克思还没有和人道主义划清界限。而一旦清算了从前的哲学信仰，解决了这个矛盾，将出发点统一到生产上来，情况就豁然开朗：生产发展成为支配人类整个社会生活的普遍规律，资产阶级和无产阶级都不必再用玄乎的"人的自我异化"来解释，而都是资本主义生产关系发展的必然产物。那么，要使无产阶级得到解放，也不能从消灭"自我异化"入手，

---

① 《马克思恩格斯全集》第 22 卷，人民出版社 1965 年版，第 372—373 页。

而只能消灭资本主义私有制。随着私有制彻底消灭，"自我异化"也将随之消失。因为不是"自我异化"产生私有制，而是私有制产生"自我异化"。这就奠定了马克思主义的基础。正如胡乔木同志所说："出发点的变化，新的出发点的发现，是人类思想史上划时代的根本转变和最伟大发现的开端。有了新的出发点，才能产生唯物主义的历史观，建立'工人阶级的政治经济学'，形成科学的社会主义学说，就是说，才能有马克思主义，如果停留在旧的出发点上，无论怎样变换形式，也不可能跳出资产阶级人道主义历史观的窠臼，不可能有马克思主义。"

正是在出发点上从"人"转到人们的生产活动，马克思才克服了费尔巴哈人本学说缺乏物质前提的缺陷，突出了历来思想家们所忽视的基本事实：人们为了生活，首先就需要衣食住行等最起码的物质条件；只有在物质生产的基础上，才能创造人类生活的物质文化和精神文化；由此发现了社会发展的底层规律。到1859 年，马克思回顾自己研究政治经济学所得出的结果时，还对唯物史观作出了经典概括："人们在自己生活的社会生产中发生一定的、必然的、不以他们的意志为转移的关系，即同他们的物质生产力的一定发展阶段相适合的生产关系。这些生产关系的总和构成社会的经济结构，即有法律的和政治的上层建筑竖立其上并有一定的社会意识形式与之相适应的现实基础。物质生活的生产方式制约着整个社会生活、政治生活和精神生活的过程。不是人们的意识决定人们的存在，相反，是人们的社会存在决定人们的意识。社会的物质生产力发展到一定阶段，便同它们一直在其中活动的现存生产关系或财产关系（这只是生产关系的法律用语）发生矛盾。于是这些关系便由生产力的发展形式变成生产力的桎梏。那时社会革命的时代就到来了。随着经济基础的变更，全部庞大的上层建筑也或慢或快地发生变革。"①

　　这个概括，与马克思恩格斯在《德意志意识形态》中所说的历史观基本一致，只是表达得更加科学化。它又是从生产出发，合乎逻辑地将社会发展的复杂过程归结为生产力和生产关系、经济基础和上层建筑的矛盾运动。这是从前一切思想家，包括费尔巴哈在内，都没到达的新境界，是一个伟大的科学发现。由此，人们有了掌握自身命运的客观依据，还会知道：社会革命的到来，根源在于生产关系不再推动，而是阻滞生产力的发展。过去的思想家们，往往只看到阶级斗争表现为思想和政治斗争，不是视作"神意"，就是归为"人性"，实际上都没超出"全部庞大的上层建筑"，只能停留在理论的领域，也不知自己受到生产力和生产关系这对矛盾的支配。而马克思让人们知道社会发展的根本动力，在私有制为基础的社会里表现为阶级之间的斗争。

　　如果说，马克思和恩格斯"都把重点首先放在从作为基础的经济事实中探索出政治观念、法权观念和其他思想观念以及由这些观念所制约的行动"，结果"为了内容而忽略了形式方面，即这些观念是由什么样的方式和方法产生的"，② 那么，今天我们应当把内容和形式都放在适当位置予以重视，而不能为了形式忽略内容，否则就从根本上脱离了唯物史观。既然每一个历史时代的经济关系是该时代的政治和思想的历史所赖以确立的基础，那么，毋庸置疑，"只有从这一基础出发，这一历史才能得到说明"③。

　　可能有人会说，即使马克思发现唯物史观是从生产出发的，也不能认为马克思主义的世界观是从生产出发的，因为世界观除了历史观还包括自然观。而在人类开始生产以前，自然界早就存在了，怎么能从生产出发呢？不过，从人出发更有这个问题，毕

---

① 《马克思恩格斯全集》第 13 卷，人民出版社 1962 年版，第 8 页。
② 《马克思恩格斯全集》第 39 卷，人民出版社 1974 年版，第 94 页。
③ 《马克思恩格斯全集》第 21 卷，人民出版社 1965 年版，第 408 页。

竟人类出现以前也早有自然界。而产生这类疑问的原因就在于，不了解人类是随着生产开始才出现的。正是人们自己的物质资料生产才创造了人类社会的物质基础，人们的全部社会生活都应当由这个基础来说明。而唯物史观是以黑格尔的辩证法为出发点的。前面已经说过，黑格尔是第一个想证明历史中也有一种发展的人，在他的《现象学》《美学》《哲学史》中到处贯穿这种宏伟的历史观。恩格斯说："这个划时代的历史观是新的唯物主义观点的直接的理论前提，单单由于这种历史观，也就为逻辑方法提供了一个出发点。"① "马克思对于政治经济学的批判就是以这个方法作基础的，这个方法的制定，在我们看来是一个其意义不亚于唯物主义基本观点的成果。"② 唯物史观从生产出发，本身就是把经济的社会形态"理解为自然史上的一个过程"，也就包含自然观的辩证唯物主义的性质。

而且，人们对自然界的看法，归根到底受生产发展水平的制约。比如，天文学起初是游牧民族和农耕民族为了确定季节而产生的，其借助数学才能发展起来，由此也带动了数学的研究。后来在农业发展的一定阶段，由于提水灌溉，特别是随着手工业和城市建筑的发展，力学也发展起来了。因此恩格斯说："这样，科学的发生和发展一开始就是由生产决定的。"③ "以前人们专说的只是生产应归功于科学的那些事；但科学应归功于生产的事却多得无限。"④ 尽管随着生产的发展，科学实验也发展起来了，今天的自然科学的很多研究工作，没有专门的实验设备就无从谈起，但它仍然无法摆脱生产发展水平的限制——无论实验设备的建造还是科研人才的培养，都是这样。只有在发展生产的基础上，随

① 《马克思恩格斯全集》第 13 卷，人民出版社 1962 年版，第 531 页。
② 《马克思恩格斯全集》第 13 卷，人民出版社 1962 年版，第 532 页。
③ 《马克思恩格斯全集》第 20 卷，人民出版社 1971 年版，第 523 页。
④ 《马克思恩格斯全集》第 20 卷，人民出版社 1971 年版，第 524 页注 1。

着科学事业的发展，人们才能愈来愈认识到整个自然界就是物质不断运动的过程。所以，恩格斯说，和从前的自然观相反，"现代唯物主义概括了自然科学的最新成就，从这些成就看来，自然界也有自己的时间上的历史，天体和在适宜条件下存在于天体上的有机物种一样是有生有灭的；至于循环，即使它能够存在，也具有无限加大的规模。在这两种情况下，现代唯物主义都是本质上辩证的，而且不再需要任何凌驾于其他科学之上的哲学了"①。总之，从生产出发不仅为辩证唯物主义的历史观开辟了道路，也为辩证唯物主义的自然观开辟了道路，从而为整个马克思主义哲学开辟了道路。

但是，马克思主义是由哲学、政治经济学和科学社会主义三个部分组成的。说到它的出发点时，就不能不考虑政治经济学和科学社会主义的情况。而这两门科学其实正是在唯物史观的指导下建立起来的，也离不开生产这个出发点。资产阶级政治经济学和空想社会主义的缺陷，正在于不是从生产出发，而是从人（的属性）出发，都属于以抽象人性论为基础的资产阶级人道主义的思想体系。

政治经济学顾名思义，就该从经济关系出发。马克思以前的经济学家却不是这样。虽然他们对资本主义经济关系做过有价值的研究，像是英国古典政治经济学，还是马克思主义三个来源之一；但他们的出发点始终离不开"人"，还把人们之间的经济关系都看作"人类本性"自私自利的表现。例如，17世纪的经济学家总是从生动的整体，从人口、民族、国家、若干国家等开始。马克思指出："在经济学上从作为全部社会生产行为的基础和主体的人口开始，似乎是正确的。但是，更仔细地考察起来，这是错误的。"② 因为只要抛开构成人口的阶级，人口就是一个抽象；不知

---

① 《马克思恩格斯全集》第 19 卷，人民出版社 1963 年版，第 224 页。
② 《马克思恩格斯全集》第 12 卷，人民出版社 1962 年版，第 750 页。

道这些阶级是以雇佣劳动和资本等因素为依据的，阶级就是一句空话。而雇佣劳动和资本又是以交换、分工、价格等为前提的，比如资本，没有雇佣劳动、价值、货币、价格等，就什么也不是。随着政治经济学的发展，在李嘉图的著作中，越来越明确地把人的劳动说成是价值的唯一要素和使用价值的唯一创造者，同时又把"资本"看作生产的调节者、财富的源泉和生产的目的。马克思说："在这个矛盾中，政治经济学只是说出了资本主义生产的本质，或者也可以说，雇佣劳动，即从本身中异化出来的劳动的本质"①。"他们不断地在绝对的矛盾中运动而毫不觉察。"② 因此，站在无产阶级方面的思想家自然可以抓住这个矛盾，说"资本不过是对工人的诈骗。劳动才是一切"③。但是，"这实际上是从李嘉图的观点，从李嘉图自己的前提出发来维护无产阶级利益的一切著作的最后的话。李嘉图不懂得他的体系中所论述的资本和劳动的等同，同样，这些著作的作者也不懂得他们所论述的资本和劳动之间的矛盾。因此，即使是他们中间最出色的人物，如霍吉斯金，也把资本主义生产的一切经济前提看作是永恒的形式"④。

于是，在《1844 年经济学哲学手稿》中，马克思对资产阶级政治经济学展开批判，试图用"异化劳动"说明私有制的起源，虽然为解决"人怎么使它的劳动外化、异化？这些异化又怎么以人类发展的本质为依据？"这一任务得到了许多东西，但还有待进一步研究。当时他把共产主义看作"人的自我异化的积极扬弃"和"人的复归"，也没有完全摆脱局限于理论的推断。原因就在于，"劳动不是一切财富的源泉"，只有和自然界（生产资料）相结合才是财富的源泉。"劳动本身不过是一种自然力的表现，即人

---

① 《马克思恩格斯全集》第 26 卷第三册，人民出版社 1974 年版，第 284 页。
② 《马克思恩格斯全集》第 26 卷第三册，人民出版社 1974 年版，第 285 页。
③ 《马克思恩格斯全集》第 26 卷第三册，人民出版社 1974 年版，第 285 页。
④ 《马克思恩格斯全集》第 26 卷第三册，人民出版社 1974 年版，第 286 页。

的劳动力的表现。"① 它没有生产资料和物质环境的支持，就什么也创造不了，也就无法"异化"，更谈不到"复归"。然而，"资产者有很充分的理由给劳动加上一种超自然的创造力，因为正是从劳动所受的自然制约性中才产生出如下的情况：一个除自己的劳动力外没有任何其他财产的人，在任何社会的和文化的状态中，都不得不为占有劳动的物质条件的他人做奴隶。他只有得到他人的允许才能劳动，因而只有得到他人的允许才能生存"②。因此，当《哥达纲领》提出"劳动是一切财富和一切文化的源泉"③ 时，马克思就必须指出："一个社会主义的纲领不应当容许这种资产阶级的说法，对那些唯一使这种说法具有意义的条件避而不谈。"④

　　所以，马克思主义的政治经济学不是从人出发，也不是从劳动本身出发，而是从唯一使人的劳动具有意义的物质条件出发，也就是从一定的生产关系出发，把它当作自己的研究对象。因为人和他的劳动都不能脱离一定的生产关系。"说到生产，总是指在一定社会发展阶段上的生产——社会个人的生产。"⑤ "不管个人在主观上怎样超脱各种关系，他在社会意义上总是这些关系的产物。"⑥ 资产阶级人道主义从人出发，这个人之所以是抽象的人，原因就在于脱离了一定的生产关系。"被斯密和李嘉图当做出发点的单个的孤立的猎人和渔夫，是一种十八世纪鲁滨逊式故事的毫无想像力的虚构"⑦。而实际上，"这种十八世纪的个人，一方面是封建社会形式解体的产物，另一方面是十六世纪以来新兴生产力的产物，而在十八世纪的预言家看来（斯密和李嘉图还完全以

---

① 《马克思恩格斯全集》第 19 卷，人民出版社 1963 年版，第 15 页。
② 《马克思恩格斯全集》第 19 卷，人民出版社 1963 年版，第 15 页。
③ 《马克思恩格斯全集》第 19 卷，人民出版社 1963 年版，第 16 页。
④ 《马克思恩格斯全集》第 19 卷，人民出版社 1963 年版，第 15 页。
⑤ 《马克思恩格斯全集》第 12 卷，人民出版社 1962 年版，第 735 页。
⑥ 《马克思恩格斯全集》第 23 卷，人民出版社 1972 年版，第 12 页。
⑦ 《马克思恩格斯全集》第 12 卷，人民出版社 1962 年版，第 733 页。

这些预言家为依据），这种个人是一种理想，它的存在是过去的事；在他们看来，这种个人不是历史的结果，而是历史的起点。因为，按照他们关于人类天性的看法，合乎自然的个人并不是从历史中产生的，而是由自然造成的。这样的错觉是到现在为止的每个新时代所具有的"①。

马克思和恩格斯之所以能避免这种错误，就在于，他们把开始生产当作人类历史的起点，因而个人不是自然造成的，而是历史的产物。越往前追踪历史，从事生产的个人就越不能独立，越从属于整个集体。最初是十分自然地在家庭和氏族中，摩尔根证明当时的个人不能离开家庭和氏族而存在，他的一切都属于氏族，只要氏族把他驱逐出去，就等于宣布他的死刑。"孤立的一个人在社会之外进行生产——这是罕见的事，偶然落到荒野中的已经内在地具有社会力的文明人或许能做到——就像许多个人不在一起生活和彼此交谈而竟有语言发展一样，是不可思议的。"② 马克思正是在批判从抽象个人出发的资产阶级政治经济学之后，把出发点转到生产，才把经济的社会形态看作不以人们意志为转移的自然史的一个过程。

恩格斯说，当德国的资产阶级、学究和官僚把英国和法国的经济学家的初步原理当作不可侵犯的教条而拼命死记时，在德国出现了无产阶级的政党，"它的全部理论内容是从研究政治经济学产生的，它一出现，科学的、独立的、德国的经济学也就产生了。这种德国的经济学本质上是建立在唯物主义历史观的基础上的"③。马克思在《政治经济学批判》序言中说明，唯物史观的基本原理不是偶然的奇想。它既是马克思研究政治经济学所得到的"总的结果"，又是"一经得到，就用于指导"他的研究的理论。

① 《马克思恩格斯全集》第12卷，人民出版社1962年版，第733页。
② 《马克思恩格斯全集》第12卷，人民出版社1962年版，第734页。
③ 《马克思恩格斯全集》第13卷，人民出版社1962年版，第525页。

《资本论》正是从解剖商品这个资本主义经济的细胞开始，阐明了剩余价值的学说，揭示了资本主义生产过程中人剥削人的秘密，证明了共产主义必然胜利。列宁说："自从《资本论》问世以来，唯物主义历史观已经不是假设，而是科学地证明了的原理。"①　显然，马克思主义的政治经济学是从经济关系出发的。因此，当瓦格纳把《资本论》歪曲为从人出发时，马克思针锋相对地指出："我的这种不是从人出发，而是从一定的社会经济时期出发的分析方法，同德国教授们把概念归并在一起……的方法毫无共同之点"②。正是在这个出发点上，马克思始终没有放松斗争，才能和资产阶级政治经济学划清界限。

　　基于唯物史观和剩余价值学说两大发现，恩格斯说："社会主义已经变成了科学"③。因此，科学社会主义只有从生产出发才能建立起来。然而，有些人还要证明"人是马克思主义的出发点"，就说马克思虽然批判了 18 世纪的唯物主义和 19 世纪的空想社会主义，却没有抛弃而是批判地继承了这些学说中的人道主义原则；还把马克思主义最终目的是解放全人类和空想社会主义混为一谈，不禁使人想起 19 世纪"真正的社会主义者""极其天真地提出了一大堆口号：德国的理论应当和法国的实践结合起来；必须实现共产主义，以便实现人道主义，如此等等"④。显然，在他们看来，马克思主义也不过是为了"实现人道主义"；两者在历史观上存在着唯物和唯心的对立，却在最高目标上统一起来了。

　　实际上，这只是一种概念游戏。马克思发现唯物史观以前，就看出当时各种各样的社会主义和共产主义学说的错误正在于从人出发，跳不出人道主义。于是他说："我们应当尽量帮助教条主

① 《列宁全集》第 1 卷，人民出版社 2013 年版，第 114 页。
② 《马克思恩格斯全集》第 19 卷，人民出版社 1963 年版，第 415 页。
③ 《马克思恩格斯全集》第 19 卷，人民出版社 1963 年版，第 227 页。
④ 《马克思恩格斯全集》第 3 卷，人民出版社 1960 年版，第 651 页。

义者认清他们自己的原理的意义。例如共产主义就尤其是一种教条的抽象观念，而且我指的还不是某种想像中的和可能存在的共产主义，而是如卡贝、德萨米和魏特林等人所鼓吹的那种实际存在的共产主义。这种共产主义只不过是人道主义原则的特殊表现，它还没有摆脱它的对立面即私有制的存在的影响。所以消灭私有制和这种共产主义绝对不是一回事；除了共产主义外，同时还出现了如傅立叶、蒲鲁东等人的别的社会主义学说，这决不是偶然的，而是完全必然的，因为这种共产主义本身只不过是社会主义原则的一种特殊的片面的实现而已。"① 所以，把共产主义看作人道主义原则的表现，不过是教条主义者都没搞清楚自己的原理而幻想出来的。这和消灭私有制的共产主义无关。空想共产主义之所以是空想，就在于它以人道主义为基础，只从"人的尊严""人的价值""人的解放"和"自由、平等、博爱、正义"等漂亮词句出发，要求建立一个合乎"人类本性"的理想社会；而不是从现实的经济关系出发，通过消灭私有制来实现共产主义的伟大理想。从人的一些主观愿望出发，还是从人的一切经济关系出发，划分了历史唯心论和历史唯物论这两大对立阵营。因此，当米海洛夫斯基说"社会学的根本任务是阐明那些使人类天性的某些需要得到满足的社会条件"时，列宁针锋相对地指出："社会主义学说正是在它抛弃关于合乎人类天性的社会条件的议论，而着手唯物地分析现代社会关系并说明现今剥削制度的必然性的时候盛行起来的。"②

恩格斯在《社会主义从空想到科学的发展》中系统地阐明了这个问题。他开宗明义地指出："现代社会主义，就其内容来说，首先是对统治于现代社会中的有产者和无产者之间、资本家和雇佣工人之间的阶级对立和统治于生产中的无政府状态这两个方面

① 《马克思恩格斯全集》第1卷，人民出版社1956年版，第416页。
② 《列宁全集》第1卷，人民出版社1955年版，第165页。

进行考察的结果。""它的根源深藏在物质的经济的事实中。"① 可见科学社会主义要从"物质的经济的事实"出发考察资本主义社会的阶级斗争和无政府生产。而要说明它是怎样从空想发展起来，恩格斯说："就其理论形式来说，它起初表现为十八世纪法国伟大启蒙学者所提出的各种原则的进一步的、似乎更彻底的发展。"② 这里谈的"理论形式"，不但要和"实际内容"区别开来，还得加上"起初""似乎"这样的限定，所以不能把科学社会主义当成启蒙思想的发展。

马克思虽然受过启蒙学者的影响，但他很早就感到人们不仅受思想教育的影响，更重要的是经济的物质利益的制约。正因如此，他在发现唯物史观以前就看出空想社会主义不过是信奉人道主义原则的"教条主义"，同从消灭私有制出发的共产主义"绝对不是一回事"。但当时他的出发点还没转到经济，才像是更彻底地发展了启蒙学者提出的各种原则，"只是希望在批判旧世界中发现新世界"③。他说："我指的就是要对现在的一切进行无情的批判，所谓无情，意义有二，即这种批判不怕自己所作的结论，临到触犯当权者时也不退缩。"④ 在《黑格尔法哲学批判》导言中，他甚至精辟地说："批判的武器当然不能代替武器的批判，物质力量只能用物质力量来摧毁；但是理论一经掌握群众，也会变成物质力量。"⑤ 可这里仍然没有把群众的"物质力量"看成是在生产过程中发动起来，即从生产出发的生产力和生产关系发生矛盾的产物，因而还不能和启蒙学者的人道主义空想划清界限。

直到研究了政治经济学，并在工人运动中看穿了资产阶级经济学所谓资本和劳动利益一致的谎言，马克思才发现，作为这些

① 《马克思恩格斯全集》第19卷，人民出版社1963年版，第205页。
② 《马克思恩格斯全集》第19卷，人民出版社1963年版，第205页。
③ 《马克思恩格斯全集》第1卷，人民出版社1956年版，第416页。
④ 《马克思恩格斯全集》第1卷，人民出版社1956年版，第416页。
⑤ 《马克思恩格斯全集》第1卷，人民出版社1956年版，第460页。

事实极不完备的理论表现的法国和英国的社会主义，虽然不能不加以考虑，"但是，旧的、还有被排除掉的唯心主义历史观不知道任何基于物质利益的阶级斗争，而且根本不知道任何物质利益；生产和一切经济关系，在它那里只是被当做'文化史'的从属因素顺便提到过"①。而在"新的事实"面前，马克思恩格斯必须把"生产和一切经济关系"的物质利益提到人们支配整个社会生活的高度，结果发现："以往的全部历史，除原始状态外，都是阶级斗争的历史；这些互相斗争的社会阶级在任何时候都是生产关系和交换关系的产物，一句话，都是自己时代的经济关系的产物；因而每一时代的社会经济结构形成现实基础，每一个历史时期由法律设施和政治设施以及宗教的、哲学的和其他的观点所构成的全部上层建筑，归根到底都是应由这个基础来说明的。"② 这样就把唯心主义从历史观这个最后的避难所中驱逐出去，也发现了用人们的社会存在来说明其意识的唯物主义历史观。

按照唯物史观，社会主义不再是某个天才头脑的偶然发现，而是历史产生的无产阶级和资产阶级之间的斗争的必然产物。它的任务不再是全凭头脑设想一个完善的社会制度，而是研究必然产生这两个阶级及其相互斗争的那个历史的、经济的过程。"可是以往的社会主义同这种唯物主义观点是不相容的，正如法国唯物主义的自然观同辩证法和现代自然科学不相容一样。以往的社会主义固然批判过现存的资本主义生产方式及其后果，但是它不能说明这个生产方式，因而也就不能对付这个生产方式，它只能简单地把它当做坏东西抛弃掉。它愈是义愤填膺地反对这种生产方式必然产生的对工人阶级的剥削，就愈是不能明白指出这种剥削在哪里和怎样发生。"③ 出现这种现象的原因，显然就在于它从人

①　《马克思恩格斯全集》第 19 卷，人民出版社 1963 年版，第 225 页。
②　《马克思恩格斯全集》第 19 卷，人民出版社 1963 年版，第 225 页。
③　《马克思恩格斯全集》第 19 卷，人民出版社 1963 年版，第 226 页。

出发，而不知道人的生活状况是由生产关系决定的；始终只能停留在道德思想的范畴，而无法研究资本主义的物质生产方式。

与之相反，马克思用一生的主要精力集中研究了资本主义生产方式，发现了剩余价值，由此揭示了资产阶级剥削工人的秘密，还说明了资本主义产生和灭亡的必然性，奠定了科学社会主义的基础。改造资本主义生产的手段，不是从头脑中发明出来，而是通过头脑从生产的现成物质事实中总结出来。资本主义生产一方面把封建社会的小生产集中起来，变成了社会化的大生产；另一方面生产资料却是资产阶级私人占有，必然和社会化生产发生冲突，而且随着资本主义生产的发展而激化。这是资本主义生产内在的基本矛盾。其表现，首先是小生产者在自由竞争中破产。结果，资本越来越集中在少数资本家手里，除了向资本家出卖劳动力就别无出路的工人队伍越来越大，不得不受剩余价值剥削。无产阶级和资产阶级的对抗不断发展。同时，社会化生产日益需要加强自身组织性，整个社会的生产却依然处于无政府状态；个别企业生产的有组织性和整个社会生产的无政府状态之间的矛盾，也必然随着资本主义生产的发展而发展。这种固有矛盾必然导致周期性经济危机，而在危机中，"社会化生产和资本主义占有之间的矛盾达到剧烈爆发的地步。商品流通暂时停顿下来，流通手段即货币成为流通的障碍；商品生产和商品流通的一切规律都颠倒过来了。经济的冲突达到了顶点：生产方式起来反对交换方式"①。社会化生产要求消灭资本主义私有制，托拉斯的出现表明，资本主义生产无政府状态必然被有计划的生产所替代。首先是邮政、电报和铁路等方面的公共服务机构转为国家财产。在这里，资本家的全部社会职能都由雇佣职员来执行，反正他们除了坐收红利和投机交易就没有别的"正事"了。资本主义起初排挤

---

① 《马克思恩格斯全集》第19卷，人民出版社1963年版，第237页。

工人，现在也排挤资本家。资本家不再不可或缺，却还占有生产资料。资本主义的这种矛盾不可克服，预告了不可避免的社会主义革命。它日益把大多数居民变成无产者，而无产者遭受的奴役又推动他们去完成这个变革。因此，"无产阶级将取得国家的政权，并且首先把生产资料变为国家财产"①　就是不以他们意志为转移的必然。全部生产资料一旦转为社会所有，"社会生产内部的无政府状态将为有计划的自觉的组织所代替"②。人们终于成为自己社会结合的主人，也成为自然界和自己本身的主人。

　　总之，马克思和恩格斯之所以能将社会主义从空想变为科学，绝不在于他们继承了启蒙学者和空想社会主义者的人道主义原则，而恰恰是他们突破并抛弃了这些原则的束缚，把出发点从人转到生产，进而集中解剖了资本主义生产方式所固有的矛盾运动。恩格斯说："完成这一解放世界的事业，是现代无产阶级的历史使命。考察这一事业的历史条件以及这一事业的性质本身，从而使负有使命完成这一事业的今天受压迫的阶级认识到自己行动的条件和性质，这就是无产阶级运动的理论表现即科学社会主义的任务。"③　如果还从人道主义原则出发，不了解资本主义生产方式固有的矛盾，便是像圣西门、傅立叶、欧文那样伟大的空想社会主义者，"他们都不是作为当时已经历史地产生的无产阶级的利益的代表出现的。他们和启蒙学者一样，并不是想首先解放某一个阶级，而是想立即解放全人类"④。可见，从资本主义生产方式出发还是从人道主义原则出发，代表无产阶级的利益还是代表全人类的利益，首先解放无产阶级还是"立即解放全人类"，正是科学社会主义和空想社会主义的分界线。

---

① 《马克思恩格斯全集》第 19 卷，人民出版社 1963 年版，第 242 页。
② 《马克思恩格斯全集》第 19 卷，人民出版社 1963 年版，第 245 页。
③ 《马克思恩格斯全集》第 19 卷，人民出版社 1963 年版，第 247 页。
④ 《马克思恩格斯全集》第 19 卷，人民出版社 1963 年版，第 207 页。

　　至此，不难看出，马克思主义的三个组成部分，只有从人们的生产活动出发才能建立起来。要是把出发点从人们的生产活动转回到"人"，在最好的情况下，也会使马克思主义倒退回马克思恩格斯所清算的哲学信仰，甚至倒退到黑格尔那里，让社会主义从科学变回空想。所以，出发点的问题，关系到马克思主义能否成立。为此，马克思恩格斯制定唯物史观时，不仅要和黑格尔哲学划清界限，还要和各种空想的社会主义和共产主义学说——特别是当时以费尔巴哈人本学为基础的"真正社会主义"——划清界限。因为"真正的社会主义者"不顾法国共产主义和德国社会主义的具体情况，认为"共产主义和社会主义归根到底都消融在人道主义中了"①，"在人道主义中一切关于名称的争论都解决了。为什么要分什么共产主义者、社会主义者呢？我们都是人"②。针对这些，马克思和恩格斯讽刺道："为什么要分什么人、兽、植物、石头呢？我们都是物体！"③ "把共产主义和社会主义变成了两种抽象的理论、两种原则以后，再给这两个对立面杜撰任何一种黑格尔式的统一，随便安上一个名称，当然是非常容易的事。这样做就不仅有可能洞悉'两个民族的发展进程'，而且有可能光辉地显示出一个醉心于思辨妙想的个人比法国人和德国人高明的地方。"④

　　此外，由于《德意志意识形态》写成后没有立即发表，马克思在《哲学的贫困》中第一次科学地说明自己有决定意义的论点时，不仅和经济学家的宿命论划清界限，还又一次和"人道学派""博爱学派"划清了界限。他说，"博爱学派是完善的人道学派"，他们以为自己是"在严肃地反对资产者的实践，其实，他们自己

① 《马克思恩格斯全集》第3卷，人民出版社1960年版，第540页。
② 《马克思恩格斯全集》第3卷，人民出版社1960年版，第550页。
③ 《马克思恩格斯全集》第3卷，人民出版社1960年版，第551页。
④ 《马克思恩格斯全集》第3卷，人民出版社1960年版，第540页。

比任何人都更象资产者"。因为他们"愿意保存那些表现资产阶级关系的范畴，而不要那种构成这些范畴的实质并且同这些范畴分不开的对抗"。虽然他们"对无产者的苦难以及资产者之间的剧烈竞争表示真诚的痛心"，因而和宿命论者对无产阶级者的痛苦"漠不关心"有所不同，"正如经济学家是资产阶级的学术代表一样，社会主义者和共产主义者是无产者阶级的理论家"，但是由于生产力尚未足够发展，"他们认为贫困不过是贫困，他们看不出它能够推翻旧社会的革命的破坏的一面"。因此"这些理论家不过是一些空想主义者"，而不能将其学说发展为"革新的科学"。①

---

① 《马克思恩格斯全集》第 4 卷，人民出版社 1958 年版，第 157 页。

人道主义思潮与马列主义的对立

20世纪80年代初，王若水发表《人是马克思主义的出发点》，我应约发表两文进行批判，因为马克思恩格斯制定唯物史观时也清算了自己从前的人道主义哲学信仰。但有人把王若水的人道主义说成"正宗的马克思主义"，还有人对此大加吹捧。他们企图否定"思想战线不能搞精神污染"，为人道主义世界观翻案。但是，邓小平重申不放弃"反对精神污染的观点"，正是坚持了马列主义的原则。而这股"翻案风"完全是错误的，还是白纸黑字，没有怀疑的余地。

一 马克思恩格斯的哲学革命

马克思好像有先见之明，估计到会有这种问题的争论，于是在1859年回顾自己思想发展过程时说明：1845年春，恩格斯也住在布鲁塞尔时，"我们决定共同钻研我们的见解与德国哲学思想体系的见解之间的对立，实际上是把我们从前的哲学信仰清算一下"[①]。结果就是《德意志意识形态》（以下简称《形态》）这部巨著，可惜当时没有出版，直到1932年才和《1844年经济学哲学手稿》（以下简称《手稿》）一起问世。但当时就有一些人本学者

---

① 《马克思恩格斯全集》第13卷，人民出版社1962年版，第10页。

把保留着德国古典哲学痕迹的《手稿》吹捧为马克思的"中心著作"和"思想发展的顶点";《形态》则成了马克思创作能力的"衰退和削弱",无人问津。这也从反面表明《形态》和《手稿》在哲学思想上的根本对立。

恩格斯晚年在《路德维希·费尔巴哈和德国古典哲学的终结》(以下简称《终结》)1888年单行本序言中,开宗明义又原原本本地引用了马克思这个说明,并在他们的"见解"后面注明,"特别是由马克思所制定的唯物主义历史观"①,表明了这种清算是他们创立自己学说以来一贯坚持的立场。因此,研究马克思思想发展过程的人,不应当再视而不见,并对这次"清算"有所怀疑了;否则就不能从源头上看清唯物史观与人道主义的对立,不仅难以正确理解马克思主义的产生和发展,还会走到背离马克思主义的道路上去。

不过,恩格斯在写《终结》时,发现他们在写《形态》的前夕,马克思还有一个《关于费尔巴哈的提纲》(以下简称《提纲》),它是"包含着新世界观的天才萌芽的第一个文件"②。因此,马克思清算从前的哲学信仰,应当是从"第一个文件"开始。这也表明,他们清算的直接对象正是费尔巴哈的人本主义。他们在《形态》第一章标题就用了"费尔巴哈——唯物主义观点和唯心主义观点的对立",并且说明"我们这些意见正是针对着费尔巴哈的,因为只有他才多少向前迈进了几步,只有他的著作才可以认真地加以分析"③。因此,正好适用于我们今天讨论这个问题的直接需要。

马克思在《提纲》中,第一次批判了以费尔巴哈为代表的

① 《马克思恩格斯全集》第21卷,人民出版社1965年版,第411页。
② 《马克思恩格斯全集》第21卷,人民出版社1965年版,第412页。
③ 《马克思恩格斯全集》第3卷,人民出版社1960年版,第20页。

"从前的一切唯物主义"①。可见，他已经发现费尔巴哈的人本主义不过是从前唯物主义的不确切表述。因为费尔巴哈把人看作自然界的一部分，主张"存在是主体，思维是宾词。思维是从存在而来的，然而存在并不来自思维。存在是从自身、通过自身而来的"。"作为存在的存在的本质，就是自然的本质。""新哲学将人和连同作为人的基础的自然当作哲学唯一的、普遍的、最高的对象——因而也将人类学连同生物学当作普遍的科学。"② 显然，这在自然观方面是唯物主义的，但是它却叫作"彻底的自然主义或人本主义""人性哲学""人类学"等名称。正如列宁在《费尔巴哈的〈宗教本质讲演录〉一书摘要》中所说："无论是人本主义原理，无论是自然主义，都只是关于唯物主义的不确切的肤浅的表述。"③ 可见，这个名称必须彻底抛弃，他们此后也没有使用过这个名称。恩格斯还说过："所谓人类学（这个名称很拙劣）"④，至少也有"不确切"和"肤浅"的意思。

马克思在还其本来面目之后说，"包括费尔巴哈的唯物主义"在内，从前的一切唯物主义的主要缺点是"对事物、现实、感性，只是从客体的或者直观的形式去理解，而不是把它们当作人的感性活动，当作实践去理解，不是从主观方面去理解"⑤。结果和唯物主义相反，"能动的方面却被唯心主义发展了，但只是抽象地发展了"⑥。因为，黑格尔的唯心主义，虽然从绝对观念出发，不了解人们的感性活动和真正现实，但他在《自然哲学》《历史哲学》《法哲学》和《逻辑学》等著作中却包含自然、历史和思维及其

① 《马克思恩格斯全集》第 3 卷，人民出版社 1960 年版，第 3 页。
② 《费尔巴哈哲学著作选集》上卷，生活·读书·新知三联书店 1959 年版，第 184 页。
③ 《列宁全集》第 38 卷，人民出版社 1959 年版，第 78 页。
④ 《马克思恩格斯全集》第 20 卷，人民出版社 1971 年版，第 524 页。
⑤ 《马克思恩格斯全集》第 3 卷，人民出版社 1960 年版，第 3 页。
⑥ 《马克思恩格斯全集》第 3 卷，人民出版社 1960 年版，第 3 页。

规律在内的全部内容。费尔巴哈的唯物主义，虽然把宗教和绝对观念还原为"人的本质"，但是始终只讲光秃秃的"人自身"，至多还有男人和女人的统一；作为人们感性活动的生产实践以及由此而生的人类社会生活的全部历史，都不在他的眼里，也就看不见人们在物质生产过程中发展起来的全部历史的能动作用。

"费尔巴哈想要研究跟思想客体确实不同的感性客体，但是他没有把人的活动本身理解为客观的活动。"① 他在《基督教的本质》中，"仅仅把理论的活动看作是真正人的活动，而对于实践则只是从它的卑污的犹太人活动的表现形式去理解和确定"②。而不了解人们进行物质生产的真正革命和实践批判的意义，也不了解人们作为感性客体，首先需要吃、穿、住，然后才能进行活动，包括理论活动，所以不能不跌入唯心主义的坑里。

只要把人的感性活动理解为客观的活动，便知人的理论活动或思维是否具有客观的真理性，不能只靠理论来证明，还要用人们的社会实践来检验。"这并不是一个理论的问题，而是一个实践的问题。"③ 离开实践去探讨理论或思维是否具有客观的真理性，只能像中世纪经院哲学那样，纯属烦琐哲学。

18 世纪的唯物主义学说认为，人是环境和教育的产物。它忘记了"环境正是由人来改变的，而教育者本人一定是受教育的"④。因此，这种学说必然要把社会分成两部分人，其中一部分高出于社会之上，像欧文那样的空想社会主义者。他的理性王国虽然与 18 世纪的唯物主义者有天壤之别，但都不是现实社会的反映；而是他们这些天生救世主根据"人类本性"对社会生活的安排，群众只要听从他们的吩咐，就能进入自由王国的天堂。他们

---

① 《马克思恩格斯全集》第 3 卷，人民出版社 1960 年版，第 3 页。
② 《马克思恩格斯全集》第 3 卷，人民出版社 1960 年版，第 3 页。
③ 《马克思恩格斯全集》第 3 卷，人民出版社 1960 年版，第 3 页。
④ 《马克思恩格斯全集》第 3 卷，人民出版社 1960 年版，第 4 页。

不知道，"环境的改变和人的活动的一致，只能被看作是并合理地理解为革命的实践"①。因为人们只能在改造客观世界中同时改造人自身及其主观世界，不可能有别的办法。

费尔巴哈不了解这种道理，"他致力于把宗教世界归结于它的世俗基础"，但是"他没有注意到，在做完这一工作之后，主要的事情还没有做哩"。②因为，世俗基础之所以需要宗教世界，不能从"人的本质"中引申出来，"只能用这个世俗基础的自我分裂和自我矛盾来说明。因此，对于世俗基础本身首先应当从它的矛盾中去理解，然后用排除这种矛盾的方法在实践中使之革命化"③。只要世俗基础的矛盾还没有解决，就不可能完全消除人们对宗教世界的幻想。

他把宗教的本质归结为人的本质，却不知道："人的本质并不是单个人所固有的抽象物。实际上，它是一切社会关系的总和。"④因为个人不能离开一定社会关系而生存，所以人的本质要以全部社会关系的总和为基础，并随社会关系的变化而变化。"社会生活在本质上是实践的。凡是把理论导致神秘主义方面去的神秘东西，都能在人的实践中以及对这个实践的理解中得到合理的解决。""直观的唯物主义，即不是把感性理解为实践活动的唯物主义，至多也只能做到对'市民社会'（即私有制社会——引者）的单个人的直观。"⑤只有从人们的感性活动出发，才能了解人类社会发展的全部历史，发现其中包含共产主义的必然性。"旧唯物主义的立脚点是'市民'社会；新唯物主义的立脚点则是人类社会或社会化了的人类（即全人类的或共产制社会的人类——引

①　《马克思恩格斯全集》第3卷，人民出版社1960年版，第4页。
②　《马克思恩格斯全集》第3卷，人民出版社1960年版，第4页。
③　《马克思恩格斯全集》第3卷，人民出版社1960年版，第4页。
④　《马克思恩格斯全集》第3卷，人民出版社1960年版，第5页。
⑤　《马克思恩格斯全集》第3卷，人民出版社1960年版，第5页。

者）。"① "哲学家们只是用不同的方式解释世界，而问题在于改变世界。"② 这不是说解释世界不重要，而是说只停留在理论领域内不可能改变世界。

马克思的《提纲》，虽然是为了批判以费尔巴哈为代表的"旧唯物主义"，而且只有短短 11 条，但是每条都与从前的唯物主义针锋相对，并且形成一个完整的思想体系。正如恩格斯所说，它作为"包含着新世界观的天才萌芽的第一个文件，是非常宝贵的"③。当然也就清算了自己从前的哲学信仰，因为他从《黑格尔法哲学批判》开始，就转向费尔巴哈的人本主义。但他不像费尔巴哈那样，批判黑格尔的唯心主义，连其中的辩证法所猜想到的内容也抛弃了。他得出的结果是："法的关系正像国家的形式一样，既不能从它们本身来理解，也不能从所谓人类精神的一般发展来理解，相反，它们根源于物质的生活关系，这种物质的生活关系的总和，黑格尔按照十八世纪的英国人和法国人的先例，称之为'市民社会'，而对市民社会的解剖应该到政治经济学中去寻求。"④ 他在导言中说："就德国来说，对宗教的批判实际上已经结束；而对宗教的批判是其他一切批判的前提。谬误在天国的申辩一经驳倒，它在人间的存在就暴露了出来。""人就是人的世界，就是国家，社会。国家、社会产生了宗教即颠倒了的世界观，因为它们本身就是颠倒了的世界。""应该向德国制度开火！一定要开火！"⑤ 可见，当时他不仅已经成为费尔巴哈派，还成了费尔巴哈无法比拟的激进民主派。

马克思沿着自己思想发展的进程，在巴黎开始研究政治经济学，结果就是《手稿》。他根据费尔巴哈打下基础的"实际批

---

① 《马克思恩格斯全集》第 3 卷，人民出版社 1960 年版，第 5—6 页。
② 《马克思恩格斯全集》第 3 卷，人民出版社 1960 年版，第 6 页。
③ 《马克思恩格斯全集》第 21 卷，人民出版社 1965 年版，第 412 页。
④ 《马克思恩格斯全集》第 13 卷，人民出版社 1962 年版，第 8 页。
⑤ 《马克思恩格斯全集》第 1 卷，人民出版社 1956 年版，第 452、455 页。

判"，对国民经济学进行"完全经验"的批判。他说："国民经济学从私有财产的事实出发，但是，它没有给我们说明这个事实。"① 为此，他分析了"异化劳动"的四个方面以后说："我们把私有财产的起源问题变为异化劳动同人类发展的关系问题，也就为解决这一任务得到了许多东西。因为当人们谈到私有财产时，认为他们谈的是人之外的东西。而当人们谈到劳动时，则认为是直接谈到人本身。"② 黑格尔的辩证法常用外化、对象化、异化这些概念，说明绝对观念创造了自然和人类这些对立面；而人的本质在低级阶段是"劳动"，发展到高级阶段就只有"自我意识"了。所以，把私有财产的起源变为异化劳动同人类发展的关系问题，就直接谈到人本身。可见，马克思分析"异化劳动"，不是为它建立什么"理论"，而是为了说明私有财产的起源；实际上是把辩证法用于人本学，想通过异化劳动说明人们之间的经济关系，扬弃私有财产的共产主义就成了人性异化的复归，也就否定了国民经济学的出发点。于是，便过渡到共产主义这一章。

他分析了共产主义两种形式后，说第三种形式，即"共产主义是私有财产即人的自我异化的积极的扬弃，因而是通过人并且为了人而对人的本质的真正占有；因此它是人向自身、向社会的（即人的）人的复归……它是人和自然界之间、人和人之间的矛盾的真正解决"③。既然私有财产是人的本质，即劳动异化的结果，那么扬弃私有财产的共产主义，当然就是通过人并且为了人而对人的本质的真正占有。它是人的异化劳动向人自身，即社会的人的复归，因为"社会"也就是人的团体。既然人是自然界的一部分，那么共产主义作为向人的本质复归，当然就是人与自然界，也就是人与人之间的矛盾的真正解决。可是，到了结尾却说："但

---

① 《马克思恩格斯全集》第 42 卷，人民出版社 1979 年版，第 89 页。
② 《马克思恩格斯全集》第 42 卷，人民出版社 1979 年版，第 102 页。
③ 《马克思恩格斯全集》第 42 卷，人民出版社 1979 年版，第 120 页。

是，这样的共产主义并不是人类发展的目标，并不是人类社会的形式。"① 既然共产主义也是一种经济制度，而社会只是人自身的"团体"，它当然不是人类自身发展的目标，也不是人类社会的形式。强调《手稿》重要性的研究者，虽然信仰人道主义，但是并不了解它的本义；这当然不能不成为他们所头痛的问题。

实际上，这个问题只有费尔巴哈的人本主义才能解释。它认为，哲学的最高和最后的原则，就是"人与人的统一"，即"团体生活""社会生活"。②"社会"也就是人的"团体"。共产主义作为一种经济制度，虽然"它是人向自身、向社会的（即人的）人的复归"③，"这种复归是完全的，自觉的和在以往发展的全部财富的范围内生成的"④，但它终究不是"人自身"和作为人们团体的"社会"，因此人类发展的目标和社会形式不需要任何经济基础，只是没有任何异化的"人自身"组成的"团体"，即以"人自身"为基础的"社会"主义。因此，共产主义只是作为实现人道主义的"中介和必然环节"，目的正是扬弃这个"中介和必然环节"，实现"下一段历史发展"的人道主义。"真正社会主义"的口号"必须实现共产主义，以便实现人道主义"⑤ 就是很好的证明。所以共产主义运动还有"局限性"，"实际上将经历一个极其艰难而漫长的过程"⑥，然后才能达到"彻底的自然主义或人道主义，既不同于唯心主义，也不同于唯物主义，同时又是把这二者结合的真理"⑦。

但是，在《提纲》中，马克思却把这种"彻底的自然主义或

① 《马克思恩格斯全集》第42卷，人民出版社1979年版，第131页。
② 《费尔巴哈哲学著作选集》上卷，生活·读书·新知三联书店1959年版，第186页。
③ 《马克思恩格斯全集》第42卷，人民出版社1979年版，第120页。
④ 《马克思恩格斯全集》第3卷，人民出版社2002年版，第297页。
⑤ 《马克思恩格斯全集》第3卷，人民出版社1960年版，第651页。
⑥ 《马克思恩格斯全集》第42卷，人民出版社1979年版，第140页。
⑦ 《马克思恩格斯全集》第42卷，人民出版社1979年版，第167页。

人道主义"归入从前的一切唯物主义的范畴，表明他已经看出人道主义的二元论正是唯物主义不彻底的表现；不仅说明它的"主要缺点"，而且还用自己的新唯物主义去代替它。显然，这种转变不只是名称的改变，更不只是个别观点的改变，而是要在人类历史领域中从人道主义的哲学信仰转到新唯物主义的世界观上去。只有实现了这种世界观上的转变，才能从人道主义作为唯心主义和唯物主义两者结合的二元论真理中摆脱出来，站到彻底（辩证）唯物主义一元论的立场上来，把人的感性活动理解为客观的活动，不再从人性出发，而是从客观的人们感性活动出发，首先从人们的物质生产出发，考察人类活动的全部历史。因为，人道主义无论把人当作"客体"还是当作"主体"，都包含唯心主义（精神）和唯物主义（肉体）相结合的二元论矛盾（把人道主义译成"唯人主义"也是如此）；不可能把"人本身"分成客观和主观两个方面，并从客观的感性活动出发，来说明主观的精神活动，达到主客观对立统一的辩证唯物主义彻底一元论的高度。

可见，这种世界观的飞跃包含哲学观念的更新。与人道主义的二元论相反，彻底唯物主义地理解"人本身"，就只有主观和客观的对立，没有主体和客体的矛盾。因为"人本身"，既是主体，又是客体，它们之间在人身上没有任何对立。只有主观和客观才是"人本身"所特有而又互相对立统一的两个方面：主观是思维，客观是物质（包括肉体）。它们在何者是本原的问题上，存在着绝对的对立，没有调和的余地；只有在这个问题之外，即思维能否认识物质的问题上，二者才能在实践的基础上互相转化，双方共处于同一之中。因为，思维的内容不过是客观物质运动在人脑中的反映。这就从哲学的最高问题上，分清了旧唯物主义（包括人本主义在内）和新唯物主义的界限。

正是有了这种哲学观念的更新，马克思和恩格斯接着在《形态》的序言开头就说："人们迄今总是为自己造出关于自己本身、关于自己是何物或应当成为何物的种种虚假观念。他们按照自己关于神、关于模范人等等观念来建立自己的关系。他们头脑的产物就统治他们……我们要起来反抗这种思想的统治。"① 他们不仅把客观的感性活动和实践发展为"从直接生活的物质生产出发"的唯物史观，而且从主观认识方面说明"费尔巴哈犯了多大的错误。他（'维干德季刊'1845 年第二卷）借助于'社会的人'这一规定宣称自己是共产主义者，他把这一规定变成'人'的宾词，认为这样一来又可以把表达现存世界中一定革命政党的拥护者的'共产主义者'一词变为一种空洞的范畴"②。费尔巴哈不了解这种主词和宾词的变位，不过是哲学家的概念游戏，丝毫不能改变现实世界中拥护一定革命政党的共产主义者的情况。因为它只停留在理论领域内，不是实际地反对和改变事物的现状。

费尔巴哈在 1843 年 7 月写的《未来哲学原理》的引言中说："未来哲学应有的任务，就是要将哲学从'僵死的精神'境界重新引导到有血有肉的、活生生的精神境界，使它从美满的、神圣的、虚幻的精神乐园下降到多灾多难的现实人间。为了达到这个目的，哲学不需要别的东西，只需要一种人的理智和人的语言。"③ "近代哲学的任务，是将上帝现实化和人化，就是说：将神学变为人类学。"④ "但是，用一种纯粹而真正的人的态度去思想、去说话、去行动，则是下一代人才能做到的事。"⑤ 他只想用"理智和语言"把美满的精神乐园下降到"多灾多难的现实人间"，而不想改变这个"多灾多难的现实人间"，幻想把这个任务

---

① 《马克思恩格斯全集》第 3 卷，人民出版社 1960 年版，第 15 页。
② 《马克思恩格斯全集》第 3 卷，人民出版社 1960 年版，第 47 页。
③ 《费尔巴哈哲学著作选集》上卷，生活·读书·新知三联书店 1959 年版，第 120 页。
④ 《费尔巴哈哲学著作选集》上卷，生活·读书·新知三联书店 1959 年版，第 122 页。
⑤ 《费尔巴哈哲学著作选集》上卷，生活·读书·新知三联书店 1959 年版，第 120 页。

留到"未来"去享受。

《形态》说:"承认现存的东西同时又不了解现存的东西,这一点始终是费尔巴哈和我们的对手的共同之点。"① "实际上和对实践的唯物主义者,即共产主义者来说,全部问题都在于使现存世界革命化,实际地反对和改变事物的现状。如果在费尔巴哈那里有时也遇见类似的观点,那末它们始终不过是一些零星的猜测,对费尔巴哈的总的世界观的影响是微不足道的,只能把它们看作仅仅是具有发展能力的萌芽。"② 这就在如何对待"现实世界"的态度上,他们看清了费尔巴哈和彻底唯物主义一元论的敌人的"共同之点",并从"总的世界观"上和费尔巴哈的"人性哲学"对立起来了。

《形态》说:"费尔巴哈对感性世界的'理解'一方面仅仅局限于对这一世界的单纯的直观,另一方面仅仅局限于单纯的感觉:费尔巴哈谈到的是'人自身',而不是'现实的历史的人'。"③ 这又从认识论上与费尔巴哈的"单纯的直观和感觉"理论划清了界限。因为他所说的"人本身",并不是开天辟地以来就是如此,而是人类社会历史长期发展的结果,尤其是工业和社会状况的产物。他周围的德国人,早已生活在私有制下,正如他所说,不过是天生的"利己主义"者。只因必须承认别人利己主义的合法性,才需要爱的共产主义。他的原则是"自我"和另一个"自我",即利己主义和共产主义,"若没有利己主义,你就没有头;若没有共产主义,你就没有心"④。实际上,"甚至连最简单的'可靠的感性'的对象也只是由于社会发展、由于工业和商业往来才提供给他的。大家知道,樱桃树和几乎所有的果树一样,只是在数世纪

---

① 《马克思恩格斯文集》第 1 卷,人民出版社 2009 年版,第 549 页。
② 《马克思恩格斯全集》第 3 卷,人民出版社 1960 年版,第 48 页。
③ 《马克思恩格斯全集》第 3 卷,人民出版社 1960 年版,第 48 页。
④ 《费尔巴哈哲学著作选集》上卷,生活·读书·新知三联书店 1959 年版,第 249 页。

以前依靠商业的结果才在我们这个地区出现。由此可见，樱桃树只有依靠一定的社会在一定时期的这种活动才为费尔巴哈的'可靠的感性'所感知"①。

《形态》还说："费尔巴哈特别谈到自然科学的直观，提到一些秘密只有物理学家和化学家的眼睛才能识破，但是如果没有工业和商业，自然科学会成为什么样子呢？甚至这个'纯粹的'自然科学也只是由于商业和工业，由于人们的感性活动才达到自己的目的和获得材料的。"② 所以，自然科学也要以生产发展为基础。"只要它哪怕只停顿一年，费尔巴哈就会看到，不仅在自然界将发生巨大的变化，而且整个人类世界以及他（费尔巴哈）的直观能力，甚至他本身的存在也就没有了。"③ 后来，恩格斯根据天文学、数学、力学等都是由生产需要而发展起来的说："这样，科学的发生和发展一开始就是由生产决定的。"④ 因此，又与费尔巴哈"人性哲学"对自然科学的观点相对立。

费尔巴哈承认人是自然界的一部分，也是"感性的对象"。这是他的人本主义比只把自然界当作感性对象的唯物主义要优越的所在。但是他没有从人们现有的社会关系和生活条件观察人，因而他这种"现实的人"除了爱与友情，而且是理想化了的爱与友情，不知道人们之间还有其他关系。实际上，只能是脱离具体社会关系的"抽象人"，"比方说，当他看到的是大批患瘰疬病的、积劳成疾的和患肺痨的贫民而不是健康人的时候，便不得不诉诸'最高的直观'和理想的'类的平等化'，这就是说，正是在共产主义的唯物主义者看到改造工业和社会制度的必要性和条件的地方，他却重新陷入唯心主义"⑤。因此，"当费尔巴哈是一个唯物

① 《马克思恩格斯全集》第3卷，人民出版社1960年版，第49页。
② 《马克思恩格斯全集》第3卷，人民出版社1960年版，第49页。
③ 《马克思恩格斯全集》第3卷，人民出版社1960年版，第50页。
④ 《马克思恩格斯全集》第20卷，人民出版社1971年版，第523页。
⑤ 《马克思恩格斯全集》第3卷，人民出版社1960年版，第50页。

主义者的时候，历史在他的视野之外；当他去探讨历史的时候，他决不是一个唯物主义者"①。

《形态》又说：新唯物主义的"世界观没有前提是绝对不行的，它根据经验去研究现实的物质前提；因而最先是真正批判的世界观"②。"须要跳出哲学的圈子并作为一个普通的人去研究现实。"③ 当时德国的批判"都没有离开过哲学的基地"，没有想到"德国哲学和德国现实之间的联系问题"④。他们仅仅反对现存世界的词句，绝不反对现存的世界。"尽管青年黑格尔派思想家们满口讲的都是'震撼世界'的词句，而实际上他们是最大的保守分子。"⑤

那么，这个新世界观的前提到底是什么呢？《形态》说："这是一些现实的个人，是他们的活动和他们的物质生活条件"⑥。这就不仅与黑格尔的唯心主义，而且和费尔巴哈的唯物主义对立起来了。黑格尔不用说了；费尔巴哈虽有"现实的个人"，但是没有"他们的活动和物质生活条件"，因而这个人只能是不食人间烟火的神仙。唯物史观的前提则包括"他们得到的现成的和由他们自己的活动所创造出来的物质生活条件"⑦ 这样两个部分。因此，不仅他们的生存不成问题了，就是他们的发展，也有"物质生活条件"的历史继承性，加上"他们自己的活动所创造出来的物质生活条件"，便自然地呈现出人类历史的新发展。

所以，《形态》说："一当人们自己开始生产他们所必需的生活资料的时候（这一步是由他们的肉体组织所决定的），他们就开

---

① 《马克思恩格斯全集》第 3 卷，人民出版社 1960 年版，第 51 页。
② 《马克思恩格斯全集》第 3 卷，人民出版社 1960 年版，第 261 页。
③ 《马克思恩格斯全集》第 3 卷，人民出版社 1960 年版，第 262 页。
④ 《马克思恩格斯全集》第 3 卷，人民出版社 1960 年版，第 23 页。
⑤ 《马克思恩格斯全集》第 3 卷，人民出版社 1960 年版，第 22 页。
⑥ 《马克思恩格斯全集》第 3 卷，人民出版社 1960 年版，第 23 页。
⑦ 《马克思恩格斯全集》第 3 卷，人民出版社 1960 年版，第 23 页。

始把自己和动物区别开来。"① 这就从人类史的出发点上，与出现私有制以后一切剥削阶级及其知识分子包括费尔巴哈都鄙视生产劳动的观点，形成了鲜明的对立。他们都不知道生产劳动对人类社会的产生和发展起着决定作用。后来，恩格斯在《劳动在从猿到人转变过程中的作用》一文中说明：人的手和脑等各种器官，都是在劳动过程中形成的。当然还需要通过人类自身生产，即生育过程的遗传和变异才能完成。但正是在生产劳动过程中，人们不仅把自然物质变成自己需要的物质生活条件，而且也创造了人自身，并使之生活在一定社会关系之中，因而在自然界中开辟了人类社会发展的新世界。这是费尔巴哈做梦也想不到的新天地，当然也想不到人起初是怎样从自然界中走出来的，因而也始终离不开自然界。"人类学"只用人自身不可能说明人类的起源和发展，大概也是"这个名称很拙劣"的原因罢。只有唯物史观从生产出发，才能正确说明人类的起源及其全部历史。

《形态》说："人们为了能够'创造历史'，必须能够生活。但是为了生活，首先就需要衣、食、住以及其他东西。因此第一个历史活动就是生产满足这些需要的资料，即生产物质生活本身。""第二个事实是，已经得到满足的第一个需要本身、满足需要的活动和已经获得的为满足需要用的工具又引起新的需要。这种新的需要的产生是第一个历史活动。""一开始就纳入历史发展过程的第三种关系就是：每日都在重新生产自己生活的人们开始生产另外一些人，即增殖。这就是夫妻之间的关系，父母和子女之间的关系，也就是家庭。这个家庭起初是唯一的社会关系。""从历史的最初时期起，从第一批人出现时，三者就同时存在着，而且就是现在也还在历史上起着作用。这样，生活的生产——无论是自己生活的生产（通过劳动）或他人生活的生产（通过生

---

① 《马克思恩格斯全集》第 3 卷，人民出版社 1960 年版，第 24 页。

育）——立即表现为双重关系：一方面是自然关系，另一方面是社会关系"。"由此可见，一开始就表明了人们之间是有物质联系的。"只有考察了最初历史的"四个方面之后，我们才发现：人也具有'意识'。但是人并非一开始就具有'纯粹的'意识。'精神'从一开始就很倒霉，注定要受物质的'纠缠'，物质在这里表现为震动着的空气层、声音，简言之，即语言。语言和意识具有同样长久的历史……只是由于需要，由于和他人交往的迫切需要才产生的。……因而，意识一开始就是社会的产物。而且只要人们还存在着，它就仍然是这种产物。"① 人道主义把意识当作人的本质与唯物史观从物质生产出发，还不是"唯心史观"与唯物史观的对立吗？

为理解唯物史观作为马列主义理论基础的重要性，请看马克思在《政治经济学批判》序言中的经典表述："人们在自己生活的社会生产中发生一定的、必然的、不以他们的意志为转移的关系，即同他们的物质生产力的一定发展阶段相适合的生产关系。这些生产关系的总和构成社会的经济结构，即有法律的和政治的上层建筑竖立其上并有一定的社会意识形式与之相适应的现实基础。物质生活的生产方式制约着整个社会生活、政治生活和精神生活的过程。不是人们的意议决定人们的存在，相反，是人们的社会存在决定人们的意识。社会的物质生产力发展到一定阶段，便同它们一直在其中活动的现存生产关系或财产关系（这只是生产关系的法律用语）发生矛盾。于是这些关系便由生产力的发展形式变成生产力的桎梏。那时社会革命的时代就到来了。随着经济基础的变更，全部庞大的上层建筑也或慢或快地发生变革。"② 可见，唯物史观把"上层建筑"和"意识形态"看作是由社会经济基础决定的，并随经济基础的变化而变化。这就彻底摧毁了当

---

① 《马克思恩格斯全集》第 3 卷，人民出版社 1960 年版，第 31—34 页。
② 《马克思恩格斯全集》第 13 卷，人民出版社 1962 年版，第 8 页。

时德国哲学思想体系把意识当作脱离社会经济关系而独立存在和发展的"德意志意识形态"。"因此，道德、宗教、形而上学和其他意识形态，以及与它们相适应的意识形式便失去独立性的外观。它们没有历史，没有发展；那些发展着自己的物质生产和物质交往的人们，在改变自己的这个现实的同时也改变着自己的思维和思维的产物。不是意识决定生活，而是生活决定意识。""思辨终止的地方，即在现实生活面前，正是描述人们的实践活动和实际发展过程的真正实证的科学开始的地方。"①

恩格斯在《终结》中说，马克思"这种历史观结束了历史领域内的哲学，正如辩证的自然观使一切自然哲学都成为不必要的和不可能的一样"②。他们这种现代唯物主义，否定近代唯物主义，不是单纯地恢复古代唯物主义，而是把两千年来历史本身以及哲学和自然科学的全部思想内容加到旧唯物主义的永久性基础上。这已经"根本不再是哲学，而只是世界观"。它不应当在"科学的科学"（哲学）中，而应当在现实的自然科学和社会科学中得到证实和表现出来。"因此，哲学在这里被'扬弃'了，就是说，'既被克服又被保存'；按其形式来说是被克服了，按其现实的内容来说是被保存了。"③ 现在我们还叫"哲学"，不是把思想看作有自己独立发展的"意识形态"，而是人脑对外部世界的反映，即世界观。

马克思的政治经济学，他在《资本论》中所考察的人，都不是"只从客体的或直观的形式"去理解，而是从"主观方面"去理解，即从个别上升到一般，掌握"人的本质"的现实性是"一切社会关系的总和"，以便指导研究各时代历史地发生了变化的人性。他说："这里涉及的人，只是经济范畴的人格化，是一定的阶

---

① 《马克思恩格斯全集》第 3 卷，人民出版社 1960 年版，第 30—31 页。
② 《马克思恩格斯全集》第 21 卷，人民出版社 1965 年版，第 351 页。
③ 《马克思恩格斯全集》第 20 卷，人民出版社 1971 年版，第 151 页。

级关系和利益的承担者。我的观点是把经济的社会形态的发展理解为一种自然史的过程。不管个人在主观上怎样超脱各种关系，他在社会意义上总是这些关系的产物。同其他任何观点比起来，我的观点是更不能要个人对这些关系负责的。"① 再也不能把人看作脱离一切社会关系而存在的抽象物了，更不能把"商品、货币"这些社会关系当作"物"来崇拜。

至于社会主义，既然以往的阶级斗争"都是自己时代的经济关系的产物"，因此社会主义不再被看作某个天才头脑的偶然发现，而是历史地产生的无产阶级和资产阶级之间的斗争的必然产物。它的任务不再是想出一个尽可能完善的社会制度，而是研究必然产生这两个阶级及其相互斗争的历史和经济的过程，并从中找出解决冲突的手段。可是，正如法国唯物主义的自然观同辩证法和近代自然科学不相容一样，以往的社会主义同唯物史观也不相容，"它愈是义愤填膺地反对这种生产方式必然产生的对工人阶级的剥削，就愈是不能明白指出这种剥削在哪里和怎样发生"②。只有在唯物史观指导下，发现了剩余价值，才能说明资本主义灭亡和共产主义到来的必然性。关于这些，恩格斯在《社会主义从空想到科学的发展》一书中做了透彻的说明。

因此，以唯物史观为理论基础的马克思主义三个组成部分，不仅是一个不可分割的有机整体，而且与一切唯心主义和形而上学都形成了根本的对立。恩格斯说："人们的意识决定于人们的存在而不是相反，这个原理看来很简单，但是仔细考察一下也会立即发现，这个原理的最初结论就给一切唯心主义，甚至给最隐蔽的唯心主义当头一棒。""关于一切历史性的东西的全部传统的和习惯的观点都被这个原理否定了。政治论证的全部传统方式崩溃了；爱国的义勇精神愤慨地起来反对这种无礼的观点。""因此，

① 《马克思恩格斯全集》第42卷，人民出版社2016年版，第16页。
② 《马克思恩格斯全集》第19卷，人民出版社1963年版，第226页。

新的世界观不仅必然遭到资产阶级代表人物的反对，而且也必然遭到一群想靠 liberté，égalité，fraternité［自由、平等、博爱］的符咒来翻转世界的法国社会主义者的反对。这种世界观激起了德国庸俗的民主主义空谈家极大的愤怒。尽管如此，他们还是力图剽窃新的思想，然而对这些思想又极端无知。"① 所以，我国出现类似的思想争论不是偶然现象。近年来又出现对人道主义思潮批评的翻案之风，同样不是偶然现象。

二　二元论到唯物主义一元论

现在来看，我国主张人道主义和异化的人多以《手稿》为依据。正是在此书中，马克思说："彻底的自然主义或人道主义，既不同于唯心主义，也不同于唯物主义，同时又是把这二者结合的真理。"② 接着，他和恩格斯在《神圣家族》的序言中还打出"真正人道主义"的招牌，他们说："在德国对真正的人道主义说来，没有比唯灵论即思辨唯心主义更危险的敌人了。"③

可见，马克思虽然从《黑格尔法哲学批判》开始，就找到了通向唯物史观的道路，但在当时还相信费尔巴哈的人本主义哲学，把它准确概括为唯物主义和唯心主义"两者结合的真理"。他和恩格斯用人本主义的唯物主义去批判当时德国哲学以黑格尔为代表的唯心主义思想体系，当然是正确的。但是，费尔巴哈人本主义哲学的二元论，正是唯物主义不彻底的表现。它把人看作自然界的一部分，又把宗教的本质还原为人的本质，批判了黑格尔把人在高级阶段上的"自我意识"当作人的本质，于是在自然观方面恢复了唯物主义的权威；但是，它看见直观到的人都受思想的支

---

① 《马克思恩格斯全集》第 13 卷，人民出版社 1962 年版，第 527 页。
② 《马克思恩格斯全集》第 42 卷，人民出版社 1979 年版，第 167 页。
③ 《马克思恩格斯全集》第 2 卷，人民出版社 1957 年版，第 7 页。

配，就把"意识"当成人所固有的本质，推行"人是人的最高本质"的"人性哲学"。它虽然强调意识离不开人的肉体，"甚至人的胃，尽管我们那样轻视它，也不是动物性的东西，而是人性的东西"①。但是，它始终不知人性（意识）从何而来，只好把"人的本质"归结为"理性、意志和心"之类的抽象物，不能不在历史领域中又投入唯心主义的怀抱。

因此，把人道主义当作"正宗的马克思主义"，在当时似乎有点道理，因为，马克思恩格斯确实打过人道主义的哲学招牌。但是，恩格斯说："我们一时都成为费尔巴哈派了。"②"1844 年还没有现代的国际社会主义。从那时起，首先是并且几乎完全是由于马克思的功绩，它才彻底发展成为科学。"③ 可见，马克思当时还是一个费尔巴哈派，并没有制定唯物史观；虽有人道主义，却无马克思主义，怎么"正宗"呢？除非把马克思看作天生的马克思主义创始人，否则绝对不可能有"人道主义的正宗马克思主义"。

实际上，人道主义者从不考虑人的思想从何处来、意志怎会有自由之类的问题，将意识当作人所固有的本性。这在欧洲从文艺复兴提出个性解放和自由的要求开始，作为第一人的但丁就是这样。他在《帝制论》中说："惟有理解力的知觉，乃是人的特性……先有思想的理解力，然后由思想发而为行动，由行动而达其目的。理解力强的人自然居于他人之上而为统治者……自由的第一个原则就是意志的自由。"他把人有理解力当作区别于其他动物的"特性"，后来的人道主义者，归根结底也把理性之类的主观思想视为人的本性，并从此引申出自由、平等、博爱、尊严、幸福等道德观念。"我思，故我在"也就是"人思，故人在"。18 世

---

① 《费尔巴哈哲学著作选集》上卷，生活·读书·新知三联书店 1959 年版，第 183 页。

② 《马克思恩格斯全集》第 21 卷，人民出版社 1965 年版，第 313 页。

③ 《马克思恩格斯全集》第 22 卷，人民出版社 1965 年版，第 372 页。

纪的唯物主义者一方面说："人是环境和教育的产物。"但是，"环境和教育"又是什么的产物呢？则是另一方面的"意见支配世界"。因此，他们无法逃出循环论，归根结底只能陷入唯心主义，而不知道意见从哪里来。这是他们只直观人本身的必然结果。因为，文明时代以来，人本身只要活着就有肉体和思想两个方面，而且缺少一方面就不是正常人；所以，他们把思想当作肉体所固有的本性，称之为"自然法则"，并把自由平等这一套叫作"天赋人权"。

　　但是，马克思不满足于直观，还要用辩证法从主观方面理解事物、现实和感性。《提纲》作为发现唯物史观的第一个文件，第一条就把人本主义或自然主义还原为唯物主义，指出："从前的一切唯物主义——包括费尔巴哈的唯物主义——的主要缺点是：对事物、现实、感性，只是从客体的或者直观的形式去理解，而不是把它们当作人的感性活动，当作实践去理解，不是从主观方面去理解。所以，结果竟是这样，和唯物主义相反，能动的方面却被唯心主义发展了，但只是抽象地发展了，因为唯心主义当然是不知道真正现实的、感性的活动的。"①

　　可见，作为"人的感性活动"的生产实践以及由此而生的人类社会生活的全部历史，都不在费尔巴哈眼里。他和黑格尔一样，看不见人们在物质生产过程中发展起来的真正的能动作用。只有使辩证法和唯物主义相结合，才能把"从前的唯物主义"发展为新唯物主义，从物质生产出发说明人类怎样在生产过程中创造了自己的历史，从而在人类社会历史领域中竖立唯物主义的权威，创立彻底（辩证）的唯物主义一元论，才能阐明人类创造历史的真正能动作用。

　　于是，在《形态》中，马克思恩格斯第一次从物质生产出发

────────────

① 《马克思恩格斯全集》第3卷，人民出版社1960年版，第3页。

制定了唯物史观，批判了费尔巴哈的人本主义和以他为理论基础的"真正社会主义"，当然也就清算了自己曾经信仰的"真正人道主义"的哲学，使社会主义从空想变成科学，创立了马克思主义。唯物史观便成为马克思主义的根本。至于在唯物史观的基础上怎样创立了马克思主义并与人道主义相对立，可以参看拙作《人道主义到唯物史观——马克思世界观的飞跃》① 一书的第六章"创立马克思主义"。

我国的人道主义思潮却正好相反，不仅仍然抓住人道主义的名称不放，还要为人道主义辩护，企图把它当作世界观和历史观塞进马列主义中去，取而代之。这不是与马列主义根本对立吗？

胡乔木在《关于人道主义和异化问题》一文中提出：区分人道主义的两种含义，反对作为世界观和历史观的人道主义，宣传作为伦理道德的社会主义人道主义。当时我国理论界认为，这是理论上的突破和创见，可以对人道主义的争论进行科学的总结。他说："作为世界观和历史观的人道主义同马克思主义的历史唯物主义是根本对立的……根本不能互相混合，互相纳入，互相包括或互相归结。完全归结不能，部分归结也不能。"正是坚持了马列主义的原则立场。王若水在《我对人道主义问题的看法——答复和商榷》一文中，不同意这种原则立场，当然有他的自由；但这不是个人问题，而是要与马列主义"商榷"。

难道不应当用马列主义真理与人道主义思潮彻底划清界限吗？如果没有这个必要，马克思恩格斯制定唯物史观创立马克思主义为什么要清算自己从前的人道主义的哲学信仰呢？此前，他们已经批判过黑格尔的彻底唯心主义一元论，但是，他们不像费尔巴哈那样抛弃黑格尔的唯心主义，连他的辩证法也抛弃了，只相信感性直观；而是把辩证法继承过来，并与唯物主义相结合，形成

---

① 徐亦让：《人道主义到唯物史观——马克思世界观的飞跃》，天津人民出版社1995年版。

唯物辩证法。因而，很快就看清了人本主义把意识当作人的本质便是在历史领域中的唯心主义。否则怎么能迅速发现唯物史观、创立马克思主义呢？只要不了解这一点，就不知道马克思主义是怎样在清算人道主义中发展起来的，也就无法与它划清界限。这里可参考拙作《人道主义到唯物史观——马克思世界观的飞跃》的第三至五章——"信仰人道主义""清算人道主义"和"制定唯物史观"。

三　"人的本质"到"社会关系"

马克思在 1845 年的《提纲》中把人本主义还原为唯物主义，便知把意识当作人的本质就是唯心主义。他当然也就知道，自己在前一年的《手稿》中也从"人的本质"出发，想用辩证法说明"异化劳动"怎样产生了私有制而又扬弃了它，即人的异化和复归的历史，正是唯心主义的表现。因此，《提纲》第六条就清算了把意识当作人的本质的唯心主义的最后避难所："费尔巴哈把宗教的本质归结于人的本质。但是，人的本质并不是单个人所固有的抽象物，实际上，它是一切社会关系的总和。"① 这就在出发点上从人的本质转到社会关系上来了，用"一切社会关系的总和"代替了人道主义把意识之类的单个人所固有的抽象物当作人的本质，不仅说明了人道主义人性论的唯心主义，而且把它颠倒过来——不是人的本质决定社会关系，而是社会关系决定人的本质。从此宣告了唯心主义人性论的彻底破产，因为意识不是人们行动的最后决定因素，相反，它本身还要由人们的现实社会关系来决定和说明。

马克思恩格斯在《形态》中制定唯物史观时说："一当人们

---

① 《马克思恩格斯全集》第 3 卷，人民出版社 1960 年版，第 7 页。

自己开始生产他们所必需的生活资料的时候（这一步是由他们的肉体组织所决定的），他们就开始把自己和动物区别开来。"① 这就用"生产"代替了"意识"当作人的特性，不再从"人性"出发，而是从生产出发说明人类的历史。因此，个人是什么样的，取决于他们进行生产的条件。"每个个人和每一代人当作现成的东西承受下来的生产力、资金和社会交往形式的总和，是哲学家们想象为'实体'和'人的本质'的东西的现实基础，是他们神化了的并与之作斗争的东西的现实基础"②。当社会关系用思想表现出来时，"就不能不采取观念条件和必然关系的形式，即在意识中表现为从一般人的概念中、从人的本质中、从人的本性中、从人自身中产生的规定。人们是什么，人们的关系是什么，这种情况反映在意识中就是关于人自身、关于人的生存方式或关于人的最切近的逻辑规定的观念"③。这就唯物地说明了人的概念、人的本质、人的本性、人自身等人道主义观念的来源，破除了五百年来乃至几千年来哲学家们对"人"迷惑不解的神秘观念。而到1859年，马克思在《政治经济学批判》序言中概括了指导他研究工作的唯物史观，显然是与人道主义人性论根本对立的社会科学。

列宁也说："自从《资本论》问世以来，唯物主义历史观已经不是假设，而是科学地证明了的原理。"④ "唯物主义的社会学者把人与人间一定的社会关系当做自己研究的对象，从而也就是研究真实的个人，因为这些关系是由个人的活动组成的。"⑤ 因此，"社会主义学说正是在它抛弃了关于合乎人的本性的社会条件的议论，而着手唯物主义地分析现代社会关系并说明现在剥削制

---

① 《马克思恩格斯全集》第3卷，人民出版社1960年版，第24页。
② 《马克思恩格斯全集》第3卷，人民出版社1960年版，第43页。
③ 《马克思恩格斯全集》第3卷，人民出版社1960年版，第199—200页。
④ 《列宁全集》第1卷，人民出版社2013年版，第114页。
⑤ 《列宁全集》第1卷，人民出版社2013年版，第374页。

度的必然性的时候取得成就的"①。这也说明，马克思和空想社会主义者不同，"他并不限于评论现代制度，评价和斥责这个制度，他还对这个制度作了科学的解释，把这个在欧洲和非欧洲各个国家表现得不同的现代制度归结为一个共同基础，即资本主义社会形态，并对这个社会形态的活动规律和发展规律作了客观分析（他指明这个制度下的剥削的必然性）。同样，他认为不能满足于伟大的空想社会主义者及其渺小的模仿者即主观社会学家所说的只有社会主义制度才适合人的本性的断语。他以对资本主义制度的这种客观分析，证明了资本主义制度变为社会主义制度的必然性"②。

　　现在却有人说，几十年来，人们对"人的本质是社会关系的总和"的理解是"错误的"，"并非任何社会关系都是人的本质的实现"，"异化了的社会关系不但不是人的本质的实现，反而使人的本质失去了现实性，使人不成其为人"。

　　可见，他仍然抓住"单个人所固有的抽象物"不放，还把"社会关系"当作"人的本质的实现"，而不是相反的，人的本质不过是一定社会关系的产物或在头脑中的反映。"异化了的社会关系"正是从人的本质中推论出来的，而不是不以人的意志为转移的一定社会关系产生了异化。他还认为，"人的本质"决定"社会关系"，而不是"社会关系"决定"人的本质"。他仍然不知道，"使人不成其为人"和"使人成其为人"一样，不过是一定社会关系的产物，只要这种社会关系改变了，人与非人的对立就会自然消失。

　　有人也说："如同批判黑格尔的辩证法和费尔巴哈的唯物主义一样，马克思恩格斯深刻地、尖锐地批判费尔巴哈的人本主义，不是否定人本主义，抛弃人本主义，而是为了建立科学的人本主

---

① 《列宁全集》第 1 卷，人民出版社 2013 年版，第 157 页。
② 《列宁全集》第 1 卷，人民出版社 2013 年版，第 129 页。

义，即马克思主义的人本主义。"

实际上，马克思恩格斯只是说明唯物辩证法和黑格尔唯心辩证法相反，却没有批判过黑格尔的辩证法。相反，如前所述，马克思在 1844 年的《手稿》中就运用了黑格尔的辩证法。恩格斯也说："马克思和我，可以说是从德国唯心主义哲学中拯救了自觉的辩证法并且把它转为唯物主义的自然观和历史观的唯一的人。"[①]而且"他的革命方面，即辩证方法，是被当做出发点的"[②]。费尔巴哈本人则反对用"唯物主义"的名称，还是马克思把他的人本主义概括为唯物主义和唯心主义"两者结合的真理"，继而又把人本主义归为"从前的唯物主义"，抛弃了他在人类历史领域中的唯心主义，制定了唯物史观。列宁也说人本主义不过是"唯物主义不确切的肤浅表述"，并将其抛弃。而且，他们此后连"人本主义"的名称都不用了，怎么"不是否定人本主义，抛弃人本主义"呢？难道不用"人本主义"的名称，也能"建立科学的人本主义"吗？更不要说"马克思主义的人本主义"了。

有人还说："人本主义在马克思主义体系中，不是某种架构，更不是其架构中的某个部件，因而不存在马克思主义指导人本主义，还是用人本主义解释马克思主义这样的问题。人本主义是内化于马克思主义体系中的精神线索。"

但是，马克思说，"一经得到就用于指导我的研究工作"是在前面说过的经典唯物史观；恩格斯在 1890 年也说："马克思所写的文章，没有一篇不是由这个理论起了作用的。"[③] 可见，贯穿于马克思主义体系的"精神线索"不是人本主义，而是唯物史观。唯物史观也不是来自人本主义的唯心主义，而是来源于它的唯物主义，并从辩证法出发，才把唯物主义发展到人类社会历史领域

---

① 《马克思恩格斯全集》第 20 卷，人民出版社 1971 年版，第 13 页。
② 《马克思恩格斯全集》第 21 卷，人民出版社 1965 年版，第 336 页。
③ 《马克思恩格斯全集》第 37 卷，人民出版社 1971 年版，第 462 页。

中去，成为彻底唯物主义一元论。因此，唯物史观正是抛弃了人本主义及其在历史观中的唯心主义，只继承了它在自然观中的唯物主义；而且，此前他们就抛弃了黑格尔的唯心主义，只吸取他的辩证法，正好否定了人本主义和唯心主义的"内化"，只留下辩证法和唯物主义相结合的辩证唯物主义。当然，在世界观和历史观领域"不存在马克思主义指导人本主义"的问题，因为马克思主义是在批判人本主义及其唯心主义中才建立起来的。但是，"用人本主义解释马克思主义"却是有的，甚至早已泛滥成灾，如前有拉萨尔和考茨基等人，后有赫鲁晓夫和戈尔巴乔夫等人。现在我国兴起人道主义思潮的人不过是他们的后生晚辈，所谓"人本主义内化于马克思主义体系中的精神线索"则尤为明显。

　　人道主义思潮往往援引马克思发现唯物史观之前的论著，证明马克思主义包括人道主义。这都是无用的。因为，马克思恩格斯在制定唯物史观前，恰好信仰费尔巴哈的"人性哲学"，还站在全人类的立场"观世界"；而在制定唯物史观后，就抛弃了"全人类"的立场，指出"代表人性的利益，即一般人的利益，这种人是不属于任何阶级，并且根本不存在于现实界，而只存在于哲学冥想的渺茫太空"①。因此，他们完全站到无产阶级的立场上"观世界"，就把社会主义从空想变成了科学。而且，马克思直到逝世为止，一直和恩格斯论证和捍卫唯物史观和科学社会主义，没有回顾过费尔巴哈。可见，他们和人道主义决裂得多么彻底。

　　只有在这样的现实面前，即恩格斯所说："德国的古典哲学在国外，特别是在英国和斯堪的纳维亚各国，好像有点要复活的样子。甚至在德国，各大学里借哲学名义来施舍的折衷主义残羹剩汁，看来已惹得人人都讨厌起来了……我认为我们还欠着一笔信誉债，就是要完全承认，在我们那个狂风暴雨时期，费尔巴哈给

_____

　　① 《马克思恩格斯全集》第4卷，人民出版社1958年版，第496页。

我们的影响比黑格尔以后任何其他哲学家都大"①。但是，费尔巴哈并没有终结德国古典哲学，只是突破了黑格尔哲学的唯心主义体系，就把它抛在一边，没有拯救出黑格尔的辩证法；这个任务是由马克思恩格斯完成的。恩格斯正是为了避免德国古典哲学尤其是费尔巴哈人本主义的复活，才于1888年出版《路德维希·费尔巴哈和德国古典哲学的终结》一书，系统地批判了费尔巴哈的学说。实际上，这是进一步清算人道主义思想体系。因为在《形态》中，"关于费尔巴哈的一章没有写完。已经写好的一部分是解释唯物主义历史观的"，"对于费尔巴哈的学说本身没有批判"。②

因此，不能再把人本主义塞到马克思主义中去了。但是，有人看到马克思恩格斯在《形态》中说，他们过去使用"一些习惯用的哲学术语，如'人的本质'、'类'等等，给了德国理论家们以可乘之机去不正确地理解真实的思想过程并以为这里的一切都不过是他们的穿旧了的理论外衣的翻新"③；就以为，他们"很可能不用'人道主义'这个名词也是出于同样的考虑"。而不知道，实际上是由于他们看清了"人本主义"的名称不过是唯物主义不确切的肤浅表述，只在自然观方面是唯物主义的；就将其归入旧唯物主义范畴，并用唯物史观来代替，因而从出发点和整个思想体系都与人道主义根本对立。

综上所述，我国人道主义思潮想把马列主义人道主义化，却又多么不了解人道主义和马列主义！现在再看为人道主义辩护的论证，更知他没有什么"主义"的"正宗"，只是随着人道主义国际思潮而泛起的海市蜃楼。

---

① 《马克思恩格斯全集》第21卷，人民出版社1965年版，第411—412页。
② 《马克思恩格斯全集》第21卷，人民出版社1965年版，第412页。
③ 《马克思恩格斯全集》第3卷，人民出版社1960年版，第261页。

四　剖析"为人道主义辩护"

我国这股人道主义思潮以王若水为代表，不是偶然。他不仅发起了这股思潮，还在邓小平提出"思想战线不能搞精神污染"和胡乔木发表《关于人道主义和异化问题》之后，公开发表反驳文章，并编入《为人道主义辩护》一书（以下简称《辩护》）。而在他的拥戴者中，还没有说出他那样的歪理。

　　我们需要对世界做出科学的解释，也需要对世界做出适当的价值判断，因此我们需要唯物主义也需要人道主义。两者都是世界观。

实际上，没有"对世界做出科学的解释"，要想"对世界做出适当的价值判断"就没有科学根据。所以，后者要以前者为基础，不可能并列为世界观。恩格斯说："以往的社会主义固然批判过现存的资本主义生产方式及其后果，但是它不能说明这个生产方式，因而也就不能对付这个生产方式；它只能简单地把它当做坏东西抛弃掉。它愈是义愤填膺地反对这种生产方式必然产生的对工人阶级的剥削，就愈是不能明白指出这种剥削在哪里和怎样发生。"① 可见，只有对资本主义生产方式做出科学的解释，才能对付它。在此之前，虽然也能对它及其后果做出批判的价值评论，却不能对付它；而且，越是"义愤填膺"，则越不能做出科学解释，永远不能对付它。那么，价值判断怎么能和科学解释的世界观相提并论呢？

况且，学科分类历来将解释世界归为哲学，价值判断归于伦

---

① 《马克思恩格斯全集》第20卷，人民出版社1971年版，第702页。

理道德，不能把求"真"的哲学和求"善"的伦理道德混为一谈。马克思的《1844 年经济学哲学手稿》发表时，西方学者也把人道主义和伦理道德放在一起。德曼在《新发现的马克思》（《斗争》1932 年第 5、6 期）一文中，认为《手稿》的特殊作用在于，"它比马克思的任何其他著作都更加清楚地揭示了他的社会主义情绪背后的伦理的、人道主义的动机"。因此，"我们需要唯物主义"，而且不是需要一般的唯物主义，而是需要彻底的唯物主义一元论；但是，并不需要作为世界观的人道主义，因为它以唯心人性论为基础，再好也是二元论，虽然可能在自然观上坚持唯物主义，到了历史领域就跌入唯心主义的深渊，不可能有彻底的唯物主义一元论；当然也不需要从它这里推理出来的抽象伦理道德论。再说，马克思发现唯物史观时，就抛弃了人道主义，把出发点从人的本质转到社会关系，从物质生产出发说明人类社会的全部历史，用彻底一元论的"新唯物主义"去代替人道主义的二元论，才使社会主义从空想变成科学。只有不了解这种情况的人，才会坚持二元论世界观及道德观，在唯物史观面前混淆视听，企图把马列主义拉回到人道主义上去，使社会主义从科学倒退到空想，像苏东各国社会主义后期那样，否定无产阶级专政，自取灭亡；还想在国际共产主义运动中取消十月革命的社会主义道路，妄图使资本主义及其自由平等的天赋人权都能普世长存，与唯物辩证法对抗到底。

人道主义要回答的问题并不是"物质和精神谁是第一性的"，而是"人的价值是不是第一位的"。两个问题属于不同的领域，但都是世界观问题。为什么呢？因为这个世界是有人的世界，不是无人的世界。

这是自相矛盾。既然人道主义只在"有人的世界"，而不在

"无人的世界"，怎么可能成为世界观呢？难道"无人的世界"就不是世界吗？那么，人是从哪里来的？是上帝创造的还是从自然界进化来的？因此，人道主义和其他学说一样，追根溯源，跳不过"全部哲学的最高问题"的审判。何况人道主义起初的人文主义就提出个性（个人）自由和解放，人性论和人道主义怎么"不是一回事"呢？难道没有人性论也有人道主义吗？那么，现在人道主义者为什么常引"人是人的最高本质"的学说呢？费尔巴哈不是把人本主义也叫"人性哲学"吗？

实际上，"物质和精神谁是第一性的"问题，也"不是无人的世界"。人也"不是站在世界之外'观世界'"，而是站在世界之中。他在"观世界"的同时，也在观自己，观察世界和人的关系。否则怎么会有"精神是否第一性的"问题呢？难道无人世界除了上帝（绝对观念）也有精神吗？既要把人道主义作为世界观，又想不要人性论、不回答世界的本原是什么，怎么可能呢？难道哲学可以不回答自身存在的基本问题吗？那样的话，"人的价值是不是第一位的"问题，又根据什么来回答呢？是根据上帝创造的人还是根据自然界演化出来的人呢？难道可以不管什么人的价值都是第一位的么？更不要说，"站在人的立场（包括阶级的立场）问这个世界好不好，对这个世界做出价值判断"。也就是说，不管前提真不真，都要"做出价值判断"。这种判断还有什么意义？而且，人的立场怎能包括阶级的立场呢？须知，阶级把人分成相互对立的群体，正好与人的立场相对立。这已经不是抽象的人，而是代表一定社会关系的具体的人。所谓"世界观是应当包括价值观的"，不过是想把道德观强塞进世界观，把真假（是非）与善恶（好坏）的问题混为一谈，鱼目混珠。

既要改变世界，在世界观上就不能停留在对世界的解释上，而且要对世界作出"评价"：这个世界是好的吗？它使人满意吗？……没有这种评价，就根本不会产生改变世界的愿望、意志和热情。

但是，他没有想到，唯物史观使社会主义从空想变为科学，正是因为它不满足于空想地评价和斥责资本主义制度，而要进一步对它做出科学的解释，发现剩余价值，说明它必将为共产主义代替。追求真理和科学要比这种评价更为根本。因为，"评价"只有反映世界的本来面目才有意义，而要反映世界的本来面目，就要靠世界观来解决。譬如，这个世界是好的吗？它使人满意吗？在私有制下，人被分为彼此对立的阶级，回答这些问题时，必然是你说好或满意，他就说不好或不满意，莫衷一是。只有遵循弄清世界本来面目及其产生根源的唯物史观，才能明辨是非，保证"评价"的正确性。没有追求真理和科学的"愿望、意志和热情"，就追求"评价"，只能是没有根据的幻想。

况且，马克思恩格斯在《形态》中已经说明，"共产主义者根本不进行任何道德说教"，"因为共产主义者既不拿利己主义来反对自我牺牲，也不拿自我牺牲来反对利己主义，理论上既不是从那情感的形式，也不是从那夸张的思想形式去领会这个对立，而是在于揭示这个对立的物质根源，随着物质根源的消失，这种对立自然而然也就消灭"。① 列宁也肯定桑巴特的观点："'马克思主义本身从头至尾没有丝毫伦理学的气味'，因为在理论方面，它使'伦理学的观点'从属于'因果性的原则'；在实践方面，它把伦理学的观点归结为阶级斗争。"② 马列主义者为何先追求价值评价，而不顾自己的思想行动是否正确呢？

断言人道主义作为世界观和历史观是"唯心主义"的，

---

① 《马克思恩格斯全集》第 3 卷，人民出版社 1960 年版，第 275 页。
② 《列宁全集》第 1 卷，人民出版社 1955 年版，第 398 页。

这既缺乏逻辑根据，也缺乏事实根据。

这个问题，只要指出人道主义的唯心人性论，就可以明白了。王若水只强调人的价值、尊严等道德评价，主张"人性不等于人道主义"，企图抽掉人性论这个人道主义的基础；恐怕也是因为，人性论很难被说成彻底的唯物主义。而所谓："人道主义和反人道主义争论是一个问题，唯心主义和唯物主义争论是另一个问题，不是一回事。"实际上是不了解，"人道主义和反人道主义"都不能摆脱人道主义，不能没有唯心人性论，势必争论得难解难分。只有唯物史观才能看清它们共同的唯心主义，才是它们的对立面，指出：不该继续争论谁是人谁非人或者"人—非人—人"之类的无聊问题；随着双方现实社会关系和利益的改变，这种对立的观点就会自行消失。所以，不能停留在这种争论上，解决社会物质关系的矛盾才是根本。难道这不是"逻辑"和"事实"吗？

　　　　恩格斯早就批判过这样一种偏见，即"认为哲学唯心主义的中心就是对道德理想即对社会理想的信仰……"

那是因为这种偏见超出了"物质和精神谁是第一性的"范围，不知道信仰既可唯心也可唯物，因而不知道自己追求的信仰是对是错。只有首先分清唯心、唯物，才能建立正确的"信仰"；不能逃避人道主义世界观不可或缺的唯心人性论，盲目追求"人的价值"之类的道德评价。

　　　　让我们再看看思想史的事实……文艺复兴时期的人文主义者虽然没有完全摆脱宗教世界观的束缚，可是他们使人的视线开始从天上转向人间，从神转向人，反对来世主义而肯定现实生活，反对禁欲主义而肯定世俗幸福。他们撕下中世纪遮住人们视野的幻想和偏见的纱幕，让他们开始认识客观世界，也开始认识自己。——这一切无论如何是向唯物主义的世界观方向跨出了一大步。

确实，正如《共产党宣言》肯定了资产阶级在历史上起过非常革命的作用，人道主义在反封建时也是如此。然而，"无论如何是向唯物主义的世界观方向跨出了一大步"，却不一定。因为，唯心主义和宗教也可以"转向人"，并在历史上起过革命作用（农民起义往往如此），但始终与唯物主义相对立。把信仰是否起过革命作用当成划分唯物和唯心的标准，正好犯了恩格斯批评过的错误——把起过革命作用的"信仰"都当作唯物主义，反之都当作唯心主义。

> 百科全书派的世界观既是唯物主义的，又是人道主义的。恩格斯说，如果说有谁为了对真理和正义的热情（这句话的正面意思说）而献出了整个生命，那么，例如狄德罗就是这样的人……

这话不错。18 世纪唯物主义的战斗精神永远值得人们学习。但是在马克思发现唯物史观以后的战斗精神更值得人们学习，因为他不仅避免了 18 世纪以来只在自然观方面唯物主义的局限性，而且克服了它的机械直观性，并把它发展到社会历史领域，成为彻底和辩证的唯物主义。他为无产阶级实现共产主义的战斗精神，早已为人熟知，并且鼓舞了社会主义革命和建设将近百年。在这个时候，仍然局限于为"资产阶级人道主义"而献身，不是违背了历史潮流吗？

> 流行的观点认为，马克思以前的唯物主义只在自然观方

面是唯物的，一涉及社会历史领域就毫无例外地是唯心的了。这种看法是不全面、不准确的……

　　如果这种观点能够成立，恩格斯说马克思发现了唯物史观，就是吹牛。因为在马克思之前，有人已经提出"人是环境和教育的产物"这个"唯物主义的命题"。但事实正好相反。他在《提纲》中说道："有一种唯物主义学说，认为人是环境和教育的产物。因而认为改变了的人是另一种环境和改变了的教育的产物，——这种学说忘记了：环境正是由人来改变的，而受教育者本人一定是受教育的。因此，这种学说必然会把社会分成两部分，其中一部分高出于社会之上（例如在罗伯特·欧文那里就是如此）。"①

　　可见，马克思发现唯物史观的第一个文件，就批判了18世纪唯物主义的"人是环境和教育的产物"。不能把这段话中的"有一种唯物主义学说"中的"有"字去掉，当作马克思肯定的意思；也不能在"环境"前面加上"社会"二字，把它变成"社会历史观中的一种唯物主义命题"。实际上，这个命题只是一个方面，另一方面就是"意见支配世界"，构成了循环论，归根到底还是唯心主义。如果把这两个方面分离成唯心和唯物的两种学说，就违背了思想史上的客观事实。欧文把自己当作救世主来创办他的社会主义，不就是"意见支配世界"吗？他的空想社会主义也成了人道主义的产儿。唯物史观则认为，"环境的改变和人的活动的一致，只能被看作是并且合理地理解为革命的实践"②。因为人们在革命实践中，改变环境的同时也改变人自身及其意识。不能把人分成救世主和奴隶。

---

① 《马克思恩格斯全集》第3卷，人民出版社1960年版，第4页。
② 《马克思恩格斯全集》第3卷，人民出版社1960年版，第4页。

至于欧文，恩格斯在叙述了他在苏格兰的新拉纳克大棉纺厂的实验成就以后说，"欧文之所以做到这一点，只是由于他使人生活在比较合乎人的尊严的环境中，特别是关心成长中的一代的教育"。接着，恩格斯以肯定和赞扬的口气说，"欧文并不对这一切感到满足，他给他的工人创造的生活条件，在他看来远不是合乎人的尊严的……

但是，他没有接着引欧文说："这些人都是我的奴隶。"可见，他也发现了问题，所以不能只对他"肯定和赞扬"。恩格斯说："转向共产主义是欧文一生中的转折点。当他还只是一个慈善家的时候，他所获得的只是财富、赞扬、名望和荣誉。他是欧洲最有名望的人物。不仅社会地位和他相同的人，而且连达官显贵、王公大人们都点头倾听他的讲话。可是当他提出他的共产主义理论时，情况就完全变了……他被逐出了官场社会，受到了报刊的封锁……"①

在社会观上，马克思主义同以往的人道主义有批判继承关系。大家都知道黑格尔，他的世界观和历史观是唯心主义的，但又是辩证的。马克思主义从其中吸取了辩证法这个"合理的内核"。辩证法是不是一种世界观？这个问题已经不需要我回答了。

但是，辩证法作为一种方法论，不等于世界观。它没有涉及"全部哲学的最高问题"，既可与唯心主义结合，也能与唯物主义结合。不过，它认为事物都有产生、发展和灭亡的过程，因此也是一种历史观。但是这种历史观在黑格尔的唯心主义那里，只能

① 《马克思恩格斯全集》第20卷，人民出版社1971年版，第288页。

猜想到一些东西，不能成为科学。只有和唯物主义相结合，研究事物本身的运动规律，它才能从猜想变为科学，成为揭露唯心主义和形而上学最锐利的思想武器。马克思正是批判了黑格尔哲学的唯心主义，只吸取了他的辩证法，才形成了唯物主义辩证法的世界观和方法论。

　　资产阶级人道主义之中，除了伦理道德之外，是否就没有可继承的东西呢？人的自由、人的解放、人的全面发展，这些都不是伦理道德所能完全包括的，而它们都是人道主义思想中很宝贵的东西。

当然，这些东西在反封建时是很宝贵的。但是，要想把它们塞到共产主义社会中去，不是有点荒唐吗？须知，"文艺复兴时期的人文主义者对人的理想是全面的人"和"人的自由、人的解放"一样，都不是共产主义的人，而是资本主义的人。尽管有人提出社会主义的主张，然而"它们是从人的本性中引申出来的。但是，仔细观察一下，这个人就是当时正在向资产者转变的中等市民，而他的本性就是在当时的历史地规定的关系中从事工业和贸易"①。这和共产主义的新人正好相反，哪一点"不是伦理道德所能完全包括的"呢？哪一点不是从唯心人性论中推演出来的对个人自由、解放和发展的价值判断呢？只是后来强化为国家法权，用暴力保证资产者的自由、解放和发展。无产者则被置于相反的境地。这也能和国家消亡以后每个人都自由发展的共产主义新人相提并论呢？这种脱离具体社会关系、只看字面不顾内容的抽象道德论，虽是"人道主义思想中很宝贵的东西"，但也正是跌入唯心主义泥潭而无法自拔的原因。新中国成立后已经批判了这种抽

---

① 《马克思恩格斯全集》第 26 卷，人民出版社 2014 年版，第 159 页。

象继承，难道还要认为这种抽象观念有独立发展的历史，使之永世长存吗？

实际上，道德、宗教、形而上学和其他意识形态，"它们没有历史，没有发展；那些发展着自己的物质生产和物质交往的人们，在改变自己的这个现实的同时也改变着自己的思维和思维的产物。不是意识决定生活，而是生活决定意识"①。因此，不能只看字面，应当从实际出发，按照辩证发展进行批判的继承。既然唯物史观早已把这些空想变为科学，难道还要继承空想、反对科学吗？

众所周知，费尔巴哈的历史观是唯心主义的，他的人道主义是抽象的人道主义。尽管这样，马克思也没有简单地抛弃，而是予以批判地改造和继承，并把其中的合理因素贯彻到底。

这是不了解，马克思"批判地改造和继承"的，不是"唯心主义"和"人道主义"，而是唯物主义。而且，费尔巴哈反对用"唯物主义"的名称，而使用"人道主义"或"自然主义"。所以，他必须首先把这种不确切和肤浅的叫法还原为确切的"旧唯物主义"，然后用"新唯物主义"去代替。如果马克思把"唯心主义"和"人道主义""贯彻到底"，那么他发现的怎么能是彻底唯物主义的历史观呢？

费尔巴哈批判宗教的异化；马克思进而批判劳动的异化。费尔巴哈提出"人是人的最高本质"；马克思进而提出，既然如此，就必须"推翻那些使人成为受屈辱、被奴役、被遗弃和被蔑视的东西的一切关系"，因为"人并不是抽象的栖息在世界以外的东西"。在这里，马克思和费尔巴哈的区别和联系是

---

① 《马克思恩格斯全集》第3卷，人民出版社1960年版，第30页。

表现得很清楚的。

确实如此。但是马克思这种思想写于 1843 年年底到 1844 年 1 月，当时他还是一个"费尔巴哈派"，继承和发展费尔巴哈的人道主义，这是理所当然。因此，这段话什么也证明不了，只是为了说明马克思主义包含人道主义，想把马克思看成天生的马克思主义创始人。可是，这样一来，他此后创立的全部马克思主义学说不就成了多余的？

总之，为人道主义辩护，不能证明它的正确，反而暴露了它的错误。根源在于，它以唯心人性论为基础，不知人的思想从何而来，只好把思想当成人所固有的东西，作为人区别于其他动物的特性，做出人的价值之类的道德评价。实际上，人来自动物界，就不可能带来人的思想；而人为了维持自己的生命，首先必须吃、穿、住，为此又必须先生产这些生活资料。所以，人与其他动物的区别，首先不是人有思想，而是人有生产。只有在生产劳动中，人才需要站起来，把手当作最初的生产工具，形成相应的生产关系，使自己生活在一定社会关系之中。因此，不能再把动物界的规律简单地搬到人类社会中来，而且生产越发展，人离开动物界就越远。而在这个过程中，人还必须在一定家庭关系中生产人本身，才能一代一代地不断向前发展。因此，"生产本身又有两种"。只有在这个过程中，由于人们相互关系发展的需要，猿脑才能逐渐变成人脑，反映外部世界，逐渐产生语言，思想才为人们所知，而且不断丰富和发展。尽管唯物史观早已说明人类起源和发展的历史，人道主义还是不顾这些客观事实，仍然追求六百年来从唯心人性论引申出来的"人的价值"之类的道德评价。因此，越是为人道主义辩护，就越是暴露错误，越是证明了唯物史观的科学性。要不是被"抽象的人"迷住心窍，抛弃人道主义世界观还来不及，怎么还能为它辩护呢？

第二编

《关于费尔巴哈的提纲》的来龙去脉

探讨《关于费尔巴哈的提纲》（以下简称《提纲》）的来龙去脉，便于系统学习马克思主义，应从马克思恩格斯清算人道主义和制定唯物史观开始。恩格斯在《路德维希·费尔巴哈和德国古典哲学的终结》（以下简称《终结》）的序言中说，《提纲》"作为包含着新世界观的天才萌芽的第一个文献，是非常宝贵的"①。但它"是匆匆写成的供以后研究用的笔记"②，思想全新而未说明，第一条尤其难懂。不过，若将它与后面各条，尤其是与马克思恩格斯接着"共同钻研"唯物史观和清算从前的哲学信仰的《德意志意识形态》（以下简称《形态》），甚至与以前和以后的有关著作都联系起来思考，放到清算"人性哲学"的过程中就比较容易正确理解，知其在"哲学革命"中的地位和作用，进而学懂唯物史观，掌握与人道主义相对立的马克思主义的精神实质。

《提纲》第一条说："从前的一切唯物主义——包括费尔巴哈的唯物主义——的主要缺点是：对对象、现实、感性，只是从客体的或者直观的形式去理解，而不是把它们当做人的感性活动，当做实践去理解，不是从主体方面去理解。"③ 这就把从前一切先知而后行的唯心主义"实践哲学"颠倒过来，并转为先行而后知

---

① 《马克思恩格斯选集》第4卷，人民出版社2012年版，第219页。
② 《马克思恩格斯选集》第4卷，人民出版社2012年版，第219页。
③ 《马克思恩格斯选集》第1卷，人民出版社2012年版，第137页。

的唯物主义实践观。如费尔巴哈所说："只有在实践哲学之领域内，我才是唯心主义者。"① 马克思却要把"人的感性活动"即"实践"，看作人们活动的客观方面，然后"从主观方面去理解"；不仅分清了人们活动的客观和主观两个方面，而且表明客观活动先于主观活动，而不是相反。

这里的"主观"不能理解为"主体"。对唯物主义来说，"主观"总与客观相对立，而"主体"作为自然界一部分的人，则包含客观的"感性活动"和主观的"思维活动"两个方面。如《1844 年经济学哲学手稿》（以下简称《手稿》）所说："彻底的自然主义或人道主义，既不同于唯心主义；也不同于唯物主义，同时又是把这二者结合的真理。"② 就分不清人们活动的客观物质方面和主观思维方面，不能为划分唯物主义和唯心主义提供前提条件。只有把主观和主体分开，才不至于把何者是世界本原的问题搞颠倒了也不知道。只有用客观和主观才能分清人的物质活动和思维活动的两个方面，彼此形成对立统一的辩证关系，避免发生以下情况："结果竟是这样，和唯物主义相反，唯心主义却把能动的方面发展了，但只是抽象地发展了，因为唯心主义当然是不知道现实的、感性的活动本身的。"③ 这就把能动的方面也转为唯物主义发展了，即首先是人的感性活动方面，然后才有主观方面从感性到理性的思维能动性，而且在感性活动的基础上，形成人们客观的物质活动和主观的思维活动互相推动和转化的全面能动的发展过程。

接着，下文也说明这个问题："费尔巴哈想要研究跟思想客体确实不同的感性客体，但是他没有把人的活动本身理解为对象性

---

① 《费尔巴哈哲学著作选集》下卷，生活·读书·新知三联书店 1959 年版，第 12 页。

② 《马克思恩格斯全集》第 42 卷，人民出版社 1979 年版，第 167 页。

③ 《马克思恩格斯选集》第 1 卷，人民出版社 2012 年版，第 137 页。

的［gegenständliche］活动。因此，他在《基督教的本质》中仅仅把理论的活动看做是真正人的活动，而对于实践则只是从它的卑污的犹太人的表现形式去理解和确定。因此，他不了解'革命的'、'实践批判的'活动的意义。"① 正因为"他没有把人的活动本身理解为客观的活动"，所以思想客体还是在感性客体之前，根源正在于他先知而后行的唯心实践哲学。

马克思能够把它颠倒过来并非偶然。他虽曾是一时的"费尔巴哈派"，但至少有一点与之相反：他批判黑格尔的唯心主义，不仅没有抛弃辩证法，而且发现解剖市民社会应当到政治经济学中去寻求。他在《手稿》中说：黑格尔辩证法的伟大之处，首先在于，他"把人的自我产生看作一个过程……把对象性的人、现实的因而是真正的人理解为他自己的劳动的结果"，"他把劳动看作人的本质"。② 《手稿》从劳动是"人的本质"出发，用"异化劳动"说明私有财产的"起源"。"宗教、家庭、国家、法、道德、科学、艺术等等，都不过是生产的一些特殊的方式，并且受生产的普遍规律的支配。"③ 《神圣家族》（以下简称《家族》）又说："实物是为人的存在，是人的实物存在，同时也就是人为他人的定在，是他对他人的人的关系"④。这和异化劳动一样，包含生产关系的意思。只要不从人的本质（意识）出发，而是从人们感性活动的客观方面出发，并把人的本质看作人们感性活动在头脑中的反映，唯心的"实践哲学"就转化为唯物的实践观。正如《资本论》第一卷第二版跋中所说："观念的东西不外是移入人的头脑并在人的头脑中改造过的物质的东西而已。"⑤ 这就避免了唯心主义再把思维的观念看作可以脱离人的客观物质活动和头脑而独立存

---

① 《马克思恩格斯选集》第1卷，人民出版社2012年版，第133页。
② 《马克思恩格斯全集》第42卷，人民出版社1979年版，第163页。
③ 《马克思恩格斯全集》第42卷，人民出版社1979年版，第121页。
④ 《马克思恩格斯全集》第2卷，人民出版社1957年版，第52页。
⑤ 《马克思恩格斯选集》第2卷，人民出版社2012年版，第93页。

在的"思想客体"。

所以，人类生活作为自然界的一部分，当然也有自己感性活动和思维活动的产生和发展以及自我认识的过程。不像从前的认识论，只局限于主观从感性到理性的能动过程，而且只对纯粹的自然界而言；而在人类生活的历史领域中，则只有"思想客体"支配"感性客体"的主观能动性，并无主观反映客观的能动过程，便不知"思想客体"从何而来，就把人类生活和自然界对立起来，有"人文"而无"科学"。新唯物主义则要把"人文"也转为像自然科学那样的"社会科学"，即把自然科学中的唯物主义应用于人类生活的历史领域中，使之成为像自然科学那样的"实证科学"。

可见，《提纲》第一条，不仅把唯心的实践哲学转为唯物的实践观，而且引起了思想观念的更新。"客观"是人们的物质活动方面，"主观"是人们的思维活动方面，在何者是世界本原的问题上，二者形成根本对立，没有调和余地。但在这个问题之外，即主观思维能否认识客观物质的问题上，则在实践的基础上互相推动和转化，没有绝对的界限。恩格斯在《终结》里说明哲学基本问题也非偶然。因为，不仅费尔巴哈反对唯物主义名称和别人对他误解的原因需要它来揭示，而且对《提纲》的正确理解就需要它来指引。只有按照它的思路，《提纲》后面各条才能顺理成章地展开。

比如第二条说："人的思维是否具有客观的真理性，这不是一个理论的问题，而是一个实践的问题。"① 因为思维只是人的客观活动在头脑中的反映，他的理论逻辑虽然也能说明思维过程是否具有真理性，但若不知思维的观念从哪里来，就不知前提真不真，即使推理完全正确，也不能证明它符合客观事实。只有看实践中

_____

① 《马克思恩格斯选集》第 1 卷，人民出版社 2012 年版，第 134 页。

是否达到预期，才能解决这个问题。所以，"人应该在实践中证明自己思维的真理性，即自己思维的现实性和力量，自己思维的此岸性。关于离开实践的思维的现实性或非现实性的争论，是一个纯粹经院哲学的问题"①。因此，归根结底，实践不仅是认识的基础，而且是检验真理的标准。这就从认识论上推翻了唯心主义和不可知论，并转为唯物主义的可知论。

又如第三条说："有一种唯物主义学说，认为人是环境和教育的产物，因而认为改变了的人是另一种环境和改变了的教育的产物，——这种学说忘记了：环境正是由人来改变的，而教育者本人一定是受教育的。因此，这种学说必然会把社会分成两部分，其中一部分凌驾于社会之上。（例如，在罗伯特·欧文那里就是如此。）"② 欧文的理性王国虽然和这种唯物主义学说有天壤之别，但都不是人们现实生活的反映，而是他这样的救世主遵照"人类本性"（人性）的安排，群众只要听从他的吩咐，就能进入自由幸福的天堂。殊不知"环境的改变和人的活动的一致，只能被看做是并合理地理解为变革的实践"③。因为人们只能在改造客观世界中，同时也改造自身及其主观世界，才能形成先行而后知的唯物主义对立统一，否则难免在人类生活领域陷入先知而后行的唯心主义循环论。

再如第十一条（最后一条）说："哲学家们只是用不同的方式解释世界，而问题在于改变世界。"④ 作为《提纲》的总结，这不是否定"解释世界"的作用，更不是说"改变世界"就是"实践哲学"，因为"改变世界"的是先行而后知的唯物实践观，而不是相反的唯心实践哲学；而是说"哲学家们"把事情搞颠倒了，

---

① 《马克思恩格斯选集》第1卷，人民出版社2012年版，第138页。
② 《马克思恩格斯选集》第1卷，人民出版社2012年版，第138页。
③ 《马克思恩格斯选集》第1卷，人民出版社2012年版，第138页。
④ 《马克思恩格斯选集》第1卷，人民出版社2012年版，第140页。

不知人们的活动首先是改变世界，解决吃、穿、住等直接生活问题，然后才能做其他事情，当然也包括"解释世界"。况且，没有"改变世界"就没有什么东西需要解释。只有从"改变世界"的实践出发，才知道"解释世界"是否符合"改变世界"的客观实际，否则就无检验的客观标准。这就发现了德国古典哲学在《家族》中"终结"后的出路。

恩格斯在《终结》中说明，费尔巴哈"他没有批判地克服黑格尔"①，马克思才是真正的终结者。但在当时，他们还是"费尔巴哈派"。所以，"终结"是在人道主义哲学信仰下完成的。而《提纲》则是在清算人道主义的哲学信仰中，产生了"新世界观的天才萌芽"。《形态》则在《提纲》的基础上，联系《手稿》说明："自然科学往后将包括关于人的科学，正象关于人的科学包括自然科学一样：这将是一门科学。"② 所以"我们仅仅知道一门唯一的科学，即历史科学"③。为此，《形态》首先制定唯物史观和清算从前的哲学信仰，分清唯物史观为基础的马克思主义和从前人性哲学为基础的人道主义的界限。如其所说："这种历史观就在于：从直接生活的物质生产出发来考察现实的生产过程，并把与该生产方式相联系的、它所产生的交往形式，即各个不同阶段上的市民社会，理解为整个历史的基础；然后必须在国家生活的范围内描述市民社会的活动，同时从市民社会出发来阐明各种不同的理论产物和意识形式，如宗教、哲学、道德等等，并在这个基础上追溯它们产生的过程。这样做当然就能够完整地描述全部过程（因而也就能够描述这个过程的各个不同方面之间的相互作用）了。"④ 括号内的内容预示，后来有人把唯物史观视为"经济决定

---

① 《马克思恩格斯选集》第 4 卷，人民出版社 2012 年版，第 248 页。
② 《马克思恩格斯全集》第 42 卷，人民出版社 1979 年版，第 128 页。
③ 《马克思恩格斯全集》第 3 卷，人民出版社 1960 年版，第 20 页。
④ 《马克思恩格斯全集》第 3 卷，人民出版社 1960 年版，第 42—43 页。

论"，否定政治等因素的反作用和相互作用，都与辩证法相对立。

可见，新唯物主义的感性活动即实践。在这里，已经不再是从"人的本质"（意识）出发的费尔巴哈人性哲学为基础的人道主义，而是飞跃到"从直接生活的物质生产出发"的唯物史观为基础的马克思主义。因为"物质生产"是人类不同于其他动物感性活动中最基本的物质实践，其他一切活动都由此而生。生产方式所产生的"交往形式"，则是人类社会存在和发展的经济基础。然后才有在这个基础上产生的国家和各种意识形态。这就分清了人类客观物质活动和主观思维活动两个方面的界限，没有混淆与调和的余地，否则就没有唯物史观。

因此，马克思恩格斯"这种历史观和唯心主义历史观不同，它不是在每个时代中寻找某种范围，而是始终站在现实历史的基础上，不是从观念出发来解释实践，而是从物质实践出发来解释观念的东西"①。"市民社会包括每个个人在生产力发展的一定阶段上的一切物质交往……这一用语是在18世纪产生的，当时财产关系已经摆脱了古代和中世纪的共同体。"它"始终标志着直接从生产和交往中发展起来的社会组织，这种社会组织在一切时代都构成国家的基础以及任何其他的观念的上层建筑的基础"。②

至此，唯物史观从物质生产出发的生产力和生产关系、经济基础和上层建筑两对矛盾运动，成为贯穿人类社会运动和发展全过程的客观规律，只不过生产关系还用"交往形式"、经济基础还用"市民社会"来表述。马克思恩格斯说："按照我们的观点，一切历史冲突都根源于生产力和交往形式之间的矛盾。此外，对于某一国家内冲突的发生来说，完全没有必要等这种矛盾在这个国家本身中发展到极端的地步。由于同工业比较发达的国家进行广泛的国际交往所引起的竞争，就足以使工业比较不发达的国家

---

① 《马克思恩格斯全集》第3卷，人民出版社1960年版，第43页。
② 《马克思恩格斯全集》第3卷，人民出版社1960年版，第41页。

内产生类似的矛盾（例如，英国工业的竞争使德国潜在的无产阶级显露出来了）。"① 这就唯物地说明了一般社会革命和不发达国家社会主义革命的理论。

现在回头来看《提纲》便知，第一条的新唯物实践观，为在《形态》中制定唯物史观提供了从人们感性活动的物质生产出发的前提。"这种世界观没有前提是绝对不行的，它根据经验去研究现实的物质前提；因而最先是真正批判的世界观。这一道路已在'德法年鉴'中，即在'黑格尔法哲学批判导言'和'论犹太人问题'这两篇文章中指出了。但当时由于这一切还是用哲学词句来表述的……哲学和对现实世界的研究这两者的关系就像手淫和性爱的关系一样。"② 这里就决心分清哲学和世界观的界限，不能再将其混为一谈。所以，写成《提纲》后，马克思恩格斯"共同钻研"与德国哲学思想体系之间的对立，制定唯物史观，清算从前的哲学信仰，跳出哲学圈子，作为普通人去研究现实世界，把新唯物实践观的前提发展成唯物史观的前提。

那么唯物史观的前提是什么？《形态》说："这是一些现实的个人，是他们的活动和他们的物质生活条件，包括他们得到的现成的和由他们自己的活动所创造出来的物质生活条件。"③ 这就不仅与黑格尔代表的一切唯心主义，而且与费尔巴哈代表的一切直观唯物主义，都划清了界限。因为，前者实际上把人只当作"自我意识"，当然不可能有这种"物质前提"；后者虽有"现实的个人"，但无"他们的活动和他们的物质生活条件"。这种"现实的个人"既不知从哪里来，又无他们的活动和物质生活条件，当然也是不可能生活在现实社会中的抽象的人。而唯物史观的现实的人，不仅有他们的活动和物质生活条件，而且这种物质生活条件

---

① 《马克思恩格斯全集》第3卷，人民出版社1960年版，第83页。
② 《马克思恩格斯全集》第3卷，人民出版社1960年版，第261—262页。
③ 《马克思恩格斯全集》第3卷，人民出版社1960年版，第23页。

还包括"得到的、现成的和由他们自己活动所创造出来的"两个部分。他们不仅生活不成问题，他们的发展也有了物质继承性。加上"他们自己活动所创造出来的物质生活条件"，便自然呈现出人类社会的历史发展过程。

　　那么"这些现实的个人"是从哪里来的？《形态》说，这里当然不能深入研究"人们自身的生理特性"和地质、地理、气候等条件。后来恩格斯在《劳动在从猿到人转变过程中的作用》（以下简称《劳动》）中说，人的手、脑等器官，都是在自己劳动过程中形成的。这就彻底推翻了"现实的个人"是上帝或人自身思维的观念所创造的一切唯心主义。当然，类人猿在自己的物质生产过程中也"生产另外一些人，即增殖。这就是夫妻之间的关系，父母和子女之间的关系，也就是家庭。这个家庭起初是唯一的社会关系"①。这样才能通过遗传和变异逐渐变成不同于其他动物的人。因此，人们"生活的生产——无论是自己生活的生产（通过劳动）或他人生活的生产（通过生育）——立即表现为双重关系：一方面是自然关系，另一方面是社会关系"②。这就是恩格斯在《家庭、私有制和国家的起源》（以下简称《起源》）序言中所说的"生产本身又有两种"而不是只有一种。只是后来，当生产发展产生了新的社会关系，家庭便成为"从属的关系了"。20世纪30年代后，苏联理论界异口同声地说，恩格斯在《起源》序言中把两种生产"同等看待，犯了一个错误"。实际上，他们自己才是真正犯了错误。因为他们不知马克思恩格斯在制定唯物史观时的本意，也忘记了列宁在《论国家》中说，《起源》"是现代社会主义主要著作之一，其中每一句话都是可以相信的，每一句话都不是凭空说出，而都是根据大量的历史和政治材料写成的"。"它在这方面提供了正确观察问题的方法。它是从叙述国家产生的

---

① 《马克思恩格斯全集》第3卷，人民出版社1960年版，第32页。
② 《马克思恩格斯全集》第3卷，人民出版社1960年版，第33页。

历史开始的"。①

《形态》也说明了《提纲》第三、六条关于人和环境的关系："人创造环境，同样环境也创造人。每个个人和每一代当作现成的东西承受下来的生产力、资金和社会交往形式的总和，是哲学家们想象为'实体'和'人的本质'的东西的现实基础，是他们神化了的并与之作斗争的现实基础"②。"过去的一切历史观不是完全忽视了历史的这一现实基础，就是把它仅仅看成与历史过程没有任何联系的附带因素。"这就把"人对自然界的关系从历史中排除出去了，因而造成了自然界和历史之间的对立。因此这种观点只能在历史上看到元首和国家的丰功伟绩，看到宗教的、一般理论的斗争，而且每次描述某一历史时代的时候，它都不得不赞同这一时代的幻想"。"其实全部问题只在于从现存的实际关系出发来说明这些理论词句"。③ 而不是相反。

这样，不仅《提纲》的唯物实践观在《形态》制定唯物史观中可以得到进一步的理解，而且在唯物史观中可以看到"费尔巴哈犯了多大的错误。他（'维干德季刊'1845年第二卷）借助于'社会的人'这一规定宣称自己是共产主义者，他把这一规定变成'人'的宾词，认为这样一来又可以把表达现存世界中一定革命政党的拥护者的'共产主义者'一词变为一种空洞的范围"④。而不知这是哲学家的概念游戏，丝毫不能改变人们的现实关系。"而他所分析的抽象的个人，实际上是属于一定的社会形式的。"⑤ 他证明"某物或某人的存在同时也就是某物或某人的本质；一个动物或一个人的一定生存条件、生活方式和活动，就是使这个动物或人的'本质'感到满足的东西。任何例外在这里都被肯定地看作

① 《列宁选集》第4卷，人民出版社1972年版，第43—44页。
② 《马克思恩格斯全集》第3卷，人民出版社1960年版，第43页。
③ 《马克思恩格斯全集》第3卷，人民出版社1960年版，第44—45页。
④ 《马克思恩格斯全集》第3卷，人民出版社1960年版，第47页。
⑤ 《马克思恩格斯全集》第3卷，人民出版社1960年版，第5页。

是不幸事件，是不能改变的反常现象"。而"实际上和对实践的唯物主义者，即共产主义者说来，全部问题都在于使现存世界革命化，实际地反对和改变事物的现状"。①

这是用"实践的唯物主义"去对抗唯心主义"实践哲学"。《形态》说："费尔巴哈对感性世界的'理解'一方面仅仅局限于对这一世界的单纯的直观，另一方面仅仅局限于单纯的感觉：费尔巴哈谈到的是'人自身'，而不是'现实的历史的人'。'人自身'实际上是'德国人'。"而不知"他周围的感性世界决不是某种开天辟地以来就已存在的、始终如一的东西，而是工业和社会状况的产物，是历史的产物"。② 它不是历史的出发点，而是已经发展到私有制为基础的现代社会。只靠感性直观是不够的，必须把感性世界"看作实践的、人类感性活动"的历史过程。于是《提纲》说："直观的唯物主义，即不是把感性理解为实践活动的唯物主义，至多也只能做到对'市民社会'的单个人的直观。""旧唯物主义的立脚点是'市民'社会；新唯物主义的立脚点则是人类社会或社会化了的人类。"③《形态》则说："正是在共产主义的唯物主义者看到改造工业和社会制度的必要性和条件的地方，他却重新陷入唯心主义。"④

可见，费尔巴哈这种"存在就是本质"的理论，不过是直观唯物主义在历史领域中的唯心主义产物。它不知自然界也在运动和发展，而且一当人们开始生产自己的生活资料，动物界只靠本能生活的规律就被从制造工具开始生产的人类社会发展规律所代替。每个人都生活在社会生产力和生产关系、经济基础和上层建筑的矛盾运动中，正如《提纲》第八条所说："社会生活在本质

① 《马克思恩格斯全集》第3卷，人民出版社1960年版，第47—48页。
② 《马克思恩格斯全集》第3卷，人民出版社1960年版，第48页。
③ 《马克思恩格斯全集》第3卷，人民出版社1960年版，第5页。
④ 《马克思恩格斯全集》第3卷，人民出版社1960年版，第50页。

上是实践的。凡是把理论导致神秘主义方面去的神秘东西，都能在人的实践中以及对这个实践的理解中得到合理的解决。"① 人们这种现实生活反映在头脑中，就是唯物实践观。主张这种观点的人叫"实践的唯物主义者"。他有唯物史观的萌芽，因而与直观唯物主义在人类史中的唯心主义相对立，但还不等于唯物史观，所以在制定唯物史观时，需要注明"即共产主义者"，以免与"共产主义的唯物主义者"混淆。

　　《终结》序言还说，《形态》"旧稿中缺少对费尔巴哈学说本身的批判；所以，旧稿对现在这一目的是不适用的。可是我在马克思的一本旧笔记中找到了十一条关于费尔巴哈的提纲，现在作为本书附录刊印出来"②。看来，《提纲》还有进一步批判费尔巴哈学说的作用。《终结》从"哲学基本问题"上揭示了费尔巴哈反对唯物主义名称，是因为他把"一般世界观"同"特殊形式"和庸俗化混为一谈。别人对他的误解是因为，"把对理想目的的追求叫做唯心主义。"这是受了哲学之外"一种偏见"的影响，即"认为哲学唯心主义的中心就是对道德理想即对社会理想的信仰"。而不知"推动人去从事活动的一切，都要通过人的头脑"。"关于人类（至少在现时）总的说来是沿着进步方向运动的这种信念，是同唯物主义和唯心主义的对立绝对不相干的。"③ 接着，还批判了他在宗教哲学和伦理学上的唯心主义，说明："对抽象的人的崇拜，即费尔巴哈的新宗教的核心，必定会由关于现实的人及其历史发展的科学来代替。"④ 因此，与费尔巴哈学说彻底划清了界限，任何复活都是倒退。

　　那么《提纲》说的"出路"在哪里？就在第一条指出的"和

① 《马克思恩格斯全集》第 3 卷，人民出版社 1960 年版，第 5 页。
② 《马克思恩格斯选集》第 4 卷，人民出版社 2012 年版，第 218 页。
③ 《马克思恩格斯选集》第 4 卷，人民出版社 2012 年版，第 238 页。
④ 《马克思恩格斯选集》第 4 卷，人民出版社 2012 年版，第 247 页。

唯物主义相反"、被唯心主义抽象地发展了的"能动方面"。只要把它颠倒过来，转为唯物主义具体地发展了的"客观方面"就是了，即批判地继承《手稿》说的被黑格尔"作为推动原则和创造原则的否定性的辩证法"①，不从"对象性的人"，而从人们的感性活动出发，把现实的因而是真正的人理解为自己劳动的结果，于是"在劳动发展史中找到了理解全部社会史的锁钥"②。《资本论》一卷二版跋说："辩证法不崇拜任何东西，按其本质来说，它是批判的和革命的。"③《终结》说：黑格尔的"革命方面，即辩证方法，是被当做出发点的"④。否则，盘古开天辟地、上帝造人说早已有之，怎么会想到在历史上，人还有一个靠自己劳动创造自身的"自我产生过程"？而且，只有这个出发点，才包含分工产生私有财产，使劳动异化，共产主义消灭私有制，又使劳动必然成为人们生活第一需要的否定之否定。恩格斯说，黑格尔"这个划时代的历史观是新的唯物主义世界观的直接的理论前提，单单由于这种历史观，也就为逻辑方法提供了一个出发点。如果这个被遗忘了的辩证法从'纯粹思维'的观点出发就已经得出这样的结果，而且，如果它轻而易举地就结束了过去的全部逻辑学和形而上学，那么，在它里面除了诡辩和烦琐言辞之外一定还有别的东西"⑤。马克思是唯一能够担当这项工作的人。他从黑格尔的逻辑学中，把神秘辩证法的合理内核剥出来，使之摆脱唯心主义的外壳，转为唯物主义的辩证法，"马克思对于政治经济学的批判就是以这个方法做基础的，这个方法的制定，在我们看来是一个其意义不亚于唯物主义基本观点的成果"⑥。《提纲》的新唯物主义

① 《马克思恩格斯全集》第42卷，人民出版社1979年版，第163页。
② 《马克思恩格斯选集》第4卷，人民出版社2012年版，第265页。
③ 《马克思恩格斯选集》第2卷，人民出版社2012年版，第94页。
④ 《马克思恩格斯全集》第21卷，人民出版社1965年版，第336页。
⑤ 《马克思恩格斯选集》第2卷，人民出版社2012年版，第13页。
⑥ 《马克思恩格斯选集》第2卷，人民出版社2012年版，第13页。

实践观，作为把辩证法从唯心主义转为唯物主义的最初成果，就产生了辩证唯物主义历史观（简称唯物史观）的萌芽。只有在这个萌芽的基础上，经过马克思恩格斯"共同钻研"，首先在《形态》中发展为唯物史观和清算从前的哲学信仰，才能创立马克思主义。

恩格斯在《反杜林论》二版序言中说："马克思和我，可以说是从德国唯心主义哲学中拯救了自觉的辩证法并且把它转为唯物主义的自然观和历史观的唯一的人。"[1] 他们把德国唯心辩证法转为唯物辩证法，就是辩证唯物主义的自然观和历史观。经过《资本论》和《自然辩证法》的证明，唯物史观和辩证自然观都已成为科学，可以称为历史辩证唯物主义（简称历史唯物主义）和自然辩证唯物主义（简称自然辩证法）。它们都是辩证唯物主义和唯物辩证法的应用和推广，名称虽有差别，但在本质上是一个东西，即都是把辩证法从唯心主义转为唯物主义。作为世界观就是辩证唯物主义；作为用这个世界观去观察和改造世界的方法，就是唯物辩证法。它们既是"关于自然界、人类社会和思维的运动和发展的普遍规律的科学"[2]，又是"最好的工具和最锐利的武器"[3]。所以有些名称可以不说或简称，但不能把观点和方法分成两个不同的东西，更不能把它们对立起来，以免破坏它们这种实证科学的革命性。

---

[1]《马克思恩格斯全集》第 20 卷，人民出版社 1971 年版，第 13 页。
[2]《马克思恩格斯选集》第 3 卷，人民出版社 2012 年版，第 520 页。
[3]《马克思恩格斯选集》第 4 卷，人民出版社 2012 年版，第 250 页。

辩证法怎样从唯心到唯物

有文章说："学术研究领域里比较混乱。甚至可以说，怀疑、否定辩证唯物主义的占多数，有的连历史唯物主义也否定。有人认为，唯物史观就是世界观，没有什么辩证唯物主义世界观，它也不是马克思主义世界观，这种观点还很普遍……"① 我看这种"混乱"很严重，它涉及我们指导思想的根本。其一大根据是马克思恩格斯说过"实践唯物主义"，没有说过"辩证唯物主义"。对此，只有马克思恩格斯的原著才能澄清。

关于我国理论界1988年兴起讨论"实践唯物主义"的热潮，拙作②已以原著为依据予以集中说明。简言之，实践唯物主义只是马克思恩格斯从人道主义到唯物史观转变的一种说法，而且他们一生中仅使用了一次："实际上和对实践的唯物主义者，即共产主义者说来，全部问题都在于使现存世界革命化，实际地反对和改变事物的现状。"③ 这是针对上文"费尔巴哈和我们的敌人的共同之点"说的："他（'维干德季刊'1845年第二卷）借助于'社会的人'这一规定宣称自己是共产主义者……和其他的理论家一样，只是希望达到对现存事实的正确理解，然而一个真正的共产

---

① 《马克思主义哲学的科学形态》，《中国社会科学报》2010年8月5日。

② 徐亦让：《人道主义到唯物史观——马克思世界观的飞跃》，天津人民出版社1995年版。

③ 《马克思恩格斯全集》第3卷，人民出版社1960年版，第48页。

主义者的任务却在于推翻这种现存的东西。"① 而下文说："正是在共产主义的唯物主义者看到改造工业和社会制度的必要性和条件的地方，他却重新陷入唯心主义。当费尔巴哈是一个唯物主义者的时候，历史在他的视野之外；当他去探讨历史的时候，他决不是一个唯物主义者。在他那里，唯物主义和历史是彼此完全脱离的。"② 在这里，"实践的唯物主义"和"共产主义"都是改变现状的意思，这与理论的唯物主义和共产主义只想正确理解现状正好相反。这是马克思恩格斯用唯物史观说明"费尔巴哈犯了多大的错误"，实践唯物主义也归入从物质生产出发的唯物史观。因为理论和实践的对立应当在实践的基础上统一起来，而物质生产则是人们生活的根本实践，只有它才能产生人们生活的其他实践，分清唯物与唯心的界限。所以，《德意志意识形态》（以下简称《形态》）是制定唯物史观、清算从前的哲学信仰，没有制定"实践唯物主义"的意思，此后也不再使用这个名称。从马克思恩格斯说到它的次数和原意上看，都根本不能与"辩证唯物主义"相比。

那么，马克思恩格斯怎样把辩证法从唯心变为唯物呢？

马克思说："将近30年以前，当黑格尔辩证法还很流行的时候，我就批判过黑格尔辩证法的神秘方面。"③ 也即1843年《黑格尔法哲学批判》，结果是："对市民社会的解剖应该到政治经济学中去寻求。"④ 这就找到了通向唯物史观的道路。

他在《1844年经济学哲学手稿》（以下简称《手稿》）中说："黑格尔站在现代国民经济学家的立场上"，"《现象学》及其最后成果——作为推动原则和创造原则的否定性的辩证法——的伟大

---

① 《马克思恩格斯全集》第3卷，人民出版社1960年版，第47页。
② 《马克思恩格斯全集》第3卷，人民出版社1960年版，第50—51页。
③ 《马克思恩格斯选集》第2卷，人民出版社2012年版，第94页。
④ 《马克思恩格斯选集》第2卷，人民出版社2012年版，第2页。

之处首先在于，黑格尔把人的自我产生看作一个过程……他抓住了劳动的本质，把对象性的人、现实的因而是真正的人，理解为他自己的劳动的结果"。① 可见，马克思不像费尔巴哈，批判黑格尔的唯心主义也抛弃了他的辩证法；而是在批判中发现了辩证法的"伟大"。

《手稿》又说："国民经济学从私有财产的事实出发，但是，它没有给我们说明这个事实。"② 于是用"异化劳动"说明私有财产的"起源"和"扬弃"。这是自觉运用辩证法的尝试。但在当时，辩证法是否已从唯心变为唯物，至少在人类历史领域中还没有得到证实。因为，《手稿》在自然观上，虽已从黑格尔的唯心主义转到费尔巴哈人道主义的唯物主义，但是人道主义的"人性异化"改为"异化劳动"，仍然不能离开人性（即理性）的决定作用。所以，这里没有说明问题，只能站在费尔巴哈的立场上说："彻底的自然主义或人道主义，既不同于唯心主义，也不同于唯物主义，同时又是把这二者结合的真理。"③ 只有清算人道主义二元论的唯心主义，才能创立彻底唯物主义一元论。

既然人是"自己劳动的结果"，人道主义把人当作出发点，就是只从"结果"出发，而不知人之所以为人的原因。马克思恩格斯用《形态》清算人道主义二元论，说明"一当人们自己开始生产他们所必需的生活资料的时候（这一步是由他们的肉体组织所决定的），他们就开始把自己和动物区别开来"④。并用"分工"正确说明私有财产和异化的起源和灭亡，从人们直接生活的"物质生产出发"制定了唯物史观。

恩格斯说："同黑格尔哲学的分离在这里也是由于返回到唯物

---

① 《马克思恩格斯全集》第 42 卷，人民出版社 1979 年版，第 163 页。
② 《马克思恩格斯全集》第 42 卷，人民出版社 1979 年版，第 89 页。
③ 《马克思恩格斯全集》第 42 卷，人民出版社 1979 年版，第 167 页。
④ 《马克思恩格斯全集》第 3 卷，人民出版社 1960 年版，第 24 页。

主义观点而发生的。这就是说，人们决心在理解现实世界（自然界和历史）时按照它本身在每一个不以先入为主的唯心主义怪想来对待它的人面前所呈现的那样来理解；他们决心毫不怜惜地抛弃一切同事实（从事实本身的联系而不是从幻想的联系来把握的事实）不相符合的唯心主义怪想。除此以外，唯物主义并没有别的意义。不过在这里第一次对唯物主义世界观采取了真正严肃的态度，把这个世界观彻底地（至少在主要方面）运用到所研究的一切知识领域里去了。"① 辩证法"这个划时代的历史观是新的唯物主义世界观的直接的理论前提……"②

可见，辩证法从唯心到唯物，就是把辩证法作为新唯物主义的"直接理论前提"，只能叫作"辩证唯物主义"或"唯物辩证法"，别无选择。前者属于世界观和历史观，后者重在方法论；"彻底运用"就是把它推广到所研究的"一切知识领域里去了"。《形态》说："我们仅仅知道一门唯一的科学，即历史科学。"它可以"划分为自然史和人类史。但这两方面是密切相联的；只要有人存在，自然史和人类史就彼此相互制约。自然史，即所谓自然科学，我们在这里不谈；我们所需要研究的是人类史。因为几乎整个意识形态不是曲解人类史，就是完全撇开人类史"。③ 这里的"唯一的历史科学"，就是唯物辩证法。因为它是"关于自然界、人类社会和思维的运动和发展的普遍规律的科学"④，只有它才是"划时代的历史观"，才能成为唯一的历史科学。

所以，一方面，不能否定《形态》制定了辩证唯物主义的历史观。因为"唯一的历史科学"的唯物辩证法作为世界观就是辩证唯物主义，而在这里只研究"人类史"。马克思后来还有经典的

① 《马克思恩格斯选集》第4卷，人民出版社2012年版，第249页。
② 《马克思恩格斯选集》第2卷，人民出版社2012年版，第13页。
③ 《马克思恩格斯全集》第3卷，人民出版社1960年版，第20页。
④ 《马克思恩格斯选集》第3卷，人民出版社2012年版，第520页。

概括和《资本论》的证明，恩格斯后来还多次说明这是马克思两大科学发现的第一个。通常只说"唯物史观"，省略"辩证"二字。不能据此认定，马克思恩格斯没有说过"辩证唯物史观"，因而它不是他们的历史观；或者说辩证法并不重要。因为，恩格斯说："马克思对于政治经济学的批判就是以这个方法做基础的，这个方法的制定，在我们看来是一个其意义不亚于唯物主义基本观点的成果。"① 可见，唯物史观就是在辩证唯物主义的基础上形成，同时也在人类社会领域中证明了辩证唯物主义世界观的存在。它们是同时制定的历史科学，不可分割，"铁板一块"。只要马克思恩格斯说到自己的辩证法、唯物主义、历史观、世界观，都是与形而上学和唯心主义相对立的辩证唯物主义。

　　而另一方面，说"唯物史观就是世界观"并非完全错误。因为，唯物史观证明辩证唯物主义就存在于人类社会领域之中，怎能没有世界观呢？但是，马克思恩格斯不仅在《形态》中就把唯一的历史科学分为自然史和人类史，后来还把世界观分为自然观和历史观。何况，自然史和人类史有一点根本不同：自然界都是无意识的盲目运动，人则是有意识的自觉活动。所以，唯物史观不等于世界观，二者是部分和整体的关系。不能否定在人出现以前和以外的自然界始终都在辩证运动，即使在人类社会领域内，发现唯物史观以前也是如此；否则，辩证法就只能被"人的反思带进自然界（包括人类社会在内）"，没有别的可能了。这是"实践唯物主义"无法回避的问题。因为实践虽然是认识的基础和检验真理的标准，但是它也受历史的制约，不能判断未经实践检验的事物。只有经过实践检验的科学发展史，即"历史科学"，才能解决。唯物辩证法正是这样的历史观。因为，它对一切事物都从其产生和灭亡的不断运动过程中去理解，不崇拜任何东西；按其

---

① 《马克思恩格斯选集》第 2 卷，人民出版社 2012 年版，第 13 页。

本质来说，它是批判的和革命的；它本身也不过是一切事物辩证运动的历史过程在人脑中的自觉反映，也就存在于一切事物的辩证运动之中，不能脱离具体事物的辩证运动和人脑而独立存在。

恩格斯说："马克思和我，可以说是唯一把自觉的辩证法从德国唯心主义哲学中拯救出来并运用于唯物主义的自然观和历史观的人。可是要确立辩证的同时又是唯物主义的自然观，需要具备数学和自然科学的知识。"[1] 可见，他们不仅把辩证法从唯心主义转为唯物主义，即辩证唯物主义，而且要写《自然辩证法》，就是为了"确立辩证的同时又是唯物主义的自然观"，正如要写《资本论》也是为了确立同样的历史观。若无辩证唯物主义的明确思想指导，不可能如此直接地说明辩证法和唯物主义是怎样结合的，而且提出这样明确的任务和分工，决心共同"确立辩证的同时又是唯物主义"的世界观。

马克思在《资本论》一卷二版跋中说："我的辩证方法，从根本上来说，不仅和黑格尔的辩证方法不同，而且和它截然相反。"[2] 这也说明，他的辩证法作为世界观就是辩证唯物主义。因为它与黑格尔的唯心辩证法"截然相反"，不可能是别的哲学。这对于知道黑格尔哲学的人来说，不言而喻。恩格斯也说："我们重新唯物地把我们头脑中的概念看做现实事物的反映，而不是把现实事物看做绝对概念的某一阶段的反映……这样，概念的辩证法本身就变成只是现实世界的辩证运动的自觉的反映，从而黑格尔的辩证法就被倒转过来了。"这是"不仅我们发现了这个多年来已成为我们最好的工具和最锐利的武器的唯物主义辩证法"[3]。他在这里是从方法论上说的，作为世界观不就是辩证唯物主义吗？而且，无论作为方法论还是世界观，实际上都是辩证法和唯物主义

---

① 《马克思恩格斯选集》第 3 卷，人民出版社 2012 年版，第 385 页。
② 《马克思恩格斯选集》第 2 卷，人民出版社 2012 年版，第 93 页。
③ 《马克思恩格斯选集》第 4 卷，人民出版社 2012 年版，第 249—250 页。

自觉的直接结合，不可能还有第三种意思。所以，如果还要否定辩证唯物主义，就像说了"唯物主义历史观"还要否定说过"历史唯物主义"一样，即使只看字面，也说不过去。

《反杜林论》在批判中说明了马克思主义的"哲学""政治经济学"和"社会主义"三个组成部分，正好是辩证唯物主义世界观的"彻底运用"和论证。所以，恩格斯说："论战转变成对马克思和我所主张的辩证方法和共产主义世界观的比较连贯的阐述……我们的这一世界观，首先在马克思的《哲学的贫困》和《共产主义宣言》中问世，经过足足 20 年的潜伏阶段，到《资本论》出版以后，就越来越迅速地为日益广泛的各界人士所接受。"① 我们为何不能接受？难道这里说的"辩证方法"是唯心而不是唯物的吗？那么，唯心主义辩证方法怎么会有"共产主义世界观"呢？实际情况还不清楚吗？

综上可见，列宁把马克思的"辩证法"叫作"辩证唯物主义"，绝非没有根据，而是完全正确的。因为，辩证法作为世界观在马克思恩格斯这里不可能叫别的名称。列宁在 1908 年《向报告人提十个问题》中，提出的第一个问题就是"报告人是否承认马克思主义哲学是辩证唯物主义？"② 并在《唯物主义和经验批判主义》第一版序言中说："所有这些人都不会不知道，马克思和恩格斯几十次地把自己的哲学观点叫做辩证唯物主义。然而所有这些因敌视辩证唯物主义而联合起来的人（尽管政治观点截然不同）在哲学上又自命为马克思主义者！"③ 马列主义者怎能否定"辩证唯物主义"呢？既然马克思恩格斯已经把它"彻底运用"——制定和证明唯物史观就是这样做的最好范例。列宁又说："把它对自然界的认识推广到对人类社会的认识。马克思的历史唯物主义是

① 《马克思恩格斯选集》第 3 卷，人民出版社 2012 年版，第 383 页。
② 《列宁选集》第 2 卷，人民出版社 2012 年版，第 10 页。
③ 《列宁选集》第 2 卷，人民出版社 2012 年版，第 12 页。

科学思想中的最大成果。"① 马列主义者怎能否定它的"推广和运用"？那么，还要唯物辩证法这个"最好的劳动工具和最锐利的武器"干什么？这样，马克思恩格斯的伟大科学发现还有什么意义？

当杜林把辩证法只当作证明的工具时，恩格斯说："这是对辩证法的本性根本不了解……单纯的证明同这一方法在新的研究领域中多方面的运用相比较，显然退居次要地位。"② 譬如，把辩证唯物主义推广和运用到整个自然界（包括人类社会）所发现的科学，尤其是发现唯物史观和剩余价值，使社会主义从空想变为科学，难道不比单纯证明"辩证唯物主义"更重要吗？何况，没有唯物史观的发现，又怎样证明辩证唯物主义呢？实际上这种"推广和运用"就是为了丰富和发展辩证唯物主义，同时也更好地证明它的科学性。我们学习它的目的完全是"推广和运用"，而不是与自己的思想和工作不沾边，只把它的抽象概念当作不变的教条，或用自己也不明白的抽象概念去炫耀自己的学术水平。《形态》已经说明："这些抽象本身离开了现实的历史就没有任何价值。它们只能对整理历史资料提供某些方便，指出历史资料的各个层次的顺序。但是这些抽象与哲学不同，它们绝不提供可以适用于各个历史时代的药方或公式。相反，只是在人们着手考察和整理资料——不管是有关过去时代的还是有关当代的资料——的时候，在实际阐述资料的时候，困难才开始出现。"③ 恩格斯还说："即使只是在一个单独的历史事例上发展唯物主义的观点，也是一项要求多年冷静钻研的科学工作，因为很明显，在这里只说空话是无济于事的，只有靠大量的、批判地审查过的、充分地掌握了的历史资料，才能解决这样的任务。"④ 我们为何要否定"唯物主义

---

① 《列宁选集》第2卷，人民出版社2012年版，第311页。
② 《马克思恩格斯选集》第3卷，人民出版社2012年版，第513页。
③ 《马克思恩格斯选集》第1卷，人民出版社2012年版，第153页。
④ 《马克思恩格斯选集》第2卷，人民出版社2012年版，第9页。

观点"的"推广和运用"呢？难道省略"辩证"二字就不是马克思恩格斯的辩证唯物主义吗？何况，若无辩证法，唯物主义观点又怎样自觉地"推广和运用"呢？可见，只看字面而不顾原意，就无法理解马克思学说的精神实质。

当然，恩格斯的《自然辩证法》没有写完。但在其专论和《反杜林论》中，整个自然界的辩证运动过程已经十分明显了。恩格斯说："也许理论自然科学的进步，会使我的工作的绝大部分或全部成为多余的。因为单是把大量积累的、纯粹经验主义的发现予以系统化的必要性，就会迫使理论自然科学发生革命。"使"最顽固的经验主义者也日益意识到自然过程的辩证性质"①。何况，《反杜林论》也是马克思恩格斯合作的成果，不仅说明辩证法不过是关于自然、人类社会和思维的运动和发展普遍规律的科学；而且指出，形而上学"这些对立和区别，虽然存在于自然界中，可是只具有相对意义，相反，它们那些想象的固定性和绝对意义，只不过是由我们的反思带进自然界的——这种认识构成辩证自然观的核心"②。这里的"辩证法"和"辩证自然观"都是唯物的，因为唯心辩证法正是"被人的反思带进自然界的"，而非自然界所固有并移入人脑的科学。

可见，辩证唯物主义或唯物辩证法，不仅是马克思主义的世界观和方法论，而且早已成为证明了的科学。它和唯物史观一起，还在不断被人类实践和科学发现所验证。现代唯物主义本质上是辩证的，它不是单纯地恢复旧唯物主义，而是把几千年来的哲学和自然科学以及历史本身的全部思想内容都加到旧唯物主义的永久性基础上。"这已经根本不再是哲学，而只是世界观，这种世界观不应当在某种特殊的科学的科学中，而应当在各种现实的科学

① 《马克思恩格斯全集》第 20 卷，人民出版社 1971 年版，第 15 页。
② 《马克思恩格斯选集》第 3 卷，人民出版社 2012 年版，第 389 页。

中得到证实和表现出来。"① 只要不把世界观（现代哲学）和过去的哲学（"科学的科学"）混为一谈，就没有理由否定它是"实证科学"。

况且，马克思恩格斯制定唯物史观时，就已经在《形态》中说明："在思辨终止的地方，在现实生活面前，正是描述人们实践活动和实际发展过程的真正的实证科学开始的地方。"② 恩格斯还说："如果存在的原则是从实际存在的事物中得来的，那么为此我们所需要的就不是哲学，而是关于世界和世界中所发生的事情的实证知识；由此产生的也不是哲学，而是实证科学。"③ 怎么还能怀疑、否定马克思主义哲学是科学呢？难道它还没有经过《资本论》、《自然辩证法》（《反杜林论》）、《家庭、私有制和国家的起源》、《路德维希·费尔巴哈和德国古典哲学的终结》等著作的证明吗？马克思恩格斯的其他论著就更不用说了。因为恩格斯说过："在马克思所写的文章中，几乎没有一篇不是贯穿着这个理论的。"④ 至于完全证明，则要等到现实世界（自然界和历史）都不按辩证规律运动时才有可能。不过，现在的人们恐怕是等不到了。因此，这种证明只能是相对的，绝对也只能存在于相对之中；不能违背辩证法，指望完全绝对地证明。正如恩格斯说："世界的真正的统一性在于它的物质性，而这种物质性不是由魔术师的三两句话所证明的，而是由哲学和自然科学的长期的和持续的发展所证明的。"⑤ 唯物的哲学工作者，怎能不顾自己的历史责任，还要否定辩证唯物主义呢？

① 《马克思恩格斯选集》第 3 卷，人民出版社 2012 年版，第 517 页。
② 《马克思恩格斯选集》第 1 卷，人民出版社 2012 年版，第 153 页。
③ 《马克思恩格斯选集》第 3 卷，人民出版社 2012 年版，第 411 页。
④ 《马克思恩格斯选集》第 4 卷，人民出版社 2012 年版，第 606 页。
⑤ 《马克思恩格斯选集》第 3 卷，人民出版社 2012 年版，第 419 页。

哲学上的"元"*

"多元化"的思想，现在成了哲学界的一种时尚，连指导思想也要如此。这是一个大问题。

哲学上的"元"，不是说世界上有多少事物就有多少个"元"，而是说世界上千差万别的事物都有一个"来源"或"本原"。前者是世界的多样性，后者是世界的统一性。世界是多样性和统一性的矛盾。物质（存在）和精神（意识）是世界上最大的一对范畴。说世界多样性统一于物质的叫"唯物论"，说世界多样性统一于精神的叫"唯心论"，说世界多样性统一于物质和精神的叫"二元论"。世界上除了物质和精神以外就没有第三种事物，所以没有"三元论"，更没有"多元论"了。

实际上，物质和精神也不是真正的"二元"。因为精神是物质发展到人脑的产物，而且既不是人脑所固有的，也不是人脑自身的产物。它是物质（自然和社会）在人脑中的反映，二者在本质和内容上是同一个东西。精神是物质的派生物，这在哲学上叫作"第二性"，而不是"第一性"的东西。可见"二元论"是唯物论不彻底的表现，世界上真正的"元"只有一个，即物质，不能"多元化"。

那么，世界上各种事物都有其特殊性，人们在认识过程中也

* 本文发表于《中国社会科学报》2008 年 4 月 15 日。

有各种不同的观点，为什么不能叫作"元"呢？因为一切具体事物都不能孤立存在，只能存在于相互联系和转化的过程中，不追根求源就无法理解其本质。

比如：人是什么？对此早有各种不同的观点：人是两脚无毛的动物；人是社会（集体）的动物；人是有思想的动物，所以"我思故我在"，连胃和肠在人身上都有精神性，等等。虽从某个侧面说明人与其他动物的区别，但不了解人的本质。因为忽视人的存在，和其他动物一样，首先需要吃饱肚子。但人不像其他动物，只靠本能取得现成食物，而是靠创造工具生产食品。可见人们开始生产就与其他动物区别开来。生产力把自然、物质转化为动物界从未有过的人所需要的产品，形成与生产力水平相适应的生产关系，构成经济基础，创造意识形态和上层建筑，形成人们之间的一套复杂的相互关系。

因此，"社会"不是个人组成的"集体"，而是这些个人在生产过程中形成的他们之间的相互关系的总和。"人的本质"不是单个人所固有的抽象物，它的现实性是一切社会关系的总和，并随物质生产发展而变化。经济形态的发展被视为自然史上的一个过程。这是唯物主义一元论的历史观。它表明其他对"人"和"社会"的理解都是片面的和错误的，而真理只有一个。何况，作为指导思想，怎能按照正确和错误的各种不同观点共同办事呢？那就难免鱼目混珠，莫衷一是，妨碍进步。

"两种生产"原理为什么
不是"二元论"*

恩格斯在《家庭、私有制和国家的起源》（以下简称《起源》）一书的第一版序言中，说明了唯物史观的"两种生产"原理。长期以来，有人认为恩格斯在这里把种族繁衍和生活资料的生产对社会制度的作用"同等看待"，就犯了"二元论"的错误。还有人虽然不同意这种指责，却不明白这里为什么不是二元论，作不出正确解释。

实际上，只要不带成见地读完这篇简短的序言，并且联系马克思和恩格斯的有关著作加以思考，就会知道这种指责并无根据。在这里，恩格斯不但没陷入二元论，还丰富和发展了唯物史观的一元论。因为他讲的不是孤立存在的两种生产，而是统一的"直接生活的生产和再生产"①。他明确说过"生产本身又有两种"②，而不是什么无缘无故的"两种生产"。要是把两种生产孤立开来，哪一种都不能存在。物质资料的生产，如果没有人，如何进行？而没有生活资料的生产，则人类难以生存，又何谈繁衍？所以，两种生产是人类直接生活的生产和再生产所不可或缺的两个方面，

* 本文发表于《哲学研究》1980年第9期。

① 《马克思恩格斯全集》第21卷，人民出版社1965年版，第29页。

② 《马克思恩格斯全集》第21卷，人民出版社1965年版，第29页。

而物质资料的生产又是整个生产的基础。

恩格斯就从这种观点出发。他在《起源》第一章划分"史前各文化阶段"时，也和摩尔根一样，以"生活资料生产的进步"为根据，还指出："家庭的发展与此并行，不过，这一发展对于时期的划分没有提供这样显著的标志。"① 而马克思在《摩尔根〈古代社会〉一书摘要》（以下简称《摘要》）中，在说明原始家庭以前，不但在第一编第一章划分史前各文化阶段时也"以生活资料生产的进步"为依据，而且用第二章专门说明"生活资料的生产方式"的发展过程。可见，他们二人都同意摩尔根的观点，即把物质资料的生产作为人类区别于其他动物的根本。因此，它必然也是生产人类自身的基础。摩尔根说："倘若人类对于食物之种类及其分量上没有取得绝对的控制权，那么，他们便不会繁殖而成为人口稠密的许多民族。""人类进步上的许多大时代，多少都直接地与生活资源的扩大相一致。"② 恩格斯正是在这种观点指导下说明了家庭的各种形态。因此，如果把人类自身的生产孤立起来，当作可以不要以物质资料生产为基础的独立因素来看待，就从出发点上背离了恩格斯的原意，从此"差之毫厘，谬以千里"。

同时，恩格斯在序言里已经说明，摩尔根以自己的方式重新发现了40年前马克思已经发现的唯物史观。两种生产的思想，其实早就包含在马克思恩格斯发现的唯物史观中。他们在《德意志意识形态》（以下简称《形态》）中，首先分析了人类的起源，当时就说："任何人类历史的第一个前提无疑是有生命的个人的存在。因此第一个需要确定的具体事实就是这些个人的肉体组织，以及受肉体组织制约的他们与自然界的关系。"③ 后来恩格斯又在

---

① 《马克思恩格斯选集》第4卷，人民出版社2012年版，第29页。

② ［美］莫尔根：《古代社会》，杨东莼、张栗原、冯汉骥译，生活·读书·新知三联书店1957年版，第19页。

③ 《马克思恩格斯全集》第3卷，人民出版社1960年版，第23页。

《劳动在从猿到人转变过程中的作用》一文中，科学地说明了人类起源的问题。他说，劳动"是整个人类生活的第一个基本条件，而且达到这样的程度，以致我们在某种意义上不得不说：劳动创造了人本身"①。而劳动是从制造工具开始。这就有力地证明了他们在《形态》中提出的观点："一当人们自己开始生产他们所必需的生活资料的时候（这一步是由他们的肉体组织所决定的），他们就开始把自己和动物区别开来。"② 因为，当人们"生产自己所必需的生活资料"，就间接地生产着自己的物质生活本身，从而使自己的生活方式区别于其他动物的生活方式。

物质资料的生产是人类生活的第一个基本的实践活动，也是人类区别于其他动物的根本标志。没有物质资料的生产，人类就不能和其他动物区别开来，不能建立自己的家庭关系，也就不能形成人类自身生产的特殊形式。反之，人类自身生产的特殊形式尚未产生以前，就是处于动物状态，物质资料的生产也就不能发生。可见，两种生产都是人类历史不可缺少的。从历史的最初时期，从第一批人出现时，它们就同时存在，直到今天还不断产生作用。

马克思和恩格斯说："这样，生活的生产——无论是自己生活的生产（通过劳动）或他人生活的生产（通过生育）——立即表现为双重关系：一方面是自然关系，另一方面是社会关系"③。他们在创立唯物史观时，就把两种生产作为直接生活的生产和再生产所必需的两个方面，各自又表现为自然关系和社会关系。作为物质资料的生产，它表现在自然关系方面，就是人们使用工具同自然界作斗争，这种斗争的能力就是生产力；它表现在社会关系方面，就是在生产过程中人与人之间的关系，也就是生产关系。

---

① 《马克思恩格斯选集》第 3 卷，人民出版社 2012 年版，第 988 页。
② 《马克思恩格斯全集》第 3 卷，人民出版社 1960 年版，第 24 页。
③ 《马克思恩格斯全集》第 3 卷，人民出版社 1960 年版，第 33 页。

作为人类自身的生产，它表现在自然关系方面，就是男女通过一定的婚姻关系生育后代，即"种的繁衍"；它表现在社会关系方面，"这就是夫妻之间的关系，父母和子女之间的关系，也就是家庭。这个家庭起初是唯一的社会关系，后来，当需要的增长产生了新的社会关系，而人口的增多又产生了新的需要的时候，家庭便成为……从属的关系了"①。

从马克思和恩格斯最初的观点中也可以清楚地看到：两种生产无论在"自然关系"方面，还是在"社会关系"方面，都是互相依存、不可分离，但又不是"同等意义"的。物质资料的生产乃是人类生存的基础，人类自身的生产只有在这个基础上才能存在。而人类自身生产的展开，又是物质资料生产的前提。因为人本身不但是生产力的主体，而且是生产关系的体现者。个人是什么样的，取决于他们进行生活资料生产的物质条件。他们怎样生产自己的生活资料，即物质资料的生产方式，归根到底，决定着他们其他一切方面的生活方式。所以马克思恩格斯当时就声明："按照我们的观点，一切历史冲突都根源于生产力和交往形式之间的矛盾。"② 这里所谓"交往形式"就是生产关系，他们的观点就是用生产力和生产关系的矛盾来解释历史。

马克思和恩格斯得出上述结论，不是置人类自身生产于不顾，而正是将两种生产科学地结合起来的结果。因为物质资料的生产本来就是人类生存的第一个实践活动，而人类自身的生产又是物质资料的生产和再生产过程中的有机组成部分。生产力和生产关系无论在哪一方面，都离不开人类自身的生产和再生产。生产力至少包括劳动者和生产工具两个要素。没有劳动者，即使天上掉下生产工具，也不能转化为现实的生产力。至于生产关系，本就是人与人的关系，离开人就不存在。因此，只要说到生产，说到

---

① 《马克思恩格斯全集》第3卷，人民出版社1960年版，第32—33页。
② 《马克思恩格斯全集》第3卷，人民出版社1960年版，第83页。

生产力和生产关系，就不言而喻地包括人本身这个因素。而人本身没有人类自身的生产又从何来？恩格斯说："我们把经济条件看做归根到底制约着历史发展的东西。而种族本身就是一种经济因素。"① 便是这个道理。怎么能说讲生产力和生产关系的矛盾，就是不顾人类自身的生产呢？

普列汉诺夫在回答"主观学派"说到"生产与交换形式底自己发展"时，就说过："如果你以为，按马克思的意见，生产形式能够'自己'发展起来，那末你就大错特错了。什么是社会的生产关系呢？这就是人们之间的关系。没有人们，它怎样能够发展呢？试想，哪里没有人，那儿亦就没有生产关系。"② 因此，把物质资料的生产与人类自身的生产分割开来，因而把人类自身的生产当作物质资料生产之外的"社会物质生活条件"，看起来好像很全面、很唯物，实际上却从生产力和生产关系中抽掉了"人"这个主体，也就使生产力和生产关系不但成了最大的片面性，而且根本就不可能存在，还有什么唯物主义呢？同时，一旦脱离了生产力和生产关系，没有衣、食、住等生活资料的生产，怎么谈得上人类自身的生产呢？

恩格斯把"地理基础"和"种族本身"都包括在"经济关系"这个概念里，就清楚地告诉我们，任何"社会物质生活条件"都不可能超出生产力和生产关系之外。比如地理环境和人口，只要他们还在物质资料生产之外，没有和物质资料的生产发生关系，就不可能成为"社会物质生活条件"。那样，地理环境只是自然界，人类也没法从动物界分化出来，社会都不存在，哪还有"人口"这种"社会物质生活条件"呢？

但恩格斯不是说人类自身生产的"亲属关系在一切蒙昧民族

---

① 《马克思恩格斯选集》第 4 卷，人民出版社 2012 年版，第 649 页。

② ［俄］普列汉诺夫：《论一元论历史观之发展》，博古译，生活·读书·新知三联书店 1961 年版，第 189 页。

和野蛮民族的社会制度中起着决定作用"吗？是的，这是完全正确的。不过，恩格斯并没有把亲属关系当作和物质资料生产无关的东西。因为它的这种作用，也只有在物质资料生产的基础上才能存在，归根到底也只有用生产力的水平才能说明。原来，生产力的水平取决于劳动者和生产工具的状况，而生产工具也有一个从无到有、从低级到高级的发展过程。当生产工具还处在萌芽时期，主要还是作为采集现成生活资料的辅助工具，人类自身生产的进步，对生产力的发展，当然要起决定作用。动物通过进化来适应环境，人类从动物界中脱离出来时也只能这样面对自然选择。而自然选择的结果，正是人类脑力和体力的进步，它造成了生产力的发展，决定着家庭关系的产生和变化。由于家庭关系在当时还是唯一的社会关系，同生产关系还没分离，所以，自然选择决定家庭关系，也就是生产力决定生产关系的一种形式。而家庭关系决定亲属制度，也就是决定社会制度，正如后来的私有制社会里经济基础决定上层建筑一样，乃是唯物史观的基本原理。不同的只是当时的上层建筑还没有成为凌驾于社会之上的独立力量，所以它表现为由家庭关系决定的亲属制度，构成一切蒙昧民族和野蛮民族的社会制度的实质部分。由此可见，恩格斯这个观点，不是在说明生产力决定生产关系、经济基础决定上层建筑的原理不适用于原始社会，而是说明这个原理在当时的特殊的表现形式。

实际上，恩格斯不仅分析了氏族社会的上层建筑，还研究了当时的经济基础。他说，人口是极其稀少的。分工是纯粹自然产生的：它只存在于两性之间。男子作战、打猎、捕鱼，获取食物的原料，并制作为此所必需的工具。妇女管家，制备食物和衣服。男女分别是自己活动领域的主人，也是自己制造和使用的工具的所有者。家庭经济是共产的，凡是共同制作和使用的东西都是共同财产。原始共产制的家庭经济正是物质资料的生产关系，而不是人类自身生产的血缘关系。以血族团体为基层单位的原始社会，正是这种共产制家庭经济的产物，是和当时极为低下的生产力水平相适应的。正是这个缘故，随着新的生产力的获得以及分工的发展，私有制和交换的出现，以血族团体为基层单位的原始社会，就不能不由以地区团体为基层单位的国家社会所代替。因此，即使在原始社会里，也只有把人类自身的生产的"社会关系"归结于生产关系，把生产关系归结于生产力的高度，才能有可靠的根据把社会形态的发展看作自然历史的过程。

但也有人把人类自身的生产孤立起来，认为原始社会的社会制度是建立在和血缘关系不同的生产关系这个基础之上的"观点是不能成立的"。他说，如果这种观点能够成立，那么，"恩格斯以下的观点就不能理解。恩格斯认为，1877年摩尔根的《古代社会》一书发表后，才'为全部原始历史找到了一个新的基础'，'摩尔根的伟大功绩，就在他在主要点上发现和恢复了我们成文历史的这种史前的基础'，而摩尔根所发现和恢复的这个史前基础就是血缘关系。所以，恩格斯说：'氏族是以血缘为基础的人类社会自然形成的形式'，原始社会的结构是以'血族关系为基础'，而不说氏族是以经济为基础的自然形式，不说原始社会的社会结构是以经济关系为基础"。但是，很明显，这是受了"基础"二字的迷惑，忘了恩格斯已经说明，摩尔根"发现和恢复"的不过是马克思和他早在几十年前就发现的唯物史观，因此这个"基础"，即使被理解为"血缘关系"，也不应当忘记它只有在一定的家庭形式的基础上才能产生，而家庭没有一定的经济基础又怎能存在？所以它绝不是最终的基础，最终的基础只能是一定家庭形式的经济关系。

恩格斯不只在序言中明确指出，取代原始社会的"国家的基层单位已经不是血族团体，而是地区团体了"①。可见，他在上述

---

① 《马克思恩格斯选集》第4卷，人民出版社2012年版，第13页。

引文中所说的"基础"，其实是原始社会的基层单位。而且，他在正文中还特别引用了摩尔根所说的"亲属制度"只不过是家庭进步的"记录"，并且随着家庭的变化而变化的一段话。正因为亲属制度不是家庭存在的基础，而是家庭存在在观念上的表现，所以，恩格斯说："父亲、子女、兄弟、姊妹等称呼，并不是单纯的荣誉称号，而是代表着完全确定的、异常郑重的相互义务，这些义务的总和构成这些民族的社会制度的实质部分。"① 因为义务和权利一样，都只是一定经济关系在观念上的反映，不可能成为社会存在的最终基础。这有什么不能理解的呢？不过，值得注意的是，在氏族制度内部，权利和义务还没有什么差别，不能同阶级社会的国家制度混淆起来。

还有人反对把原始社会的血缘亲属关系归结为生产关系，不承认物质资料生产对氏族制度的制约，试图只用人类自身生产本身来说明自己的产生和发展，结果又怎样呢？他说："随着人类自身生产的发展，人们在这种生产的长期实践中逐渐认识到血缘婚姻对后代体力和智力的强健所带来的害处。于是，开始渐次排斥具有血缘关系的人们之间的婚姻。"但是，如果不是体力和智力的差别造成了物质生活条件的不同，人们怎么能"逐渐认识到"血缘婚姻的害处呢？只有到血缘婚姻的后代因不能适应生产发展的需要而衰亡，而远亲婚姻的后代又促进了生产的发展，人们才能发现近亲结婚会给部落带来灾难，只有远亲结婚才符合"神灵的旨意"，"于是开始渐次排斥"血缘婚姻，严格实行各种限制。实际上，人们这种"逐渐认识到"的利害关系，不过是早就客观存在的物质生活条件的差异在人们头脑中的反映。因此，不是"随着血缘亲属关系的变化，家庭制度也发生相应的变化"，而是完全相反，正如摩尔根所说："家庭是一个能动的要素；它从来不是静

① 《马克思恩格斯选集》第4卷，人民出版社2012年版，第37页。

止不动的，而是随着社会从较低阶段向较高阶段的发展，从较低的形式进到较高的形式。反之，亲属制度却是被动的；它只是把家庭经过一个长久时期所发生的进步记录下来，并且只是在家庭已经根本变化了的时候，它才发生根本的变化。"①

如果脱离了物质资料的生产，不仅从主观认识上不能说明家庭的变化和发展的根本原因，就是从家庭成员之间的"生理根源"本身，也不能解释自然选择为什么只有在人类的自身生产中才发展出家庭形式，而其他动物却不能。当然，恩格斯也说到"动物社会"和"动物家庭"。但他是为了说明，想用动物社会来推断人类社会只有"反面的价值"。例如，鸟类长期成队同居，用生理的原因就足以说明，但人类并非起源于鸟类。而动物的家庭和人类的原始社会是两不相容的东西。脱离动物状态的原始人类，或者根本没有家庭，或者只有动物中所没有的那种家庭。原因就在于人类为了脱离动物状态，实现自然界中最伟大的进步，需要"以群的联合力量和集体行动来弥补个体自卫能力的不足"②。因此，归根到底又必须追溯到一个同从动物状态走向人类状态的过程相适应的杂乱性交关系的时期。而从动物状态向人类状态过渡的标志，不是人类自身的生产，而是物质资料的生产。马克思还说："一旦原始群为了生存必须分成较小的集团，它就从杂交转变为血缘家庭；血缘家庭是第一个'有组织的社会形式'。"③ 可见，血缘家庭之所以成为第一个社会组织形式，不是出于人们的主观愿望，也不是人类生产自身的需要，而是"为了生计"不得不如此。因为，当时只有这样的原始群团才能产生出体力和智力较高的人种，造成生产力的发展，经得起自然选择的考验。因此，人类自身的生产，只有适应物质资料生产发展的需要，自然选择的

---

① 转引自《马克思恩格斯选集》第4卷，人民出版社2012年版，第37页。
② 《马克思恩格斯选集》第4卷，人民出版社2012年版，第42页。
③ 《马克思恩格斯全集》第45卷，人民出版社1985年版，第348页。

结果才能得到巩固和发展，并从杂乱性交关系的原始状态中逐步产生原始社会的各种家庭形式。

既然人类自身的生产要以物质资料的生产为基础，这是不是表明"两种生产"的说法不确切？不是的。在物质资料生产的基础上来讲这个问题，情况就完全不同了。人类自身的生产必然有一定的婚姻家庭的制度。因此，那种认为文明社会的社会制度不受人类自身生产的制约，只受物质资料生产的制约的看法，是站不住脚的。只要人类自身生产还以婚姻家庭的形式而展开，它就不能不是一种社会制度。恩格斯说到一夫一妻制时明确指出："淫游制和社会的任何其他制度一样，也是一种社会的制度"，它在口头上受到非难，实际上只是"再一次宣布男子对妇女的无条件统治乃是社会的根本法则"。① 而且，严惩也不能根除的通奸，"已成为与个体婚制和淫游制并行的不可避免的社会制度了"②。马克思也说："现代家庭在萌芽时，不仅包含着奴隶制，而且也包含着农奴制，因为它从一开始就是同田野耕作的劳役有关的。它以缩影的形式包含了一切后来在社会及其国家中广泛发展起来的对立。"③

因此，恩格斯认为，到了组成为国家的新社会中，家庭制度完全受所有制支配了。并不是说，家庭制度从此以后就不是一种社会制度，而是说它不再受自然选择造成的配偶关系的支配，变成直接由经济关系来决定了。因为家庭发展到对偶制后，群已经缩减到它的最后单位，仅由一男一女组成。自然选择也就完成了它的使命。但是，新的社会动力开始发生作用。在血族关系为基础的社会结构中，劳动生产率日益发展，逐步为从对偶制家庭向一夫一妻制家庭过渡创造经济条件，并且随着财富的增加产生了

---

① 《马克思恩格斯选集》第 4 卷，人民出版社 2012 年版，第 77 页。
② 《马克思恩格斯选集》第 4 卷，人民出版社 2012 年版，第 78 页。
③ 《马克思恩格斯选集》第 4 卷，人民出版社 2012 年版，第 67 页。

全新的社会关系。于是，家庭制度完全受经济关系的支配，私有财产的利害关系代替自然选择成为家庭继续发展的动力。不过，私有制也不会永恒，它发展到资本主义生产关系以后，就为否定自己创造了条件。既然一夫一妻制是由于经济原因产生的，那么当这种原因消失的时候，它是否也会消失呢？恩格斯说："可以不无理由地回答：它不仅不会消失，而且相反，只有那时它才能完全地实现。"① 因为随着生产资料转归社会所有，男女就没必要再为金钱而献身，卖淫也将消失，一夫一妻制最后对于男子也将成为现实。"在这里，一个在专偶制发展的时候最多只处于萌芽状态的新的因素——个人的性爱，开始发生作用了。"② 家庭制度完全受所有制支配，并不是说婚姻关系就始终取决于经济原因了。经济原因必将被个人性爱所代替，恋爱婚姻终究会成为一种普遍的社会制度。

由此可见，即使到共产主义社会，只要人类自身的生产还表现为婚姻家庭的形式，社会制度就不能不受它的制约，只是和原始社会的情况根本不同。"两种生产"的说法，不但对于原始社会是完全确切的，而且对于人类社会的全部发展过程也是完全确切的。两种生产对社会制度的制约是人类历史发展的普遍规律，而不是只存在于历史上某一阶段的特殊现象。正因如此，研究两种生产对社会制度的制约的变化规律，就很重要。恩格斯已经指出，劳动越欠发展，社会制度就越在较大程度上受血族关系的支配，而在以私有制为基础的国家中，家庭制度完全受所有制的支配。然而，到了劳动生产率高度发展的共产主义社会，曾受两种生产自发制约的社会制度，将受到人们自觉的支配和控制。人们不再受血缘亲属关系的盲目支配，也不再是经济利害关系的盲目奴隶。于是人们成了自己的社会结合的主人，同时也成了自觉支配自然

---

① 《马克思恩格斯选集》第 4 卷，人民出版社 2012 年版，第 87 页。
② 《马克思恩格斯选集》第 4 卷，人民出版社 2012 年版，第 87 页。

界的主人——"这是人类从必然王国进入自由王国的飞跃"①。

　　但是，只要物质资料生产还没高度发展，社会产品尚未极大丰富，经济利害总是作为一种异己的力量支配着人们的生活，血缘亲属关系也不可避免地要起一定作用。即使口头极力否认，实际也不得不如此。既然实际的社会关系如此，要想自觉掌握，就不能不加以研究。摩尔根的《古代社会》、马克思的《摘要》、恩格斯的《起源》，其实都是从两种生产出发说明社会制度的科学著作。而弄清人类社会的起源，正如研究一切事物的产生条件一样，这些条件将以胚胎形式包含在该事物往后发展的全部过程之中，直到该事物灭亡为止。因此，研究原始社会的两种生产对社会制度的制约，对于正确看待和解决今天的一些社会问题，仍然具有重要意义。只有掌握全部历史知识，才能自觉把握命运。

　　总之，恩格斯执行马克思的遗言，用他们四十年前发现的唯物史观，科学地说明了摩尔根的研究成果，揭示了原始社会发展规律的特殊形式，以及它为什么要被私有制为基础的国家所代替；不但填补了历史科学的空白，还指明了未来演变的客观进程，丰富和发展了唯物史观的理论。他的《起源》，不但没犯"二元论"的错误，而且正如列宁所说，"是现代社会主义的基本著作之一"②，是我们学习历史唯物论、建立科学共产主义世界观的一本重要教科书。

---

① 《马克思恩格斯选集》第 3 卷，人民出版社 2012 年版，第 815 页。
② 《列宁选集》第 4 卷，人民出版社 2012 年版，第 26 页。

《哥达纲领批判》对"过渡时期"理论的发展[*]

关于马克思在《哥达纲领批判》中的"过渡时期"理论的发展问题，国内外理论界历来有不同的看法，而且影响到无产阶级革命的实践活动，因此，认真探讨这个问题就很有必要。本文想从马克思主义哲学发展史的角度来说明以下三个问题：（1）马克思的"过渡时期"理论不是在这里才"第一次提出"；（2）《哥达纲领批判》对"过渡时期"的理论发展了什么；（3）理论上新发展的伟大意义。

一　不是"第一次提出"

长期以来，我国理论界都流行着这样的观点：马克思在《哥达纲领批判》中，"第一次提出了从资本主义到共产主义的过渡时期的理论"。苏联罗森塔尔和尤金合编的《简明哲学字典》也说，马克思在这本书里"第一次提出了资本主义和社会主义之间过渡时期的必要性"。

我认为，这样的观点并不符合马克思思想发展的客观过程，

　　[*] 本文收录于《马克思主义哲学史论集》，生活·读书·新知三联书店1982年版，笔名徐亮。

它不仅没有说明"过渡时期"的实质，埋没了马克思在这里第一次提出的新思想，而且是有害的。因为马克思这部著作写于1875年，当时距离马克思发现唯物史观，把共产主义从空想变为科学，已经整整三十年了。一方面，正如列宁所说："自从《资本论》问世以来，唯物主义历史观已经不是假设，而是科学地证明了的原理。"① 它是"社会科学的同义词"，"是唯一科学的历史观"②；另一方面，经过1848—1871年欧洲革命风暴时期的实践，特别是巴黎公社的检验，马克思主义已经有了很大的发展，并且成了国际共产主义运动的旗帜。如果说，到了这个时候，马克思才"第一次"提出过渡时期的理论，那就是说，在此以前他还没有证明在资本主义社会和共产主义社会之间要有一个"革命转变时期"，也不知道这个时期的国家就是"无产阶级专政"，甚至在他的学说中还"没有提出"这个问题。那么，还要唯物史观干什么？马克思主义又怎么指导无产阶级革命呢？而《哥达纲领》不谈这个问题，不但没有什么"倒退"，而且有了理由，因为马克思自己都还没有"论证"，甚至还没有"提出"嘛！这不是要把马克思弄到非常可笑的地步吗？

事实绝非如此。只要从马克思国家学说的实质来看，就会知道马克思和恩格斯在1845年发现唯物史观的时候就在《德意志意识形态》中第一次证明了这个问题。他们说："过去的在分工条件中进行的一切革命，都不能不导致新的政治机构的产生"。"消灭分工的共产主义革命，最终会消除政治机构"。③ 因而在政治上分清了共产主义革命和过去一切革命的界限。同时，他们又指出："每一个力图取得统治的阶级，如果它的统治就像无产阶级的统治那样，预定要消灭整个旧的社会形态和一切统治，都必须首先夺

---

① 《列宁全集》第1卷，人民出版社2013年版，第112页。
② 《列宁全集》第1卷，人民出版社2013年版，第112页。
③ 《马克思恩格斯全集》第3卷，人民出版社1960年版，第442页。

取政权"①。可见，无产阶级夺取政权，就是为了消灭"整个旧的社会形态"和"一切统治"。消灭"整个旧的社会形态"，就是"革命转变时期"的内容；消灭"一切统治"，当然也就包括消灭自己的统治在内，而这不只是主观愿望，而且是共产主义革命要"消灭分工"的必然结果，因而这个政权就不能不是过渡性质的政权。因此，马克思和恩格斯解决从资本主义过渡到共产主义的问题，是和他们发现唯物史观联系在一起的，并不是随便什么时候都能够"第一次提出"的，只有在发现唯物史观以后才有科学的根据。

不过，在《德意志意识形态》中，马克思和恩格斯在表述上还不够确切。因为并非"每一个"阶级都能这样做。除非无产阶级，其他任何阶级都受自己的历史地位和阶级利益的限制，不但不能消灭"整个旧的社会形态"，而且总是力图使自己永远统治下去；只有无产阶级才能这样做，否则他自己就不能得到彻底的解放。

马克思在1847年写的《哲学的贫困》一书中，第一次对这个理论作了科学的表述，他说："劳动阶级解放的条件就是要消灭一切阶级"②。当然也包括自己这个阶级在内。无产阶级除了反对剥削阶级的统治以外，它没有任何特殊的阶级利益需要加以保护。对无产者来说，所谓"消灭一切阶级"，只不过是使所有的人都像无产者一样，不是作为阶级的个人，而是作为无阶级的个人参加社会生活。因此，"劳动阶级在发展进程中将创造一个消除阶级和阶级对抗的联合体来代替旧的市民社会；从此再不会有原来意义的政权了。因为政权正是市民社会内部阶级对抗的正式表现"③。马克思和恩格斯在《共产党宣言》中也指出，通过革命使自己成

① 《马克思恩格斯全集》第3卷，人民出版社1960年版，第38页。
② 《马克思恩格斯选集》第1卷，人民出版社2012年版，第275页。
③ 《马克思恩格斯选集》第1卷，人民出版社2012年版，第275页。

为统治阶级，用暴力消灭旧的生产关系，"那么它在消灭这种生产关系的同时，也就消灭了阶级对立的存在条件，消灭了阶级本身的存在条件，从而消灭了它自己这个阶级的统治"①。因此，完全有理由说，马克思关于"过渡时期"的理论，不是在《哥达纲领批判》中才"第一次提出"，而是早已有了科学的论证。

过去人们往往把列宁在《国家与革命》的第一版中说到马克思在《哥达纲领批判》中对"问题的提法已有些不同了"②，作为马克思在这里"第一次提出"过渡时期理论的论据。但是，只要把列宁在该书第二版中增加的《1852 年马克思对问题的提法》一节所作的说明联系起来加以思考，就会知道这个论据是不能成立的。因为列宁根据 1852 年 3 月 5 日马克思致魏德迈的信中"对问题的提法"，就已经明确地做出结论："只有懂得一个阶级的专政不仅对一般阶级社会是必要的，不仅对推翻了资产阶级的无产阶级是必要的，而且对介于资本主义和'无阶级社会'即共产主义之间的整整一个历史时期都是必要的，——只有懂得这一点的人，才算掌握了马克思国家学说的实质。"③ 由此可见，列宁认为，马克思在这里对"问题的提法"已经包含他在《哥达纲领批判》中关于过渡时期的思想，而且不领会这一点就不了解马克思国家学说的实质。

马克思在《1848 年至 1850 年的法兰西阶级斗争》一书中，对无产阶级专政的历史任务规定得比致魏德迈的信中说得还要具体。他说："这种社会主义就是宣布不断革命，就是无产阶级的阶级专政，这种专政是达到消灭一切阶级差别，达到消灭这些差别所由产生的一切生产关系，达到消灭和这些生产关系相适应的一切社会关系，达到改变由这些社会关系产生出来的一切观念的必

---

① 《马克思恩格斯选集》第 1 卷，人民出版社 2012 年版，第 422 页。
② 《列宁选集》第 3 卷，人民出版社 2012 年版，第 188 页。
③ 《列宁选集》第 3 卷，人民出版社 2012 年版，第 140 页。

然的过渡阶段。"① 马克思在这里强调"必然的过渡阶段",正是总结了当时革命实践的经验,因为当无产阶级把空论的社会主义让给小资产阶级,而各种社会主义首领之间的斗争又表明每个所谓体系"都是特意强调社会变革中的某一个过渡阶段而与其他各个阶段相对抗时,无产阶级就日益团结在革命的社会主义周围"②。而在这里所说的"四个达到",也就是"革命转变时期"的具体内容,无产阶级专政是适应这个时期的政治上"必然的过渡阶段"。所谓"必然",就是不可避免。因为一方面,阶级斗争必然导致无产阶级专政,另一方面,只有无产阶级专政才能适应这个时期的政治需要。所谓"过渡阶段",是因为实现了社会革命转变的"四个达到"以后,无产阶级专政作为社会的上层建筑,也就失去了自己存在的基础。因此,马克思在这里已经对无产阶级专政和革命转变时期的相互关系作了详细而完整的科学论述。同时,因为马克思在这里干脆把他的这种社会主义同"不断革命"和"无产阶级专政"两个概念并列起来,就足以说明"无产阶级专政"的实质以及它在科学社会主义中的地位,甚至重要到可以同整个学说相提并论的地步。列宁强调指出:"只有承认阶级斗争、同时也承认无产阶级专政的人,才是马克思主义者。"③ 这正是根据过渡时期理论而得出的必然结论。

我这样认识过渡时期的理论,不是要贬低《哥达纲领批判》在这个问题上的意义,而是要还他以历史本来面目,因而一方面,可以从实质上更好地掌握这个理论,懂得它的科学性以及它在马克思学说中的重要地位;另一方面,作为当时德国党的纲领——《哥达纲领》,不谈如此重要的问题,又怎能成为马克思主义政党的纲领呢?

---

① 《马克思恩格斯选集》第 1 卷,人民出版社 2012 年版,第 532 页。
② 《马克思恩格斯选集》第 1 卷,人民出版社 2012 年版,第 532 页。
③ 《列宁选集》第 3 卷,人民出版社 2012 年版,第 140 页。

同时从上面的论述中也可以看出，那种不把无产阶级专政和"革命转变时期"统一起来的想法，不符合马克思的思想。因为马克思从没把这两个方面分开过。而把这两个方面分开的想法，还是由于没有从唯物史观来理解无产阶级专政的过渡性质。因为实际上一方面，"革命转变时期"只有在无产阶级专政下才有可能；另一方面，无产阶级专政也只有随着"革命转变时期"的完成，它才会失去存在的条件而自行消亡。因此，无产阶级专政和革命转变时期，是一件事情的两个方面，不能机械地分开。分开了，这个专政就失去了任何根据和意义。"革命转变时期"也就成了事实上不可能做到的幻想。

二　发展了什么

难道《哥达纲领批判》对过渡时期的理论没有任何发展吗？不是的。针对《哥达纲领》"既没谈到无产阶级的革命专政，也没谈到未来共产主义社会的国际制度"，反而鼓吹拉萨尔的"自由国家"，马克思尖锐地指出："在资本主义社会和共产主义社会之间，有一个从前者变为后者的革命转变时期。同这个时期相适应的也有一个政治上的过渡时期，这个时期的国家只能是无产阶级的革命专政。"[1] 因此，不但否定了"自由国家"在这个时期存在的可能性，而且否定了其他任何性质的国家在这个时期存在的可能性。这同过去论证无产阶级专政在这个时期的"必然性"相比，思想上更加前进了一步，增加了一定的新内容。在这个意义上，马克思对"问题的提法"确实有些不同了，因为在这里无产阶级专政成了革命转变时期唯一可能的国家组织了。正如列宁所说："从资本主义向共产主义过渡，当然不能不产生非常丰富和多样的

---

[1] 《马克思恩格斯选集》第 3 卷，人民出版社 2012 年版，第 373 页。

政治形式，但本质必然是一样的：都是无产阶级专政。"①

那么，这样说来，不是和前面的论点自相矛盾了吗？不矛盾。因为这是两个性质不同的问题。前面说的是不是"第一次提出"，而在这里说的是有没有"发展"；前面是指过去是否从来没有说过，而这里是指在过去已经说过的基础上有没有新的意思；两者不能混为一谈。只有首先分清这个界限，才能说明马克思的思想有无发展。

马克思这个不同的提法，不但进一步明确了无产阶级专政的必要性，而且排除了一切幻想不要无产阶级专政而达到共产主义的可能性，因而打中了拉萨尔机会主义的要害。因为拉萨尔机会主义的根本错误，就是不要经过无产阶级专政，完全依靠当时普鲁士地主资产阶级的"国家帮助"来实现共产主义。马克思无情地嘲笑了这种幻想，他说："'总劳动的社会主义的组织'不是从社会的革命转变过程中，而是从国家给予生产合作社的'国家帮助'中'产生'的，并且这些生产合作社是由国家而不是由工人'建立'的。这真不愧为拉萨尔的幻想：靠国家贷款能够建设一个新社会，就像能够建设一条新铁路一样！"②

马克思坚持社会主义组织只能从"社会的革命转变过程中"由工人建立起来，就是用唯物史观去对抗拉萨尔鼓吹黑格尔唯心论的国家学说。拉萨尔在《工人纲领》中说："国家是个人在一个道德整体中的统一"，"国家的宗旨就是教育和推动人类走向自由"。他在《间接税和劳动阶级的状况》中还说：国家的伟大使命，就是"要扶植人性的幼芽"，"要做为一切人而存在的机关"，保护"一切人的状况"。而马克思说，不把社会当作国家的基础，"反而把国家当做一种具有自己的'精神的、道德的、自由的基

① 《列宁选集》第 3 卷，人民出版社 2012 年版，第 140 页。
② 《马克思恩格斯选集》第 3 卷，人民出版社 2012 年版，第 371 页。

础'的独立存在物"①，就是指出拉萨尔和黑格尔一样，颠倒了国家和社会的关系。因为在唯物史观看来，正好相反，国家不是"精神的、道德的、自由的基础"，它本身只不过是社会经济基础的上层建筑，因而根本没有自己独立存在的本质，它的本质必须到社会的经济关系中去寻找。当时的普鲁士国家，是地主资产阶级剥削和压迫工人农民的工具，不但不能教育和推动人类走向自由，"倒是需要由人民对国家进行极严厉的教育"②。

既然社会是国家的基础，那么从资本主义社会向共产主义社会过渡，就决不能依靠地主资产阶级的国家来实现，只能依靠无产阶级对资本主义社会的革命改造来达到，即只有经过剥夺剥夺者，才能把生产资料私有制变为公有制，从根本上消灭旧社会。而要达到这一步，如果没有无产阶级革命专政，就不能粉碎地主资产阶级的反抗。而《哥达纲领》提出的政治要求，例如，"普选权、直接立法权、人民权利、人民军队"等，除了陈旧的人所共知的民主主义废话，没有任何其他内容。因为所有这些要求，凡属不是空想的，都已经在当时的瑞士和美国等地实现了。所以马克思说，"这类'未来国家'就是现代国家"③，都没有超出资产阶级政治要求的范围，又怎么能实现共产主义的革命转变呢？

由此可见，马克思这个不同提法多么重要！在它面前，一切企图通过"合法手段"来实现共产主义的幻想，都现出了资本主义的原形。因此，要从资本主义社会过渡到共产主义社会，是否坚持无产阶级专政，就成了马克思主义和形形色色的机会主义、修正主义的分水岭。拉萨尔便充当了机会主义的首领。马克思关于"政治上过渡时期"的理论，即无产阶级专政的学说，遵循着他批判黑格尔法哲学以来的一贯思想，也就是认为法的关系正像

① 《马克思恩格斯选集》第3卷，人民出版社2012年版，第371页。
② 《马克思恩格斯选集》第3卷，人民出版社2012年版，第376页。
③ 《马克思恩格斯选集》第3卷，人民出版社2012年版，第374页。

国家形式一样，既不能从它本身来理解，也不能从所谓人类精神的一般发展来理解，相反，它根源于物质生活关系的总和——黑格尔称为"市民社会"之中，而对市民社会的解剖，则应当到政治经济学中去寻找。他始终坚持用社会的经济基础来说明社会的上层建筑，科学地解决了从资本主义过渡到共产主义的问题。而离开无产阶级专政，正如马克思所说："即使你把'人民'和'国家'这两个词联接一千次，也丝毫不会对这个问题的解决有所帮助。"①

正是在唯物史观的指导下，马克思在这里第一次明确地提出在共产主义社会里国家制度的变化问题，指出《哥达纲领》不谈未来共产主义社会里国家制度的错误。这才是过去从来没有这样说过的新思想。他说："在共产主义社会中国家制度会发生怎样的变化呢？换句话说，那时有哪些同现在的国家职能相类似的社会职能保留下来呢？这个问题只能科学地回答"②。因为到那时，"现代国家制度"的基础，即资产阶级社会已经消灭，因此不能再用它来说明问题，唯一可能的办法，就是同运用"最彻底、最完整、最周密、内容最丰富的发展论"去考察资本主义社会一样，也用这个理论去考察资本主义社会即将崩溃的问题，考察未来共产主义社会的发展问题。马克思不能制造乌托邦，不能凭空猜想无法知道的事情。那么，究竟有什么根据可以提出未来共产主义社会的发展问题呢？列宁说："这里所根据的是，共产主义是从资本主义中产生出来的，它是历史地从资本主义中发展出来的，它是资本主义所产生的那种社会力量发生作用的结果。"③ 也就是根据对刚从资本主义社会中产生出来的共产主义社会的科学分析。

马克思在这里，虽然没有直接回答共产主义社会国家制度的问题，但是，因为他第一次明确提出了共产主义社会发展两个阶段的理论，而且详细地分析了第一阶段"在各方面，在经济、道德和精神方面都还带着它脱胎出来的那个旧社会的痕迹"[①]：迫使人们奴隶般地服从分工的情形、脑力劳动和体力劳动的界限，还没有完全消失；劳动还是谋生的手段，没有成为人们乐生的第一需要；个人还不能全面发展，社会财富的一切源泉还没有随着生产力的增长而充分涌流出来；因而人们还不能完全超出"资产阶级权利"的狭隘眼界，所以在个人消费品的分配上，就不得不实行"各尽所能，按劳分配"的原则。这样，正如列宁所说：马克思在这里对"国家消亡的经济基础"作了"最详尽的说明"，[②] 因此在唯物史观看来，就是对未来共产主义社会的国家制度问题作了最科学的论证，它在理论上已经包含了这个问题的答案。

正是这个缘故，当列宁看到马克思关于共产主义社会，特别是对"第一阶段"的科学分析，就对"未来共产主义社会的国家制度"问题作出了直接而明确的答复。他说："既然在消费品的分配方面存在着资产阶级权利，那当然一定要有资产阶级国家，因为如果没有一个能够强制人们遵守权利准则的机构，权利也就等于零。可见，在共产主义下，在一定的时期内，不仅会保留资产阶级权利，甚至还会保留资产阶级国家"[③]。而这种国家的职能就是"保卫生产资料公有制""保卫劳动的平等和产品分配的平等""保卫那个确认事实上的不平等的'资产阶级权利'"。[④] 由此，马克思提出在共产主义社会里有哪些同"现代国家职能相类似"的社会职能会保留下来的问题，就得到了科学的说明。

列宁在说明这个问题后，估计到那些没有花过一点功夫去研

---

① 《马克思恩格斯选集》第3卷，人民出版社2012年版，第363页。
② 《列宁选集》第3卷，人民出版社2012年版，第185页。
③ 《列宁选集》第3卷，人民出版社2012年版，第200页。
④ 《列宁选集》第3卷，人民出版社2012年版，第196页。

究马克思主义极其深刻内容的人，会责备马克思主义"好像是奇谈怪论，或只是一种玩弄聪明的辩证把戏"①。于是，他就进一步指出："其实，无论在自然界或在社会中，实际生活随时随地都使我们看到新事物中有旧的残余。"②就这样，列宁不但运用唯物辩证法的发展论，而且从实际生活出发，有力地说明了"马克思并不是随便把一小块资产阶级权利塞到共产主义中去，而是抓住了从资本主义脱胎出来的社会里那种在经济上和政治上不可避免的东西"③。由此，又从世界观的高度为马克思提供未来共产主义社会国家制度的问题指出科学的理论基础。

可见，马克思实际上不止提出了未来共产主义社会国家制度的问题，还认真进行了科学论证。经过列宁的阐发，可以清楚地看到，马克思在这里明显地丰富和发展了"过渡时期"的理论。他第一次阐明了从资本主义过渡到共产主义的第一阶段，"旧社会的痕迹"还不能完全消灭，无产阶级专政还没有完全实现社会革命转变期间的"四个达到"，因而作为政治上的过渡时期也不能完全结束。但是，无产阶级专政的社会职能却随着革命转变的进程而发生了显著的变化，不像在社会主义改造时期那样，它的主要任务是镇压剥削阶级对消灭私有制的反抗，现在它主要是完成列宁所说"三保卫"的任务，保证劳动成为领取个人消费品的唯一尺度，使社会公有财产不受任何不劳而获行为的侵犯，才能顺利发展到共产主义高级阶段。

显然，无产阶级专政保留这种社会职能，是为了实现按劳分配的平等要求。因此，它已经不是资产阶级意义上的平等要求，而是无产阶级从资产阶级的平等要求中，"吸取了或多或少正当

---

① 《列宁选集》第3卷，人民出版社2012年版，第200页。
② 《列宁选集》第3卷，人民出版社2012年版，第200页。
③ 《列宁选集》第3卷，人民出版社2012年版，第200页。

的、可以进一步发展的要求"①。这是无产阶级利用资产阶级本身的主张来反对资产阶级的一种手段。因为资产阶级的平等要求，实际上只是要求消灭封建的等级特权，也就是口头上的阶级平等，并不要求消灭阶级本身。而无产阶级在这里的平等要求，是在消灭阶级本身即消灭生产资料私有制之后，进一步要求劳动和报酬之间的平等，也就是消灭一切形式的不劳而获，借以巩固和发展生产资料公有制和社会的继续再生产。因此，无产阶级国家的这种社会职能，决不能像无政府主义那样，幻想"在一天之内"就加以废除，它只能随着社会生产力的发展和"旧社会痕迹"的逐步消失，随着人们不断超出"资产阶级权利"的狭隘眼界，而逐渐地"自行消亡"。否则，共产主义第一阶段的社会制度就可能遭到破坏，不能顺利过渡到高级阶段。这就科学地揭示了无产阶级专政发展的客观规律，具体说明了国家"自行消亡"的社会条件。马克思就这样在批判拉萨尔"自由国家"的唯心论中发展了唯物史观的国家学说。

因此，否定《哥达纲领批判》，对过渡时期理论的发展也是完全没有根据的。但是，过去总是不讲马克思在这里发展了什么，只讲"第一次提出了"或"论证了"过渡时期的理论，而且照例不讲未来共产主义社会的国家制度问题，就淹没了马克思的新思想，特别是真正"第一次提出"的新贡献。而实际上这正是马克思对过渡时期理论最重要的新发展。

只要明确了这一点，按照马克思的思想，就不会把过渡时期只局限于从资本主义到社会主义之间，也不会否定社会主义时期还需要无产阶级专政的国家；而社会主义社会还需要国家，也不只是由于国际上还有帝国主义存在。因为事实很明显，马克思在这里提出未来共产主义国家制度问题的根据，恰恰不是由于国际

---

① 《马克思恩格斯选集》第3卷，人民出版社2012年版，第484页。

上的条件，而是由于国内的社会状况。而不能理解马克思这种思想的一个重要原因，就是没有从唯物史观上来认识他的过渡时期理论。因为在唯物史观看来，不管国际情况怎样，只要社会主义社会还保留着"旧社会的痕迹"，就必须把无产阶级专政坚持到底。它只能随着"旧社会痕迹"的消失而"自行消亡"，直接和共产主义的高级阶段联系起来；而不能在"过渡时期"中间插进任何非无产阶级专政的国家，正如列宁所说："自行消亡的是无产阶级的国家或半国家。"①　而不是别的什么国家。难怪恩格斯说"自由国家"是无稽之谈。

三　新思想的伟大意义

马克思在《哥达纲领批判》中对过渡时期理论的新发展，当时就在思想上粉碎了拉萨尔的机会主义，后来又成了列宁批判第二国际修正主义的理论武器，并且指导俄国人民取得了十月革命的伟大胜利，成功地建立了世界上第一个无产阶级专政的苏维埃国家，开辟了无产阶级革命的新纪元。因此，马克思和列宁的这个新思想，是反对机会主义和修正主义的强大武器，是无产阶级革命胜利的可靠保证。从此以后，这个理论就成为实践所证明的客观真理，而关于未来共产主义社会国家制度的光辉思想，就像一盏指路明灯，照亮了无产阶级革命一直到达共产主义高级阶段而自行消亡的全部航程。

列宁逝世后，斯大林领导苏联人民建成了世界上第一个社会主义社会，从资本主义过渡到共产主义第一阶段的初级阶段，并且继续依靠无产阶级专政的国家来保卫社会主义制度，取得了社会主义建设的巨大成就，从而第一次把马列主义关于未来共产主

---

① 《列宁选集》第 3 卷，人民出版社 2012 年版，第 124 页。

义社会国家制度的科学预见变成了活生生的现实，并在第二次世界大战中消灭了不可一世的德国法西斯，保卫了第一个社会主义国家。但是，托洛茨基却把马列主义的新思想当作反对苏维埃国家的借口。他在1936年写的《被背叛了的革命》一书中说：马列主义这种具有重大意义的结论，对于了解"苏维埃国家的性质具有决定性的意义"，"苏维埃国家就其一切关系来说，与其说接近共产主义，不如说远为接近落后的资本主义。它甚至还不能想象'按需分配'。而且也正因为此，它不能使自己的公民'各尽所能'地工作"。他把"按劳分配"歪曲成"资产阶级的分配标准"。因此，不清算托洛茨基的思想，社会主义事业就不能沿着马列主义的新思想向前发展，而且还有被人继续歪曲和利用的危险。

原来托洛茨基打着马列主义的旗号，就是为了反对马列主义的新思想。他不是用唯物辩证法，而是用唯心主义形而上学来观察问题，因而不顾列宁的警告，看到"新事物中有旧残余"，就把新事物当作比旧事物还要落后的东西来反对。他看不见当时苏联社会的生产资料已经变为公有财产，生产关系已经发生根本的变革，作为私人占有生产资料的阶级已经被消灭了。他与拉萨尔一样，不懂得"如果生产的物质条件是劳动者自己的集体财产，那么同样要产生一种和现在不同的消费资料的分配"①。因为这里，已经不像资本主义和私有制的雇佣劳动那样，表面上好像按劳分配，实际上却是按劳动力的价值分配，劳动力价值之外的剩余劳动所创造的价值（即剩余价值）全部落进了资本家的口袋；而是在社会主义公有制下，劳动者成了社会的主人，参加社会劳动，扣除社会基金之外就全部拿了回来，人剥削人已经不可能了。因为任何个人都不能占有生产资料，都只能依靠自己参加社会劳动为生。这样的按劳分配，正是苏维埃国家存在的经济基础。托洛

---

① 《马克思恩格斯选集》第3卷，人民出版社2012年版，第365页。

茨基却要求苏维埃国家不去保卫按劳分配，而去"想象'按需分配'"。由此，他不能不同马列主义的新思想背道而驰。

我们知道，马克思承认按劳分配是社会主义原则，也有一个认识过程。他和恩格斯在《德意志意识形态》中还不承认这个原则。他们说："'按能力计报酬'这个以我们目前的制度为基础的不正确的原理应当——因为这个原理是仅就狭义的消费而言——变为'按需分配'这样一个原理，换句话说：活动上，劳动上的差别不会引起在占有和消费方面的任何不平等，任何特权。"① 但是，在《哥达纲领批判》中，经过对刚从资本主义社会中产生出来的共产主义社会的科学分析，他认为按劳分配这种"缺点"，在共产主义社会的第一阶段"是不可避免的"，因此必须实行这个原则，而只有到共产主义的高级阶段才能实行按需分配。这正是马克思对过渡时期理论的重要发展。列宁也正是根据马克思这个新思想，才得出在共产主义的一定时期内，"不仅会保留资产阶级权利，甚至还会保留资产阶级国家"② 的科学结论。然而，托洛茨基把马克思和列宁对共产主义社会制度的这种新发现，都当作不但是资产阶级的东西，而且比资本主义的社会制度和国家制度还要落后。难道这不是同马克思和列宁的新思想正好相反吗？

实际上，社会主义国家保留一小块"资产阶级权利"，虽然在不同劳动者之间还有富裕程度的差别，但是，"不劳而获"的剥削行为已经没有存在的权利了。因此，它和资产阶级国家相反，不是保护地主、资本家不劳而获的剥削权利，而是要消灭一切形式的剥削现象，促进人们"各尽所能"创造集体财富，迅速发展生产力，为彻底消除"旧社会的痕迹"而过渡到共产主义高级阶段创造物质和精神的条件。社会主义国家不是离开共产主义更远了，它本身就是共产主义第一阶段的上层建筑，而且正是社会主义向

---

① 《马克思恩格斯全集》第3卷，人民出版社1960年版，第637—638页。
② 《列宁选集》第3卷，人民出版社2012年版，第200页。

共产主义过渡的政治保证。不经过社会主义国家，就不可能走到共产主义高级阶段。而到了社会主义生产力高度发达，劳动成了个人全面发展的需要，按劳分配自然变成按需分配，国家也因没有存在的必要而自行消亡。

托洛茨基把"按需分配"当作实现"各尽所能"的根据，也是完全错误的。因为消费资料的分配只能是劳动的结果，不可能在劳动之前先有分配，否则，分配的东西从哪儿来呢？因此托洛茨基从根本上颠倒了劳动与分配之间的因果关系。实际上正如马克思所指出的那样，"只有"在劳动已经不仅仅是谋生的手段，而且它本身成为乐生的第一需要"之后"，"才能完全超出资产阶级权利的狭隘眼界，社会才能在自己的旗帜上写上：各尽所能，按需分配！"① 而在劳动成为人们生活的第一需要"之前"，或者说，在人们完全超出资产阶级的狭隘眼界"之前"，要想人们都不要任何强制就"各尽所能"为社会工作，就像要求"按需分配"一样，是不可能的事情。列宁说得好："如果不愿陷入空想主义，那就不能认为，在推翻资本主义之后，人们立即就能学会不要任何权利准则而为社会劳动，况且资本主义的废除不能立即为这种变更创造经济前提。"② 只有经过按劳分配，才能使那些"寄生虫、老爷、骗子等等资本主义传统的保持者"③ 也不能不参加社会劳动，并且逐步养成劳动习惯。否则，他们连维持自己生活的劳动都不想干，你却叫他"各尽所能"，不是太可笑了吗？

因此，只有"按劳分配"才能促进"各尽所能"。而到了劳动成为每个人生活的第一需要之后，按劳分配就自然失去了自己继续存在的条件。因为人们都自觉地"各尽所能"，就意味着强制性的分工已经被个人的全面发展所消灭，而这只有在生产力高度

---

① 《马克思恩格斯选集》第3卷，人民出版社2012年版，第365页。
② 《列宁选集》第3卷，人民出版社2012年版，第196页。
③ 《列宁选集》第3卷，人民出版社2012年版，第539页。

发展的基础上才有可能。那时，"按需分配"不但有了物质前提，而且有了精神条件，它就自然而然地代替"按劳分配"成为社会的旗帜飘扬起来。因此，由按劳分配过渡到按需分配，也必然和国家的消亡一样，不能人为废除，只能自然取代。托洛茨基对此一窍不通，所以他不要经过按劳分配，幻想依靠"按需分配"来实现"各尽所能"。但是这样一来，不但马克思对按劳分配在共产主义第一阶段的不可避免性的全部论证都被他彻底否定了，而且写在共产主义高级阶段的旗帜上的，也不该是"各尽所能，按需分配"，而应颠倒过来："按需分配，各尽所能"。托洛茨基就这样处处同马克思和列宁的思想相对抗，难道不是打着马列主义的旗号来反马列主义吗？

因此，只要坚持马列主义的新思想，就决不能由于社会主义社会必须实行按劳分配，还保留着一小块"资产阶级权利"和资产阶级国家，便把社会主义和资本主义混为一谈，更不能把社会主义看作比资本主义更落后的东西；只能像马克思和列宁那样，实事求是地把社会主义当作共产主义的第一阶段，是达到共产主义高级阶段的必经之路。要想不走这一段路就进入共产主义高级阶段，正像初生的婴儿想不经过童年时代和少年时代就成为大人一样，只能是纯粹的幻想。

也谈不发达国家社会主义革命的理论*

我国的社会主义革命早已在我们这个经济不发达国家建立了社会主义制度，近来有的同志在革命导师那里找到三段话，试图从理论上说明这一问题，这本来是一项很有意义的工作。但是有的同志却认为，从革命导师这三段论述中，"无论如何也引申不出关于经济落后国家建立社会主义制度的理论"。而他自己又没有提出其他的理论根据，好像在革命导师那里根本就没有这种理论。如果真是这样，那么除了创立新的理论以外，就会发生社会主义制度在我国还有没有理由坚持下去的问题。所以这不仅是一个重要的理论问题，也是一个直接的实践问题。而我认为，只要从革命导师这三段话中抽出一段，就足以说明这个理论。它随着垄断资本主义在国际范围内的发展，就越来越显示出自己的科学价值和实践意义。因此也谈一点不同的看法。

《德意志意识形态》是马克思和恩格斯第一次系统阐明自己学说的著作，因此其中这段论述能够说明马克思主义一诞生就有了不发达国家也能进行社会主义革命的理论。他们说："按照我们的观点，一切历史冲突都根源于生产力和交往形式之间的矛盾。此外，不一定非要等到这种矛盾在某一国家发展到极端尖锐的地步，

---

　　* 本文发表于《国内哲学动态》1984 年第 12 期，笔名朱重。

才导致这个国家内发生冲突。由广泛的国际交往所引起的同工业比较发达的国家的竞争，就足以使工业比较不发达的国家内产生类似的矛盾（例如，英国工业的竞争使德国潜在的无产阶级显露出来了）。"①

对这样明确的观点，有的同志却说："把'一切历史冲突'解释为'革命'是不准确的。在这段引文前，马克思、恩格斯着重分析研究并从中得出科学结论的对象，是纷繁复杂的社会生活，而不是社会革命。他们在文中讲的历史冲突仅仅指的是生产关系和生产力不相适应时社会生活中显露出来的种种矛盾现象。"这就值得研究了。

当然，"一切历史冲突"可以不等于推翻当时整个社会制度的革命，但是，如果它不包括"革命"在内，那就是说生产力和生产关系的矛盾，永远只能引起"历史冲突"，而不会发生"社会革命"。然而革命导师说："生产力和交往形式之间的这种矛盾……每一次都不免要爆发为革命"②。可见把"革命"从"一切历史冲突"中勾销掉，显然不符合革命导师的原意。他们在这段论述前面，也不是只讲"纷繁复杂的社会生活"，而是着重批判了把历史上的一切都归结为"占领"的观念。他们指出："定居下来的征服者所采纳的共同体形式，应当适应于他们面临的生产力发展水平"③。只有这样才能得出上述结论。而"一切历史冲突"也就是生产力和生产关系这对矛盾的表现，只有革命才能解决它的对抗性。

但这并不是说，生产关系还适应生产力发展时，它们之间就没有任何矛盾了。不应当把"适应"二字绝对化，比如资本主义刚刚诞生时就出现了工人反抗资本家的斗争。这也是生产力和生

① 《马克思恩格斯选集》第 1 卷，人民出版社 2012 年版，第 196 页。
② 《马克思恩格斯选集》第 1 卷，人民出版社 2012 年版，第 195—196 页。
③ 《马克思恩格斯选集》第 1 卷，人民出版社 2012 年版，第 207 页。

产关系发生矛盾的表现，只是由于当时生产关系总的说来还是适
应生产力发展的需要，所以没有立即发展为改变整个资本主义生
产关系的社会革命。因此由生产力和生产关系这对矛盾引起的
"一切历史冲突"，如果指的"不是社会革命"，那就应当是指生
产关系还适应生产力发展时所发生的冲突，而不应当"仅仅指的
是生产关系和生产力不相适应时"所显露出来的矛盾，因为到了
"不相适应时"，生产关系便由生产力的发展形式变为生产力的桎
梏，"那时社会革命的时代就到来了"①。可见革命导师在文中讲
的"历史冲突"，如果"仅仅指的是生产关系和生产力不相适应
时"所发生的冲突，同生产关系还适应生产力时所发生的矛盾，
就难以区别开来，而且也和革命导师所说的"革命时代"不相
符合。

到此为止，当然不能引申出不发达国家也能进行社会主义革
命的理论。因为到此为止还仅仅说了革命导师这段论述的一小部
分，接着还有"此外"后面的一大节。而在那里正好科学地阐明
了这个理论。它和共产主义要以生产力高度发展为前提，虽然是
"恰好相反的"，但是相反相成，双方共处于一个统一体之中，构
成了一个完整理论的两个方面，避免了形而上学的绝对化。

因为在他们那里说得很明确："不一定非要等到这种矛盾在某
一国家发展到极端尖锐的地步，才导致这个国家内发生冲突。"②
这里所说的"冲突"，如果不能理解为"革命"，那么他们为什么
还要这样强调呢？难道一般的"社会生活"也要担心人们会等生
产力和生产关系的矛盾在这个国家内发展到"极端的地步"吗？
因此，这里所说的"冲突"，除了理解为"革命"以外，就很难
符合原意。而革命导师之所以能够提出这个原理，正在于他们根
据资本主义生产的发展，出现了国家贸易和世界市场这样的经济

---

① 《马克思恩格斯选集》第 2 卷，人民出版社 2012 年版，第 8 页。
② 《马克思恩格斯选集》第 1 卷，人民出版社 2012 年版，第 196 页。

关系，"人们的世界历史性的而不是地域性的存在同时已经是经验的存在了"①。因而能够清楚地看到："由广泛的国际交往所引起的同工业比较发达的国家的竞争，就足以使工业比较不发达的国家内产生类似的矛盾"②。既然在工业比较发达的国家内，由于这种矛盾可以进行社会主义革命，那么在工业比较不发达的国家内，也产生了"类似"工业比较发达国家内的矛盾，为什么就不能进行社会主义革命呢？何况他们还举出了具体事实，"例如，英国工业的竞争使德国潜在的无产阶级显露出来了"③。因此，当时德国在推翻封建统治以后，便可以"立即开始反对资产阶级本身的斗争"，"因为德国正处在资产阶级革命的前夜，因为同17世纪的英国和18世纪的法国相比，德国将在整个欧洲文明更进步的条件下，拥有发展得多的无产阶级去实现这个变革，因而德国的资产阶级革命只能是无产阶级革命的直接序幕"。④

诚然，德国在推翻封建统治后，并没有立即实现社会主义革命。但这不能否定这个原理。因为直到1894年，恩格斯在《法德农民问题》一文中，当说到党把农民吸收到自己方面来的"人数越多，社会改造的实现也就会越迅速和越容易"时，他更明确地重申了将近五十年前的上述观点："如果我们要等到资本主义生产发展的后果到处都完全显现出来以后，等到最后一个小手工业者和最后一个小农都变成资本主义大生产的牺牲品以后，才来实现这个改造"⑤。可见他们这个理论始终是一贯的，并不以个别国家革命的成败为转移。"如果我们要等到资本主义生产发展的后果到处都完全显现出来以后，等到最后一个小手工业者和最后一个小

---

① 《马克思恩格斯选集》第1卷，人民出版社2012年版，第166页。
② 《马克思恩格斯选集》第1卷，人民出版社2012年版，第196页。
③ 《马克思恩格斯选集》第1卷，人民出版社2012年版，第196页。
④ 《马克思恩格斯选集》第1卷，人民出版社2012年版，第435页。
⑤ 《马克思恩格斯选集》第4卷，人民出版社2012年版，第372页。

农都变成资本主义大生产的牺牲品以后"①，才能实现社会主义革命，那是很不切实际的想法，因为即使资本主义生产已经高度发达的国家，也难免还要遗留一两个小农或小手工业者。革命导师只有一开始就排除了这种把事物绝对化的想法，才能使自己的理论成为符合客观实际的科学。而历史也终究证实了这个理论的正确性，我国的社会主义革命就是一个最明显的例子。

有的同志想用19世纪70年代的德国已经不是"经济落后国家"来否定革命导师这个原理的正确性。但是，革命导师提出这个原理的时候，不是在19世纪的70年代，而是在19世纪的40年代。而在19世纪40年代，和英国相比，把德国看作"工业比较不发达的国家"，这是符合客观实际的；但是潜在的无产阶级已经"显露出来了"，因而在资产阶级革命后，便可以"立即进行无产阶级革命"，这是说得一清二楚的。第二次世界大战后，在苏联的影响下，一批不发达国家还形成了社会主义阵营。我国至今还属于"第三世界"，但是社会主义制度已经开始建立，这样的社会实践正好说明革命导师这个理论具有直接的现实意义。当时资产阶级和反动政党，对社会主义者突然到处都提出农民问题"感到非常惊奇"。恩格斯却针锋相对地说："他们倒应该对这件事情没有早已发生而感到惊奇。"②

---

① 《马克思恩格斯选集》第4卷，人民出版社2012年版，第372页。
② 《马克思恩格斯选集》第4卷，人民出版社2012年版，第355页。

社会主义阶段论与改革

改革的浪潮早已兴起。但是，一种有代表性的社会主义发展"阶段论"，还阻碍着社会主义改革的前进。这种阶段论是把社会主义分成"不发达""发达"和"高度发达"等阶段，它们在生产力水平上有所不同，但是在生产关系方面无甚区别。因为社会主义的生产关系在这些阶段都是生产资料全民所有制和集体所有制并存，实行计划经济和按劳分配，保留商品生产和货币交换——这是 1937 年的苏联和 1956 年的中国建设社会主义时就达到的水平。那么，社会主义生产关系并没有随着生产力的"发达"乃至"高度发达"而前进，只能停滞乃至倒退；在最好的情况下，也只有等到具备共产主义的条件，才能把集体所有制都变成全民所有制，同时消灭商品与货币，改按劳分配为按需分配，突然进入共产主义。

这种阶段论，虽然源自马克思所说的"共产主义社会第一阶段"，但若稍加比较，就能看出它们之间还有区别。马克思说的是："在一个集体的、以生产资料公有为基础的社会中，生产者不交换自己的产品；用在产品上的劳动，在这里也不表现为这些产品的价值，不表现为这些产品所具有的某种物的属性，因为这时，同资本主义社会相反，个人的劳动不再经过迂回曲折的道路，而是直接作为总劳动的组成部分存在着。""我们这里所说的是这样的共产主义社会，它不是在它自身基础上已经发展了的，恰好相反，是刚刚从资本主义社会中产生出来的，因此它在各方面，在经济、道德和精神方面都还带着它脱胎出来的那个旧社会的痕迹。所以，每一个生产者，在作了各项扣除以后，从社会领回的，正好是他给予社会的。他给予社会的，就是他个人的劳动量。……他从社会领得一张凭证，证明他提供了多少劳动（扣除他为公共基金而进行的劳动），他根据这张凭证从社会储存中领得一份耗费同等劳动量的消费资料。"①

这就是马克思所说的"共产主义社会第一阶段"，显然消灭了商品和货币，按劳分配也不是采用货币工资，而是用不能交换的劳动券（"证书"）直接领取。所以，不能把早前的社会主义社会和马克思所说的"共产主义社会第一阶段"等同起来。如果把前者叫作"社会主义初级阶段"，那么把后者称为"社会主义高级阶段"看来是很合适的。因为，"共产主义社会第一阶段"是资本主义生产发达的产物，而早前的社会主义社会却是在资本主义生产还不发达甚至很不发达的基础上建立起来的。二者在生产力和生产关系的发展水平上，都有不少距离。只有在生产力发达的基础上，社会主义初级阶段首先过渡到高级阶段，然后才能在生产力进一步发展的基础上，根据国内外各方面的条件，逐步向共产主义社会过渡。正如马克思所说："在迫使个人奴隶般地服从分工的情形已经消失，从而脑力劳动和体力劳动的对立也随之消失之后；在劳动已经不仅仅是谋生的手段，而且本身成了生活的第一需要之后；在随着个人的全面发展，他们的生产力也增长起来，而集体财富的一切源泉都充分涌流之后，——只有在那个时候，才能完全超出资产阶级权利的狭隘眼界，社会才能在自己的旗帜上写上：各尽所能，按需分配！"②

如果把早前的社会主义社会看作初级阶段，便知苏联那样的

---

① 《马克思恩格斯选集》第3卷，人民出版社2012年版，第363页。
② 《马克思恩格斯选集》第3卷，人民出版社2012年版，第364页。

社会形态是斯大林的首创，既不是简单照搬马克思的结果，也不能当作"模式"来翻版，而是适应当时苏联具体情况而发展出来的一种特殊的社会主义社会。虽然马克思、恩格斯和列宁都指明农民要走合作化的道路，但是确定当时苏联的社会主义形态是斯大林对马列主义的新贡献。这样的社会主义为经济不发达国家的社会主义革命树立了光辉榜样，并在第二次世界大战中经受了考验，取得了胜利，让新生的社会主义阵营在地球上大放异彩。

同样，只要把早前的社会主义社会看作初级阶段，便知斯大林虽然创造了一个有苏联特色的社会主义社会，提出在发展生产力基础上把生产关系将集体所有制提高到全民所有制、消灭商品和货币以实现共产主义的理论；但是，由于没有把马克思所说的"共产主义社会第一阶段"当作社会主义高级阶段，就超越了历史阶段而难以实现共产，又使人们把苏式社会主义和"共产主义社会第一阶段"混淆起来，可能在生产力还不发达的时候就幻想跳进共产主义的"天堂"，也可能在生产力较为发达但还不够进入共产主义的时候失去了前进的方向，甚至为刺激生产力的发展，把生产关系和上层建筑的倒退当作前进的"改革"。因为现阶段即使采用资本主义生产关系还可能促进生产力的发展。

这些不利于社会主义事业的可能性要变为现实还需要其他因素，但是不了解社会主义初级阶段和共产主义之间还应该有一个社会主义高级阶段显然是一个重要问题。只要想到马克思所说的"共产主义社会第一阶段"是"不可避免的"，就不会产生上述两种违背社会发展规律的实践。当然，马克思所说的"不可避免"，是指按劳分配带来的"弊病"，但他没有把商品与货币也包括在内。社会主义初级阶段虽然也实行按劳分配原则，但由于还保留着商品与货币，使按劳分配达不到马克思所说的水平，可能包含更多"弊病"，还在其他方面保留更多旧社会痕迹。所以它不能代替"共产主义社会第一阶段"，而只有经过"共产主义社会第一阶段"才能达到"共产主义社会高级阶段"。

"共产主义社会第一阶段"作为社会主义高级阶段的不可避免性，归根到底是生产力水平所决定，但要使劳动成为生活的第一需要，让人们"才能完全超出资产阶级权利的狭隘眼界"①，也需要一个逐步教育的历史过程。这个过程完成的标志，就是人们还要不要平等的权利。只要人们还有这种要求，按劳分配就不可能向按需分配过渡，因为要想超越按劳分配带来的"弊病"，权利就不该是平等的，而应当是不平等的。这是当前社会大众无法想象的事情，而且在刚消灭商品和货币的社会主义高级阶段之初，也难以普遍达到。因为思想意识往往落后于社会存在，商品与货币带来的等价交换思想不会随着二者的消灭而立即消失。"权利决不能超出社会的经济结构以及由经济结构制约的社会的文化发展。"② 所以，社会主义虽然在初级阶段就实行了按劳分配，但是在刚消灭商品和货币的高级阶段也不能不坚持按劳分配，但不是用货币工资，让按劳分配也发展到高级形式。

现在可以看清，基于苏联的社会主义实践，马克思所说的"共产主义社会第一阶段"可分为两个阶段。这也启示人们：不发达国家的社会主义革命要发挥更大的创造性。实际上，第二次世界大战后诞生的社会主义中国，在农业、手工业和资本主义工商业的社会主义改造过程中，就不是简单照搬苏联经验，而是根据当时国情，首先组织带有社会主义萌芽的经济形式，然后逐步过渡到半社会主义的经济形式，再逐步进入1956年这样的社会主义形态。这就可以避免人民群众生产方式的急剧转变，还能在完成生产关系的社会主义革命过程中，逐步提高生活水平。为此，在建成社会主义初级阶段以前，还创造了几种过渡形式。当然，随着生产力的发展，在社会主义初级阶段向高级阶段过渡时，也可

① 《马克思恩格斯选集》第3卷，人民出版社2012年版，第365页。
② 《马克思恩格斯选集》第3卷，人民出版社2012年版，第364页。

根据彼时的具体情况再创造新的过渡形式。这样，社会主义社会不仅可以分为初级阶段和高级阶段，而且在它们前后还可以分为若干过渡阶段，以便及时改革生产关系和上层建筑的某些环节，不断推动生产力的发展。

正是这种新的阶段论，才为社会主义改革开辟了广阔的天地。原来以为生产力发展到这一步，就只有向共产主义社会过渡，对生产关系和上层建筑的改革"山重水复疑无路"，现在却"柳暗花明又一村"。这个前景可能比当前的社会主义社会大得多。因为消灭商品和货币等还需要很大努力，而且在这些改革完成后，如果仍不具备进入共产主义的条件，还要不断完善生产关系和上层建筑，促进生产力发展。这样，社会主义社会就用不着人为拉长，本就是一个漫长的时期。只要生产力不够发达，就该在社会主义制度内不断调整，创造进一步向共产主义过渡的条件；等到生产力发达，就该创造条件，自觉过渡，则始终不会迷失方向，从而一步一步走进共产主义的"大同世界"。

至于马克思规定"共产主义社会第一阶段"要消灭商品和货币，并不是什么偶然所感，而是基于人类经济史的结论。在此之前，即使在社会主义公有制国家之间保留商品和货币不会导致资本主义复辟，在单个人之间保留这些也有问题。恩格斯在说明私有制的起源后说："不论哪一个社会，只要它不消灭单个人之间的交换，它便不能长久保持对它自己的生产的支配，不能长久保持对自己生产过程的社会效果的控制。"① 就算到社会主义社会也不例外。例如，恩格斯早已说明杜林的"经济公社"必然被金钱破坏。一旦本来不起货币作用的劳动券发挥真正的货币的职能，"世界上的一切'法律和行政规范'对它都无能为力，就像对乘法表或水的化合成分无能为力一样。因为货币贮藏者能够迫使货币需

---

① 《马克思恩格斯选集》第4卷，人民出版社2012年版，第127页。

要者支付利息，所以高利贷也和这种执行货币职能的金属货币一起恢复起来了"①。

　　在这种情况下，社会主义社会即使发展了生产，也没法向共产主义过渡，已经建立的公有经济也有遭到破坏的危险。正如邓小平同志所说："这几年生产是上去了，但是资本主义和封建主义的流毒还没有减少到可能的最低限度，甚至解放后绝迹已久的一些坏事也在复活。我们再不下大的决心迅速改变这种情况，社会主义的优越性怎么能全面地发挥出来？我们又怎么能充分有效地教育我们的人民和后代？不加强精神文明的建设，物质文明的建设也要受破坏，走弯路。光靠物质条件，我们的革命和建设都不可能胜利。"②

　　因此，在社会主义初级阶段出现一切向钱看、走私贩私、贪污盗窃、压榨雇工、以权谋私等不正之风，并非偶然现象。问题在于能否正视现实，及时克服。斯大林看到"商品生产比资本主义更老"，却没有同时说明资本主义正是从商品生产中发展起来，而且是商品生产发展的最高阶段。他说："只有存在着生产资料的私有制，只有劳动力作为商品出现于市场而资本家能够购买并在生产过程中加以剥削，就是说，只有国内存在着资本家剥削雇佣工人的制度，商品生产才会引导到资本主义。"③ 他在这里一连强调了三个"只有"，就是说只有资本主义方式的生产才会"引导到资本主义"，因为劳动力变成了商品，雇佣制度本来就是资本主义生产的基础。至于这个基础是怎样从简单的商品交换中发展起来以及资本主义的"原始积累过程"，他都没讲到。这就难以说明私有制的起源和杜林的"经济公社"为何必然被货币破坏。列宁在实行新经济政策时就反复强调："贸易自由就是资本主义，资本

①　《马克思恩格斯选集》第3卷，人民出版社2012年版，第692页。
②　《邓小平文选》第3卷，人民出版社1993年版，第143页。
③　《斯大林选集》下卷，人民出版社1979年版，第549页。

主义就是投机倒把，无视这一点是很可笑的。"①

　　因此，当社会主义社会还不得不保留商品生产和货币交换时，只有"下大决心"去对抗资本主义和封建主义的流毒，才能避免"绝迹已久的坏事"死灰复燃，并且发挥社会主义优越性，使社会主义的物质建设不受破坏、不走弯路，让一代代人民群众始终朝共产主义前进。也只有这样才能在发展生产的基础上，逐步由社会主义初级阶段向高级阶段发展，把旧社会的流毒压制到最低限度，从经济、道德和精神等方面消除旧社会的痕迹，不断为实现共产主义伟大理想创造条件。直到条件成熟，共产主义自然实现，旧社会的流毒也就成为历史的陈迹。而且生产力的极大发展和共产主义道德精神的崇高境界，使这一切成为不可逆转的过去。因此，共产主义既不是近在眼前的"天堂"，也不是渺茫不及的"幻想"，而是共产主义生产力和精神文明发达的必然结果。

　　可见，那种认为马克思主义"过时了"、不能解决眼前的新问题，正是不了解马克思主义的表现。马克思主义从来不是包治百病的药方，而是科学的行动指南。它所阐明的人类社会发展规律，不仅以过去和现在的全部历史事实为依据，还在此基础上科学地预见了未来的共产主义社会。社会主义社会在一些国家变成现实，表明马克思主义的预见是经得起实践检验的真理。但是，这些社会主义国家处在社会主义初级阶段，要达到高级阶段还得经受很多考验，更不要说实现共产主义伟大理想了。它为工人阶级提出的历史使命还仅仅是"万里长征走完第一步"，共产主义的科学预见还远未实现，怎么就"过时了"呢？而在社会主义改革的浪潮中，只有马克思主义才能为生产不发达的国家指明方向，并且为经济较为发达的国家进行改革开辟新世界。

---

　　① 《列宁选集》第4卷，人民出版社2012年版，第517页。

评共产主义"渺茫论"

　　"渺茫论"的一大理由是共产主义还没经过实践的检验，看似坚持了"实践是检验真理的标准"这个马克思主义原理，实际上却不承认这个原理。这个原理并非抽象，而是具体的。共产主义作为一种理论（或称思想体系），特别自 19 世纪以来，虽然有不同的内容，都经过实践的检验。空想社会主义由此破产，而其他不消灭私有制的所谓社会主义无法解决资本社会的矛盾，只有科学共产主义经过国际共产主义运动得到证明。它是正确反映现代社会发展规律的客观真理，也将是在全世界实现的社会制度。恩格斯的《社会主义从空想到科学的发展》一书就从理论上总结了这个过程。

　　而且，科学共产主义从 1845 年制定唯物史观算起，经过了一个半世纪的实践检验。到 20 世纪，列宁领导俄国人民取得了十月革命的伟大胜利，设立总书记一职由斯大林担任。在斯大林领导下，苏联先工业化，后农业集体化，只用两个半五年计划就建成世界上第一个社会主义国家，还在第二次世界大战中打败不可一世的德国法西斯，并很快恢复元气。然而，斯大林去世三年后，赫鲁晓夫在苏共二十大上抛出"秘密报告"反斯大林，其实就是反列宁，大搞现代修正主义，复辟资本主义；后继者在这条路上越走越远，直到苏联解体。必须记住这个教训，才能取得革命胜利，不再重蹈覆辙，最终实现共产主义。

空想社会主义既然经不起实践检验，就该清算。圣西门、傅立叶和欧文三位空想社会主义者，都力图实现自己的"乌托邦"。圣西门曾经劝诱波旁王朝说：革命以前法国内部发展的主要特点是君主政体和实业家的联合，这对双方都有利；而在革命时，政府由于误会而反对实业家的合法要求，实业家也由于同样的误会而反对君主政体，由此产生了一切罪恶。既然发现了这种罪恶的根源，事情就好办了：只要实业家在一定条件下和政府妥协就行了。然而，无论实业家还是波旁王朝都没听他这种善良的劝告。傅立叶甚至想用未来社会也允许不劳而获，即将收入的三分之一按投资分配来吸引资本家。资本家当然也不感兴趣。因为他们在自己的社会里甚至可以完全按投资来分配利润。欧文的共产主义则要通过纯粹的经营来实现，它作为商业计算的果实，始终保持着实践的性质。他本人也是一位天生的领导者，在 1800 年到 1829 年以股东兼经理的身份领导了苏格兰的新拉纳克大棉纺厂，获得了全欧闻名的成效，新拉纳克的人口也增加到 2500 人。虽然他们成分复杂且不乏堕落分子，但在这里，酗酒、警察、刑事法庭、诉讼、贫困救济和慈善事业都已绝迹。之所以做到这一点，只是由于欧文让人生活在比较合乎尊严的环境，特别是关心成长中的一代的教育——他第一个发明并创办了幼儿园。他的竞争者迫使工人每天劳动 13 至 14 小时，而在他这里只有 10 小时半。当危机迫使工厂不得不停工四个月时，他的工人还继续领取全部工资。尽管如此，他的企业的价值还是翻了倍，直到最后都带来大量利润。当他只是一个慈善家的时候，他所获得的净是财富、赞扬、名望和荣誉，连达官显贵、王公大人们都点头倾听他讲话；但是，当他提出改造私有制、宗教和现行婚姻形式时，他就被逐出官场社会，遭到报刊封锁，而且由于全部家当在美洲进行共产主义实验的失败而一贫如洗。他的共产主义似乎随时可以实现，不受客观条件的限制，一点也不"渺茫"；他还能把这种社会设计得很具体，在各种细节的安排上，即使让专家来看，也没有多少反对的地方。可惜，实践证明这终究只是幻想。

然而，空想社会主义的见解曾经长期支配 19 世纪的共产主义者。对所有这些人来说，共产主义是绝对真理，一经发现，它就能用自己的力量征服世界。连费尔巴哈这样远离政治的人也深信共产主义不过是他所宣布的人道主义原则的"必然结果和实践"。而这一切之所以经不起实践检验，就因为他们不是从实践出发，而是把人的本性当作行动的最高准则。他们都不代表历史地产生的无产阶级的利益，而是和启蒙学者一样，幻想立刻解放全人类。他们都不懂得阶级斗争的规律，只想用自创的美好制度来引诱人们，让现实的一切迎合他们的幻想。也就是说，他们都是历史唯心主义者，谈不上社会科学。

因此，马克思和恩格斯发现唯物史观后，为了确立科学的共产主义，首先必须和各种空想社会主义划清界限。他们第一次系统地阐述唯物史观时就宣布："共产主义对我们说来不是应当确立的状况，不是现实应当与之相适应的理想。我们所称为共产主义的是那种消灭现存状况的现实的运动。"① 由此推翻了建立在唯心史观上的空想，变成建立在唯物史观上的科学。共产主义不再是与天才理想的社会制度相适应，"而是和生产力相适应的"②，是无产阶级解放运动的必然结果。当时无论法国人、德国人的共产主义，还是英国人的宪章运动，都不是偶然现象，而是现代无产阶级反对资产阶级的阶级斗争的表现。其根源不在人的"本性"，而是深藏在资本主义生产方式之中。因此，解决现存社会制度的一切不合理和不公平现象的手段，不应当像空想主义那样从自己的头脑里发明出来，而是要通过头脑从生产的物质事实中发现出来。在资本主义生产方式摧毁了封建制度以后，其内部发展起来

---

① 《马克思恩格斯全集》第 3 卷，人民出版社 1960 年版，第 40 页。
② 《马克思恩格斯全集》第 3 卷，人民出版社 1960 年版，第 442 页。

的生产力又和生产关系发生了不可调和的冲突。这种冲突绝不是产生于人们的头脑，而是在头脑之外，甚至不依赖于引起冲突的个人的意志和行动而客观存在着。

那么，这种冲突表现在哪里？

第一，资本主义在其起源中就包含社会化生产和私人占有之间的矛盾。资本主义生产是把中世纪普遍存在的个体小生产者的生产资料加以集中和扩大，经历了简单协作、工场手工业和大工业三个发展阶段。机器生产需要越来越多的人进入工厂来代替过去的小作坊。工厂生产的每一个成品都经过这些工人的劳动，没有一个人能说这是他做的。因此，和生产资料的社会化，即必须由大批人共同使用一样，生产本身也把一系列的个人行动变成了社会行动，其产物也从个人的产品变成了社会的产品。在个体小生产旁边自然出现的这种社会化的大生产，其产品要比分散的小生产者的产品便宜得多。于是，个体小生产者在一个又一个的部门中失败，社会化的大生产则在自由竞争中不断发展，如果不能改进技术，扩大规模，还会在未来的竞争中失败。这样，自从资本主义产生以来，不仅小生产者必然破产，而且在每个资本家的身后都好像有个魔鬼穷追不舍，逼着他们不断发展生产的社会化，停下来就可能被吃掉。但是，资本主义的占有形式还和从前一样，是个体的私人占有。从前的个体小生产者不仅占有劳动资料，还占有产品，毕竟主要是他自己生产的；现在资本家的产品，却不是他而是雇佣工人生产的，只是由于他占有生产资料，产品也归他所有。由此发生了社会化生产和私人占有之间的矛盾，随着生产的发展而发展，越来越明显地在各个方面暴露出来。

第二，资本主义生产所固有的根本矛盾表现为，无产阶级和资产阶级的对抗。生产社会化使小生产者越来越没有竞争力，到头来，他们只能去给资本家做工。于是，雇佣劳动从一种例外变成了生产的基本形式，暂时的雇佣劳动者变成了终身的雇佣工人，加上封建制度的崩溃迫使农民离开家园，雇佣工人的队伍就越来越大。一方面是生产资料不断集中到资本家手中，另一方面是劳动者越来越脱离生产资料的所有权，除了自身劳动力以外一无所有，最后必然使整个社会分裂为资本家和无产者两个对抗的阶级。它们之所以对抗，只是由于它们之间的买卖关系：资本家不购买无产者的劳动力便无法生产，无产者不向资本家出卖劳动力就不能取得生活资料。这种买卖，在流通领域是平等的，双方都以商品所有者的资格按照自由意志来做等价交易；但在生产领域是不平等的，因为无产者出卖劳动力成为工人就失去了自由，只需不多的几小时就能把工资的价值生产出来，却还得按照合同规定再工作几小时才能完成一个劳动日。工人在这附加的几小时里创造出来的就是剩余价值，完全由资本家无偿占有。整个资本主义生产体系的关键就在于，通过延长劳动日、提高生产率等办法来增加这份无偿劳动，即加重对工人的剥削。因此，无产阶级与资产阶级的对抗不是源自个人因素，而是产生于客观物质生活条件之中，不以人们的主观意志为转移。如果不改变雇佣劳动与资本的关系，这种对抗就不可避免地随着资本主义生产的发展而日益尖锐。

今天西方所谓工人阶级与资产阶级的差别正在消失的"一体化"理论，则是彻头彻尾的谎言。在发达资本主义国家，尽管有些工人生活改善，用上了小汽车、电冰箱、电视机，甚至拥有少量股票，还有些资本家关心起工人后代的生活；但这一切都没改变资本主义制度的本质，即马克思所说的："雇佣工人只有为资本家（因而也为同资本家一起分享剩余价值的人）白白地劳动一定的时间，才被允许为维持自己的生活而劳动，就是说，才被允许生存"；"因此，雇佣劳动制度是奴隶制度，而且劳动的社会生产力越发展，这种奴隶制度就越残酷，不管工人得到的报酬较好或是较坏"。① 事实上，工人得到的报酬再好，也得为资本家创造剩余价值；科技越发达，劳动就越紧张，甚至不容有失；而一旦资本家觉得无利可图，他们就被一脚踢开，无以为生。至于所谓工人持股，列宁早就说过：在帝国主义金融寡头统治下，所谓股票占有权的"民主化"，"实际上它不过是加强金融寡头实力的一种手段而已"②。因为总有些分散的小股东无法参加股东大会等活动，所以只要占有40%的股票就能操纵股份公司业务。那么，允许小股东加入，不仅可以增加垄断者的势力，甚至便于他们不受惩罚地、为所欲为地干一些见不得人的勾当，可以盘剥整个社会的公众。因此，鼓吹小额股票的作用，不过是资产阶级的诡辩家和机会主义者为垄断资本家效劳的一套说辞，压根不是什么新鲜货色。

第三，资本主义的社会化生产和私人占有之间的矛盾，还表现为个体工厂有组织生产和整个社会生产的无政府状态的对抗。社会化生产把大批工人严密组织在一个工厂里从事有计划的生产，资本家为了提高生产率以利竞争，还要不断加强内部组织性。然而，整个社会的生产却是无组织、无计划的。资本家再怎么掌握行情，也不确定市场上到底需要多少商品、产品能否卖得出去。各个资本家就在这种无政府状态下盲目组织生产。于是，地区性的各个生产者之间的竞争发展为全国性的竞争，最终发展为国际性的竞争，资本家与资本家之间、国家与国家之间都斗得你死我活。这种斗争的胜败，归根到底取决于生产条件的好坏，失败者被无情清除。达尔文关于自然界的生存竞争，在社会中加倍疯狂地展开了。动物的自然状态，在人类的发展中达到了顶点。

资本主义生产所固有的矛盾就在这些表现形式中愈演愈烈。社会生产无政府状态的推动力，逼迫工业资本家在遭受毁灭的威

① 《马克思恩格斯选集》第3卷，人民出版社2012年版，第370页。
② 《列宁选集》第2卷，人民出版社2012年版，第614页。

胁下不断改进机器，而机器的改进造成了劳动力的过剩，于是出现一支不断扩大的"产业后备军"。这支后备军又作为调节器，允许资本家把工资压制在合乎自己需要的最低水平。因此，机器就是资产阶级用来对付工人阶级的强力武器，工人的产品成了奴役工人的工具，一部分人的过度劳动造成了另一部分人的失业。而在全世界追逐新消费者的大工业，却把国内的消费限制在必要的最低水平上，破坏了国内市场。但是，生产无政府状态的竞争，仍然迫使资本家扩大生产；当生产的扩大赶不上市场的扩张，冲突在所难免。这种冲突不是由于产品不足，而是由于卖不出去。只有经过一定时期的停顿，生产力和产品被大量破坏和浪费后，生产和交换才逐渐恢复正轨。但是，随着生产发展到一定程度，又不得不陷入新的危机。这种反复循环的危机，就是生产过剩的周期性经济危机。

在危机中，社会化生产和资本主义占有之间的矛盾剧烈爆发。甚至于，商品流动暂时停滞，作为流通手段的货币反而成了流通的阻碍。商品生产和流通的一切规律都颠倒了，经济的冲突达到了顶点——生产方式起来反对交换方式。可见，资本主义的生产方式已无力继续驾驭自己内部发展起来的生产力，同时，日益增长的生产力只有摆脱资本的桎梏，全部转归社会所有，才能摆脱恶性循环而顺利发展。

生产力对资本桎梏的反抗迫使资本家不得不部分承认其社会性。无论工业高涨时期，还是企业破产之际，都把大量生产资料推向各种股份公司，造成生产更加社会化的形式。发展到一定阶段，这种形式也嫌不够，于是国内同一部门的大资本家联合成"托拉斯"，以调节生产。他们规定生产总量，只在他们中间分配，还预先规定售价，以便垄断市场。但是，这些托拉斯赶上不景气的时期可能瓦解，因而趋向于更加集中的社会化，把整个部门变成唯一的股份公司，国内竞争由此让位于一个公司的国内垄断。

英国制碱业在 1890 年就搞出这种事情：当时所有 48 个大工厂都合并成一个拥有约合一亿两千万马克资本的公司。最后，不管有没有托拉斯，作为资本主义社会正式代表的国家不得不承担起对生产的领导，首先是将大规模的交通机构，如邮政、电报和铁路，转化为国家的财产，后来还有跨国公司等国际垄断。但在这种大的垄断机构中，资本家的全部经营职能都由雇佣的职员来执行了，而他们除了拿红利、剪息票、到交易所搞投机，再没有什么"正事"。可见资产阶级并非不可或缺——资本主义生产方式起初排挤工人，后来又排挤资本家。不过，工人是被迫的，资本家却把自己变成了完全多余的人。

但是，无论资本主义的股份公司和托拉斯，还是国有资产，都没有消除生产力的资本属性。在股份公司和托拉斯中，虽然自由竞争转化为垄断，也没有消灭资产阶级对无产阶级的剥削，反而让这一套更加明目张胆。一小撮坐而食利的资产者对全社会的露骨剥削，最终没有一个民族能够容忍，必然要消灭它。而资本主义的国家，不管形式如何，本质上都是维护资本主义体制的机器，也就是资本家的总代表。它越是把更多的生产力据为己有，就越变成真正的总资本家，越是剥削更多的公民。只要工人还是一无所有的劳动者，任何生产资料的国有化都不是社会主义的步骤。资本的集中和垄断，标志着资本主义进入帝国主义阶段：少数"先进"国家对地球上大多数人民施行殖民压迫和金融压榨，形成了堂皇的世界体系，而它们瓜分殖民地的战争也不可避免。

不过，生产资料国有化在形式上包含解决资本主义矛盾的手段和线索。既然生产的社会化日益反抗资本的占有形式，只得靠周期性经济危机来开辟道路，即使发展到生产资料国有化，也不能消除雇佣劳动和资本的对立，反而使这种对立更加普遍，将更多的民众变为无产者。那么，无产阶级只剩一条出路：自己站起来掌握国家政权，逐步将全部生产资料和产品转归社会直接占有，消灭一切不劳而获的寄生虫。这样，无产阶级就改变了一无所有的奴隶状态，成为社会和国家的主人，并为逐步消灭一切阶级差别创造条件。随着生产发展，当一切阶级差别都被消灭，国家终于真正成为整个社会的代表，它就将失去自己的作用而变得多余，直至自行消亡，共产主义也就代替资本主义向前发展。

由此可见，共产主义不是毫无根据的幻想，而是资本社会的实际冲突在思想上的反映，首先是在直接吃到苦头的工人阶级头脑里的反映。起初，他们以为机器害他们失业而贫困，就要捣毁机器。显然没有认识到事情的本质，但这种斗争也是工人运动的一部分。要发展到共产主义运动，还得有科学理论的指导。工人运动很难自发达到科学的共产主义，但只有在此基础上正确认识资本主义社会的矛盾及其发展规律，才能产生科学共产主义，才能懂得工人阶级的斗争和过去一切阶级斗争不同：如果它不消灭整个社会的阶级划分，从而摆脱一切阶级斗争，就不能争得自身的彻底解放。共产主义运动必须深入理解无产阶级斗争的性质、条件以及由此产生的一切目的，因为完成这一解放人类世界的事业，是现代无产阶级的历史使命。科学共产主义的任务，就是研究和总结这一事业的历史经验和现实基础，让今天受压迫的无产阶级认清其行动的条件和性质，进而展开有效的抗争。

因此，马克思和恩格斯首先不是把他们的科学发现写成大部头，向"学术界"报告，而是深入实际的政治运动。他们在布鲁塞尔建立了德意志工人协会，并同其他运动取得联系。当时，"正义者同盟"的领导人越来越认识到自己过去的理论毫无根据，从而导致实践错误，因此相信马克思恩格斯的新理论，便邀请他们改造自己的组织，结果在1847年产生了第一个国际工人运动的组织，即"共产主义者同盟"。他们还起草了《共产党宣言》作为第一个共产主义的纲领，一直指导着世界各国的工人运动。

"共产主义者同盟"成立不久，就面临1848年的革命。到

1850 年 3 月，马克思恩格斯在《中央委员会告同盟书》一开始就指出，同盟在两个方面经受了考验："第一重考验是，它的成员在各地积极参加了运动，不论在报刊上、街垒中还是在战场上，都站在唯一坚决革命的阶级即无产阶级的最前列。同盟经受的另一重考验是，1847 年各次代表大会和中央委员会的通告以及《共产主义宣言》中阐述的同盟关于运动的观点，都已被证明是唯一正确的观点，这些文件中的各种预见都已完全被证实，而以前同盟仅仅秘密宣传的关于当前社会状况的见解，现在人人都在谈论，甚至在大庭广众之中公开宣扬。"① 他们的理论不仅经受了革命实践的检验，还在革命实践中得到发展，于是有了三部著作：马克思的《1848 年至 1850 年的法兰西阶级斗争》《路易·波拿巴的雾月十八日》和恩格斯的《德国的革命和反革命》。而在《路易·波拿巴的雾月十八日》一书问世 33 年后，恩格斯写在 1885 年的第三版序言中说，马克思揭示当时事变的"这幅图画描绘得如此高明，以致后来每一次新的揭露，都只是提供出新的证据，证明这幅图画是多么忠实地反映了实际。他对活生生的时事有这样卓越的理解，他在事变刚刚发生时就对事变有这样透彻的洞察，的确是无与伦比"② 。而马克思能做到这一点，除了深知法国历史，一个决定性的条件就是他最先发现了历史运动的一般规律，成为理解当时历史的钥匙，也由历史的发展来检验。

随着科学共产主义理论在革命实践中的检验和发展，马克思在 1852 年简要概括了自己的学说："我所加上的新内容就是证明了下列几点：（1）阶级的存在仅仅同生产发展的一定历史阶段相联系；（2）阶级斗争必然导致无产阶级专政；（3）这个专政不过是达到消灭一切阶级和进入无阶级社会的过渡"③ 。这就显著突出

① 《马克思恩格斯选集》第 1 卷，人民出版社 2012 年版，第 553 页。
② 《马克思恩格斯选集》第 1 卷，人民出版社 2012 年版，第 666 页。
③ 《马克思恩格斯选集》第 4 卷，人民出版社 2012 年版，第 426 页。

了无产阶级专政在科学共产主义中的地位。据此，列宁做出明确的结论："只有承认阶级斗争、同时也承认无产阶级专政的人，才是马克思主义者。"① 这种思想，第一次在 1871 年巴黎公社的实践中得到证实。当时，布朗基主义者在公社委员中占据多数，在国民自卫军的中央委员会中也占统治地位；国际工人协会的会员不仅是少数派，多半还是普鲁东社会主义学派的信徒；因而，马克思的科学共产主义没有成为公社的领导思想。但是，公社第一次实现了无产阶级专政，而且它的措施往往正确。恩格斯说："正如政权落到空谈家手中时常有的情形那样，无论是普鲁东主义者或布朗基主义者，都按照历史的讽刺，做出了恰恰与他们学派的信条相反的事情。"② 这是为什么？就是阶级斗争必然导致无产阶级专政，现代大工业必然导致共产主义，即必然导致和一切非马克思主义学说相反的方向。正因如此，公社同时又是普鲁东主义和布朗基主义的坟墓，它们在实践中宣告自己的破产。

是的，巴黎公社失败了。然而，它并不证明无产阶级专政没有希望，也不证明共产主义如何渺茫，却从反面证明了科学共产主义的正确。在公社最后一批战士牺牲的两天后，即 1871 年 5 月 30 日，马克思就向国际工人协会总委员会宣读了《法兰西内战》，着重指出："当梯也尔通过偷袭蒙马特尔已经发动了内战的时候，中央委员会却不肯把这场内战打下去，因而犯了一个致命的错误，即没有立刻向当时毫无防御能力的凡尔赛进军，一举粉碎梯也尔和他的那帮乡绅议员们的阴谋。中央委员会没有这样做，反而容许秩序党在 3 月 26 日的公社选举中再次进行较量。这一天，'秩序人物'在巴黎各区政府同他们的过分宽宏的战胜者互道温和的和解之词，可他们内心里却咬牙切齿地发誓，时机一到定要将对

---

① 《列宁选集》第 3 卷，人民出版社 2012 年版，第 139 页。
② 《马克思恩格斯全集》第 22 卷，人民出版社 1965 年版，第 225 页。

方消灭干净。"①后来恩格斯也指出，公社在经济方面也忽略了很多当时必须做到的事情："最令人难解的，自然是公社把法兰西银行视为神圣，而在其大门外毕恭毕敬地伫立不前。这也是一个严重的政治错误。银行掌握在公社手中，这会比扣留一万个人质更有价值。这会迫使整个法国资产阶级对凡尔赛政府施加压力，要它同公社议和。"②公社在军事、政治和经济方面的失策，说明其领导者没有在实践中正确认识这一事业的条件和性质，违背了科学共产主义的任务，归结起来，就是没有很好地发挥无产阶级专政在这个过渡中的作用。

　　幸好，列宁领导的俄国革命和毛泽东领导的中国革命，认真汲取了巴黎公社的教训，牢牢抓住了科学共产主义的关键，不仅坚持了无产阶级专政，而且逐步改造了私有制，实现了生产资料公有制，过渡到社会主义社会。社会主义固然不是完全的共产主义，也实现了共产主义的低级阶段。由此，马克思的三点贡献都在实践中得到证实。关于第一点，他和恩格斯在《德意志意识形态》中指出："到现在为止我们都是以生产工具为出发点，这里已经表明了在工业发展的一定阶段上必然产生私有制。""联合起来的个人对全部生产力总和的占有，消灭着私有制。"③后来摩尔根在1877年出版的《古代社会》中，用大量经验材料证明了私有制是从原始社会的公有制中产生出来。而随着私有制的产生而产生的阶级，当然就不是自古就有的东西，"仅仅同生产发展的一定历史阶段相联系"，所以将随着生产的发展而消灭。这个过程不是通过阶级调和，而只能通过斗争来实现。因此就有第二点和第三点，即这个阶级斗争果然导致无产阶级专政。而在这个专政下实现的社会主义生产资料公有制，虽然还没消灭一切阶级，但清除了剥

① 《马克思恩格斯选集》第3卷，人民出版社2012年版，第91页。
② 《马克思恩格斯选集》第3卷，人民出版社2012年版，第52页。
③ 《马克思恩格斯全集》第3卷，人民出版社1960年版，第74、77页。

削阶级；只要坚持这个专政，随着生产力和文化的发展，社会主义社会终将消灭一切阶级，过渡到无阶级的共产主义社会，也为这个专政的消亡提供条件。毛泽东早就说过："中国自有科学的共产主义以来，人们的眼界是提高了，中国革命也改变了面目。中国的民主革命，没有共产主义去指导是决不能成功的，更不必说革命的后一阶段了。"① 没有他将共产主义理论与中国革命实践相结合，科学规定了中国革命不同时期的性质和任务，就没有我们今天的一切。反过来看，中国革命的不断胜利，也是对科学共产主义的实践检验。

不过，革命事业如果搞得不好，也难免暂时的失败和倒退。这时，它就像巴黎公社一样，让人们在实践中得到应有的教训，为丰富和发展科学社会主义提供条件，为取得更大的胜利开辟道路。这是以往实践背书的道理。虽说社会主义国家在世界上还只是少数，如果觉得这样就靠不住，那么一切科学成就都是渺茫的幻想。须知，一切科学成果首先总是在实验室等小范围内试验成功的，在这个范围之外都没经过实践检验；但只要有同样条件，它们在哪里都可以复制，还会在推广中不断丰富。

当然，马克思关于共产主义高级阶段的思想，还有待实践检验。但是，它和共产主义低级阶段的一样，终将实现，因为资本主义社会的矛盾只有到共产主义高级阶段才能彻底解决。社会主义阶段之所以不可或缺，就是因为它刚从资本主义社会中产生出来，"在各方面，在经济、道德和精神方面都还带着它脱胎出来的那个旧社会的痕迹"②。而当它在经济、文化等方面健康发展起来，达到完全消除"旧社会痕迹"的程度，就会自然进入共产主义高级阶段。如果看到共产主义高级阶段还有待证明就当它是"渺茫"的，那么一切科学假设都不可置信。须知，一切科学假设

---

① 《毛泽东选集》第 2 卷，人民出版社 1991 年版，第 686 页。
② 《马克思恩格斯选集》第 3 卷，人民出版社 2012 年版，第 363 页。

都只能在已有实践的基础上提出，还没经过实践检验。但是，只要有可靠根据，人们总是期待它终被实践证实。人们已经能够在科学共产主义的指导下，随着社会矛盾的发展而不断从中找到正确解决矛盾的手段，并通过这些矛盾的解决逐步接近那个伟大的目标，今后还会在实践中找到进一步迈向它的手段，直到实现完全的共产主义。

总之，科学共产主义作为一种理论，不仅源于实践，还经历了长期实践的检验，证明它是唯一正确的社会学说。它所阐明的共产主义社会制度，虽然尚未完全实现，但是已经实现的社会主义，即共产主义低级阶段，足以说明共产主义的高级阶段并非"渺茫"，而是现实社会正常发展的必然结果，归根到底不可抗拒。否定共产主义的实现，就像过去否定社会主义的存在一样，只是基于偏见的妄想。

批判"人权高于主权"的谬论[*]

1999 年，以美国为首的北约，对南斯拉夫狂轰滥炸了两个月，其理由是所谓"人权高于主权"。这在表面上看来好像有点道理，因为"人权"是所有人（即"全人类"）的权利，而"主权"国家的人口，无论多到什么程度，都只是"全人类"的一部分，所以"人权高于主权"。

但是实际情况正好相反。因为这种"人权"不过是一个抽象的概念，它只存在于一切个人权利之中，所以没有个人权利也就没有"人权"。而今天的个人权利都存在于国家主权的保护之下，所以没有国家主权也就没有个人权利，"主权"实际上高于"人权"。

如果这种"人权"就是真实存在的个人权利，那不过是极端个人主义的幻想。因为个人权利既然"高于"国家主权，它怎么还要国家来保护呢？只有生活在国家之上的个人才有这种"人权"。但是，今天如果可能还有少数人生活在国家之外，也绝对没有这种生活在国家之上的个人。现在有些"国际组织"中的个人似乎凌驾于国家主权之上，但是他要以国家主权为基础，没有国家主权也没有这种"国际组织"，这种个人权利也就无从谈起。

这还是就"人权"论人权，只要跳出"人权"的概念，从人

* 本文发表于《哲学研究》2000 年第 10 期。

类发展的真实历史上看，这种"理由"就更加荒谬了。因为人类在原始社会时期都生活在部落和氏族之中，个人服从部落和氏族的一切，到底是"权利"还是"义务"都很难区别。因为个人的一切都属于部落和氏族，怎么可能会有个人权利呢？只有到了奴隶社会，奴隶像其他生产工具一样变成了主人的私有财产，才需要国家来保护奴隶主的权利不受侵犯。有人如果提出奴隶应有和主人一样的平等权利，这在当时的人们看来必定是发了疯。因为在当时现实的社会关系中，不平等更加受到重视。到了封建社会，农民成了地主的佃户，国家设立等级制度保护大小不同的地主，皇帝则是至高无上的统治者。有人如果提出臣民应有和皇帝一样的平等权利，这在当时的人们看来也必定是造反了。因为这和现实的社会关系正好完全对立。

只有到了封建社会内部的商品经济发展起来以后，商人到处做买卖，进行所谓"等价交换"，才能提出个人权利的平等问题。这也是欧洲文艺复兴以来要求个性、自由、平等和民主、人权的人道主义发展过程。它到了 18 世纪法国的思想家那里，已经形成比较完整的思想体系，并在 19 世纪德国的费尔巴哈那里达到了顶峰。

但是，马克思根据《人权宣言》早已说明："信仰特权是一般人权"，"自由这一人权的实际应用就是私有财产这一人权"，"私有财产这项人权就是任意地、和别人无关地、不受社会束缚地使用和处理自己财产的权利；这项权利就是自私自利的权利"，"平等无非是上述自由的平等，即每个人都同样被看做孤独的单子"，"安全是市民社会的最高社会概念，是警察的概念；按照这个概念，整个社会的存在都只为了保证它的每个成员的人身、权利和财产不受侵犯"，"可见，任何一种所谓人权都没有超出利己主义的人"，"在这些权利中，人绝不是类存在物"。① 恩格斯也说："依我看来，民主制和其他任何一种政体一样，归根到底也是自相矛盾的，骗人的，也无非是一种伪善（或者像我们德国人所说的——神学）。政治自由是假自由，是一种最坏的奴隶制"，"政治平等也是这样"。②

他们作为共产主义者，在 1845 年第一次制定唯物史观时，就清算了以前以费尔巴哈为代表的人道主义哲学信仰，因而明确宣布："至于谈到权利，我们和其他许多人都曾强调指出了共产主义对政治权利、私人权利以及权利的最一般的形式即人权所采取的反对立场"，并以"德法年鉴"为例，说明"那里指出特权、优先权符合于与等级相联系的私有制，而权利符合于竞争、自由私有制的状态"，指出"人权本身就是特权，而私有制就是垄断"。③

现在以美国为首的北约，打着"人权高于主权"的招牌，肆意侵犯别国主权，正好证明马克思这个科学论断，虽然已经过了一个半世纪之久，但是仍然在被社会实践所证实。英国首相布莱尔根据北约在南斯拉夫的狂轰滥炸说道："我们现在得到一次在价值观和法制基础上构建新国际关系的机会。"他这种"新国际关系"不过是以"人道主义"那一套"陈词滥调"为基础的帝国主义，正好同马克思主义以唯物史观为基础的国际主义相对立。英国《新政治家》周刊 6 月 28 日发表约翰·皮尔格的文章说得好："人道主义干预是帝国主义最新标签。"④

英国国防大臣库克向那些"对本国人民使用压迫手段的政府"发出威胁，也证明马克思这个社会真理仍然具有非常重要的现实意义。因为现在美国和英国的监狱都"人满为患"，难道这不是

---

①　《马克思恩格斯全集》第 1 卷，人民出版社 1956 年版，第 437—439 页。

②　《马克思恩格斯全集》第 1 卷，人民出版社 1956 年版，第 576 页。

③　《马克思恩格斯全集》第 3 卷，人民出版社 1960 年版，第 228—229 页。

④　《参考消息》1999 年 6 月 29 日。

"使用"政治压迫手段吗？这些国家都保证资本家雇佣工人的特权和工人只有出卖劳动力的特权，难道这不是使用经济压迫手段吗？剥削阶级的国家只能是少数人压迫大多数人的机器，所以不敢承认国家是阶级压迫的工具，反而还要装作反对这种事实，因而在事实面前就不能不自己打自己的耳光。只有无产阶级敢于公开说明这个事实，因此无产阶级承认主权高于人权，只是为了反对利用"人权问题"任意侵犯别国主权的霸权政治，主张各国内部事情应由本国人民自己去解决。

即使按照"人权高于主权"的谬论，任何一个国家都可以首先打击美国。别的不说，"西方对伊拉克的经济制裁平均每月导致4000名伊拉克婴儿因营养不良而死亡"①，而对南斯拉夫的狂轰滥炸又造成"南联盟1800多平民丧生，6000多人受伤，近百万人沦为难民，直接经济损失2000多亿美元"②。还向中国驻南使馆发射5枚导弹，造成3人死亡，20多人受伤。因此，人们更有充分理由消灭美国那些到处杀人放火的好战分子。

物极必反。美国任意侵犯别国主权造成越来越多的无辜平民伤亡和经济损失，必将激起被害国家人民的全力反抗，并且得到一切爱好和平国家人民（包括美国人民）的支持。总有一天，被害国家人民要起来斩断美国好战分子依仗"人权"伸向别国谋财害命的魔掌。历史总是这样辩证地运动，而不是形而上学地永远不变。

---

① 《参考消息》1999年6月29日。
② 《北京晚报》1999年11月15日。

再谈马克思主义的人权观

美国统治者借口"人权问题",肆意干涉别国内政,甚至打着"人权高于主权"的旗号于 1999 年伙同他国狂轰滥炸南联盟两个多月,激起全世界人民(包括美国人民)的极大愤慨,用各种观点予以斗争,我也写了《批判"人权高于主权"的谬论》。而要彻底搞清这个问题,只有运用唯物史观,别无他途。神道主义不用说了,人道主义鼓吹人权当然也无济于事。它即使在自然观上是唯物的,也因为在历史观上的唯心主义,最好只能看到现存社会中的个人,并提升为"普遍的人"。这种"人"不是在历史上产生和发展的人,只是一个抽象概念;不管怎样强调它是"现实的活生生的个人",都因其脱离物质生活条件,不适用于真实社会生活中的任何个人。由此出发,不能触及根本。

而按照唯物史观,"人权"并非自古就有,却是资本主义社会的特产,必将随着资本主义社会及其一切后果的消亡而消失,绝对不是人类始终追求的"永恒真理"。

原来,人类从动物界中分化出来的第一个社会形态,就是部落和随后的氏族。彼时,个人连名字都属于部落和氏族,就像蜜蜂不能远离蜂群一样,做梦也想不到什么独立的个性。他们所做的一切到底是"权利"还是"义务"都难以区别,哪来什么"人权"呢?何况,他们的思维发展水平也没法抽象出"人"的概念。

直到奴隶社会，奴隶像其他生产工具一样变成了主人的私有财产，奴隶主才需要国家来保卫他们的权利不受侵犯。彼时，谁要是提出奴隶该有和主人平等的权利，在人们看来肯定是发了疯，因为这和当时的社会关系正好相反。今天的人道主义者当然对这种"不把人当人看"的状况义愤填膺，但他们不明白这是历史发展的必然阶段，否则就没有后来的一切文明，也没有他们的人道主义。他们不过是按照自己所处的社会环境来看待古人而已。

到了封建社会，农民成了地主的佃户，国家设立等级制度保护大小不同的地主，皇帝成了至高无上的统治者。彼时，谁要是提出臣民该有和皇帝一样的权利，在人们看来肯定是大逆不道，因为这也和当时的社会实践相对立。等级制度比平等原则更受重视，况且，连皇帝都要服从"天命"，神道主义统治着人们的头脑，又怎能把人的权利当成最高原则？

只有等到封建社会内部的商品经济发展起来，商人到处做买卖，甚至远走他乡去搞"等价交换"，才会提出个人权益的问题，进而要求个性解放，幻想"自由、平等、博爱"的王国，民主和人权才逐步引起重视。这也是欧洲文艺复兴以来人道主义的发展过程。它到了18世纪的法国，已经形成比较完整的思想体系，并在19世纪德国的费尔巴哈那里达到高峰。如今不少自命不凡的人道主义者，在理论上和他们的前辈相比往往差得很远，甚至不知道自己在历史领域还是地道的唯心论，而不像费尔巴哈早已宣布："只有在实践哲学之领域内，我才是唯心主义者。"[1]

但是，马克思根据《人权宣言》说明："信仰特权是一般人权"，"自由这一人权的实际应用就是私有财产这一人权……私有财产这项人权就是任意地、和别人无关地、不受社会束缚地使用和处理自己财产的权利；这项权利就是自私自利的权利"，"平等

---

[1]《费尔巴哈哲学著作选集》下卷，荣震华、王右庆、刘磊译，生活·读书·新知三联书店1962年版，第12页。

无非是上述自由的平等，即每个人都同样被看做孤独的单子"，
"安全是市民社会的最高概念，是警察的概念；按照这个概念，整
个社会的存在都只为了保证它的每个成员的人身、权利和财产不
受侵犯"，"可见，任何一种所谓人权都没有超出利己主义的
人……在这些权利中，人绝不是类存在物"。① 恩格斯也说："依
我看来，民主制和其他任何一种政体一样，归根到底也是自相矛
盾的，骗人的，也无非是一种伪善（或者像我们德国人所说
的——神学）。政治自由是假自由，是一种最坏的奴隶制……政治
平等也是这样"②。

他们作为共产主义者，在 1845 年第一次制定唯物史观时，就
彻底清算了以费尔巴哈为代表的人道主义（参看拙作《人道主义
到唯物史观——马克思世界观的飞跃》）。他们指出："当费尔巴
哈是一个唯物主义者的时候，历史在他的视野之外；当他去探讨
历史的时候，他决不是一个唯物主义者。在他那里，唯物主义和
历史是彼此完全脱离的。"③ 他们还明确宣布，"至于谈到权利，
我们和其他许多人都曾强调指出了共产主义对政治权利、私人权
利以及权利的最一般的形式即人权所采取的反对立场"，并以《德
法年鉴》为例，指出"特权、优先权符合于与等级相联系的私有
制，而权利符合于竞争、自由私有制的状态"，指出"人权本身就
是特权，而私有制就是垄断"。④ 这就从根本上否定了"人权"，
并且规定了它的资产阶级性质。

马克思在《政治经济学批判大纲》中分析了商品流通中的
"共同利益就是自私利益的交换"之后说："因此，如果说经济形
式，交换，确立了主体之间的全面平等，那么内容，即促使人们

---

① 《马克思恩格斯全集》第 1 卷，人民出版社 1956 年版，第 437—439 页。
② 《马克思恩格斯全集》第 1 卷，人民出版社 1956 年版，第 576 页。
③ 《马克思恩格斯全集》第 3 卷，人民出版社 1960 年版，第 51 页。
④ 《马克思恩格斯全集》第 3 卷，人民出版社 1960 年版，第 228—229 页。

去进行交换的个人材料和物质材料，则确立了自由。可见，平等和自由不仅在以交换价值为基础的交换中受到尊重，而且交换价值的交换是一切平等和自由的生产的、现实的基础。作为纯粹观念，平等和自由仅仅是交换价值的交换的一种理想化的表现；作为在法律的、政治的、社会的关系上发展了的东西，平等和自由不过是另一次方的这种基础而已。"① 而他在《资本论》中又说："这个领域确实是天赋人权的真正伊甸园。那里占统治地位的只是自由、平等、所有权和边沁。自由！因为商品例如劳动力的买者和卖者，只取决于自己的自由意志。他们是作为自由的、在法律上平等的人缔结契约的。契约是他们的意志借以得到共同的法律表现的最后结果。平等！因为他们彼此只是作为商品占有者发生关系，用等价物交换等价物。所有权！因为每一个人都只支配自己的东西。边沁！因为双方都只顾自己。"② 但是离开商品流通领域，进入生产过程以后，劳动力的所有者就变成了为资本家干活的劳动者，只能听其自由地剥削和奴役。当然，工人也有不出卖劳动力的自由，但这样就没钱换取食物，只有自由到饿死为止。这就是自由和平等的人权本质。

恩格斯在《反杜林论》中说："由于人们不再生活在像罗马帝国那样的世界帝国中，而是生活在那些相互平等地交往并且处在差不多相同的资产阶级发展阶段的独立国家所组成的体系中，所以这种要求就很自然地获得了普遍的、超出个别国家范围的性质，而自由和平等也很自然地被宣布为人权。这种人权的特殊资产阶级性质的典型表现是美国宪法，它最先承认了人权，同时确认了存在于美国的有色人种奴隶制：阶级特权不受法律保护，种族特权被神圣化。"③

① 《马克思恩格斯全集》第 46 卷上册，人民出版社 1979 年版，第 197 页。
② 《马克思恩格斯选集》第 2 卷，人民出版社 2012 年版，第 168 页。
③ 《马克思恩格斯选集》第 3 卷，人民出版社 2012 年版，第 483 页。

　　美国宪法最先承认的"人权"就具有"特殊资产阶级性质"，同时确认了"奴隶制"和"种族特权"。这种"人权"从一开始就自相矛盾，毕竟有色人种也是人，怎能排斥到"人权"之外来奴役呢？照理，既然叫作人权，就该包括所有人即全人类；只要把任何个人排除在外就名不副实，何况有色人种还占地球总人口的多数呢。所以"人权"本就是少数人的特权。而今天美国统治者所谓"人权"问题，仅仅是一种借口，为的是干涉别国内政，甚至用飞机导弹轰炸。这其实是当年那种"人权"的恶性膨胀，要把它扩张到全世界，让大多数人给他们少数人当奴隶。所谓"人权高于主权"，不过是掩盖这种赤裸裸的侵略。其根源在美国的经济垄断和军事霸权。

　　实际上，今天在美国，不仅有色人种受歧视，整个无产阶级都是资产阶级的奴隶。马克思早就说过："雇佣工人只有为资本家（因而也为同资本家一起分享剩余价值的人）白白地劳动一定的时间，才被允许为维持自己的生活而劳动，就是说，才被允许生存；整个资本主义生产体系的中心问题，就是用延长工作日，或者提高生产率，增强劳动力的紧张程度等等办法，来增加这个无偿劳动；因此，雇佣劳动制度是奴隶制度，而且劳动的社会生产力越发展，这种奴隶制度就越残酷，不管工人得到的报酬较好或是较坏。"[①] 无论人们怎样鼓吹美式自由平等、民主人权，也不管人们怎样诋毁马克思的发现，都无法改变这种社会生活。除非，美国资本的壮大，就不是靠工人的无偿劳动，而是靠资本家的不劳动来实现。

　　资本主义社会推行雇佣劳动这种奴隶制，才要用自由平等、民主人权的幻想来掩盖，就像文艺复兴以来的人文主义掩盖了资本原始积累时期的血和火的历史一样。恩格斯在《家庭、私有制

_____

　　① 《马克思恩格斯选集》第3卷，人民出版社2012年版，第370页。

和国家的起源》中说："由于文明时代的基础是一个阶级对另一个阶级的剥削，所以它的全部发展都是在经常的矛盾中进行的。生产的每一进步，同时也就是被压迫阶级即大多数人的生活状况的一个退步。对一些人是好事，对另一些人必然是坏事，一个阶级的任何新的解放，必然是对另一个阶级的新的压迫。""如果说在野蛮人中间，像我们已经看到的那样，不大能够区别权利和义务，那么文明时代却使这两者之间的区别和对立连最愚蠢的人都能看得出来，因为它几乎把一切权利赋予一个阶级，另方面却几乎把一切义务推给另一个阶级。"但还有人认为不该这样。凡是对统治阶级是好的，对整个社会也该是好的。"所以文明时代越是向前进展，它就越是不得不给它所必然产生的种种坏事披上爱的外衣，不得不粉饰它们，或者否认它们——一句话，即实行流俗的伪善"。[①]

对于这种"习惯性的伪善"，只要像马克思恩格斯那样，科学地研究资本主义社会的经济关系，就能戳穿它的画皮，露出青面獠牙，看到它每天都在不停"吃人"；由此唤起工人阶级领导的社会主义革命，变私有制为公有制，消灭占有生产资料的最大不平等，并在消费品方面实行"按劳分配"，消灭各种不劳而获的现象，实现在劳动面前人人平等的权利。这才是文明时代以来从未有过的最大的人权，也是平等发展的顶峰。

然而，马克思指出，按劳分配就它是"等价的交换"而言，"那么这里通行的是商品等价物的交换中通行的同一原则，即一种形式的一定量劳动同另一种形式的同量劳动相交换。所以，在这里平等的权利按照原则仍然是资产阶级权利"。"平等就在于以同一尺度——劳动——来计量。"[②] 但是，一个人可能在体力或智力上胜过另一个人，就会在同一时间内提供较多的劳动或者劳动更

---

① 《马克思恩格斯选集》第 4 卷，人民出版社 2012 年版，第 194 页。
② 《马克思恩格斯选集》第 3 卷，人民出版社 2012 年版，第 363—364 页。

长的时间。因而,"这种平等的权利,对不同等的劳动来说是不平等的权利。它不承认任何阶级差别,因为每个人都像其他人一样只是劳动者;但是它默认,劳动者的不同等的个人天赋,从而不同等的工作能力,是天然特权。所以就它的内容来讲,它像一切权利一样是一种不平等的权利"①。列宁也说,这里确实有"平等的权利",但是,它"同任何权利一样,是以不平等为前提的。任何权利都是把同一标准应用在不同的人身上,即应用在事实上各不相同、各不同等的人身上,因而'平等的权利'就是破坏平等,就是不公平"②。

要避免社会主义按劳分配的这种弊病,马克思说:"权利就不应当是平等的,而应当是不平等的。"③ 现在人们往往无法理解,因为平等观念"已经成为国民的牢固的成见"。但"这不是由于它具有公理式的真理性,而是由于18世纪的思想得到普遍传播和仍然合乎时宜"。④ 然而,社会并未停留在18世纪的水平上,更没有倒退到从前的社会上去,而是在19世纪出现了共产主义运动,并由马克思和恩格斯把它从空想变成科学,到了20世纪就出现了一批社会主义国家。虽然有些社会主义国家回到人道主义上去而中途夭折,但是它们本来在唯物史观指导下,都把共产主义作为自己的奋斗目标。而共产主义社会只有在私有制及其一切后果都完全消失之后才能出现。那时,迫使人们奴隶般服从分工的情况已经消失,脑力劳动和体力劳动的对立也随之消失。劳动不仅仅是谋生的手段,而且成了生活的第一需要;随着个人的全面发展,生产力也增长起来,社会产品极大丰富,多拿任何不需要的东西都是自找麻烦。人们就能完全超出资产阶级法权的狭隘眼界,不

---

① 《马克思恩格斯选集》第3卷,人民出版社2012年版,第364页。
② 《列宁选集》第3卷,人民出版社2012年版,第194页。
③ 《马克思恩格斯选集》第3卷,人民出版社2012年版,第364页。
④ 《马克思恩格斯选集》第3卷,人民出版社2012年版,第485页。

再要求任何权利平等；国家也就没有任何权利需要保卫，自行消亡。正如在一个没有盗窃动机的社会中，高喊"勿盗窃"只会让人莫名其妙；在一个连追求权利的动机都完全消失的社会中，高喊"权利平等"也就可笑。到时才能实现"各尽所能，各取所需"的共产主义分配原则，否则就只能奉行等价交换，跳不出资产阶级的框框。这就是共产主义者反对政治权利、私人权利以及权利的最一般的形式，即人权的原因。

当人们还需要人权时，它只有在国家保护之下才能存在；而当人们不再需要人权时，它将随国家的消亡而消失。人权和国家是共存亡的，"因为如果没有一个能够迫使人们遵守法权规范的机构，法权也就等于零"①。恩格斯考察了平等观念的发展过程以后说："平等的要求在无产阶级口中有双重的意义。或者它是对极端的社会不平等，对富人和穷人之间、主人和奴隶之间、骄奢淫逸者和饥饿者之间的对立的自发的反应……或者，它是从对资产阶级平等要求的反应中产生的，它从这种平等要求中吸取了或多或少正当的、可以进一步发展的要求，成了用资本家本身的主张发动工人起来反对资本家的鼓动手段；在这种情况下，它是和资产阶级平等本身共存亡的。在上述两种情况下，无产阶级平等要求的实际内容都是消灭阶级的要求。任何超出这个范围的平等要求都必然要流于荒谬。"② 可见，无产者要求平等和权利不能和资产阶级的要求混为一谈。

不过，社会主义社会刚从资本主义社会中产生出来，它在经济、道德和精神各个方面都还带着"旧社会的痕迹"，而权利永远不能超过社会的经济结构及文化发展，所以在社会主义阶段实行按劳分配所带来的弊病是不可避免的，也就是必然的。只有在必然的基础上，自由才能发展起来。那种否定必然的自由，不过是

---

① 《列宁选集》第 3 卷，人民出版社 1972 年版，第 256 页。
② 《马克思恩格斯选集》第 3 卷，人民出版社 2012 年版，第 484 页。

无知的妄想。列宁也说："如果不愿陷入空想主义，那就不能认为，在推翻资本主义之后，人们立即就能学会不需要任何法权规范而为社会劳动，况且资本主义的废除不能立即为这种变更创造经济前提。可是，除了'资产阶级法权'以外，没有其他规范。所以，在这个范围内，还需要有国家来保卫生产资料公有制，来保卫劳动的平等和产品分配的平等。"① 因而，在社会主义时期"不仅会保留资产阶级法权，甚至还会保留没有资产阶级的资产阶级国家"②。这也是无产阶级专政的必要性。它不但要利用资产阶级法权和国家来消灭阶级，还要在消灭阶级以后消灭旧社会遗留的一切丑恶现象，为共产主义创造条件，也只有在这个过程中才能逐步实现人道主义承诺了几百年而无法兑现的那些美好的具体目标；绝不能半途而废，再像赫鲁晓夫那样打着人道主义招牌破坏无产阶级专政，复辟资本主义，让劳动人民"吃二遍苦，受二茬罪"。

---

① 《列宁选集》第 3 卷，人民出版社 1972 年版，第 252 页。
② 《列宁选集》第 3 卷，人民出版社 1972 年版，第 256 页。

"普世价值"早成陈词滥调

西方推行"和平演变"政策，用人道主义的"自由平等"那一套，在苏东社会主义各国尝到了甜头；近来又把它鼓吹为"普世价值"，企图使剩下的社会主义国家也取消无产阶级专政，自取灭亡。当然，最好是全世界共产主义运动都放弃无产阶级专政的社会主义道路，以便资产阶级专政的国家保证资本主义制度普世长存。

但是，恩格斯在《民主的泛斯拉夫主义》一文中，早已说过："正义""人道""自由""平等""博爱""独立"，"这些字眼固然很好听，但在历史和政治问题上却什么也证明不了……但是，他们直到现在，即 1849 年 1 月，还向我们端出那一套陈词滥调，殊不知由于实行了血腥的反革命，西欧已对这一套陈词滥调的内容绝望了！"① 这话说过一个半世纪以后，"天赋人权"的上帝好像又为这套"陈词滥调"注射了"新内容"，竟然成了人们竞相争抢"话语权"的时髦手段。

那么，上帝果真能够改变这套陈词滥调吗？还是幻想。

马克思恩格斯在制定唯物史观时就为这套陈词滥调找到了科学的历史定位。他们在《德意志意识形态》中说，考察历史运动时，如果把统治阶级的思想和统治阶级本身分割开来，使这些思

---

① 《马克思恩格斯全集》第 6 卷，人民出版社 1961 年版，第 325 页。

想独立化，完全不考虑这些思想的基础，"那就可以这样说：例如，在贵族统治时期占统治地位的是忠诚信义等等概念，而在资产阶级统治时期占统治地位的则是自由平等等等概念。总之，统治阶级自己为自己编造出诸如此类的幻想"①。

可见，自由平等这套普世价值，不仅不适用于原始公社时期，而且不适用于奴隶和封建社会时期，仅仅是资产阶级为了自己的统治而幻想出来的鬼话。"事情是这样的，每一个企图代替旧统治阶级地位的新阶级，就是为了达到自己的目的而不得不把自己的利益说成是社会全体成员的共同利益，抽象地讲，就是赋予自己的思想以普遍性的形式，把它们描绘成唯一合理的、有普遍意义的思想。"② 而且还"把世界范围的剥削美其名曰普遍的友爱，这种观念只有资产阶级才想得出来"③。

实际上，资产阶级不仅否定原始公社的"野蛮人"，也反对奴隶社会"不把人当人看"和无偿占有奴隶劳动，还反对封建社会的专制独裁；正好又从反面证明了他的"普世价值"并不"普世"，只是资本主义社会特有的"价值"。《资本论》也说，资本主义生产方式在商品流通领域中的"劳动力买卖"，才是"天赋人权之真正的乐园"。马克思说："劳动力的买和卖是在流通领域或商品交换领域的界限以内进行的，这个领域确实是天赋人权的真正伊甸园。那里占统治地位的只是自由、平等、所有权和边沁。自由！因为商品例如劳动力的买者和卖者，只取决于自己的自由意志。他们是作为自由的、在法律上平等的人缔结契约的。契约是他们的意志借以得到共同的法律表现的最后结果。平等！因为他们彼此只是作为商品占有者发生关系，用等价物交换等价物。所有权！因为每一个人都只支配自己的东西。边沁！因为双方都

①　《马克思恩格斯全集》第 3 卷，人民出版社 1960 年版，第 53 页。
②　《马克思恩格斯全集》第 3 卷，人民出版社 1960 年版，第 54 页。
③　《马克思恩格斯选集》第 1 卷，人民出版社 2012 年版，第 373 页。

只顾自己。""一离开这个简单流通领域或商品交换领域……就会看到，我们的剧中人的面貌已经起了某些变化。原来的货币占有者作为资本家，昂首前行；劳动力占有者作为他的工人，尾随于后。一个笑容满面，雄心勃勃；一个战战兢兢，畏缩不前，像在市场上出卖了自己的皮一样，只有一个前途——让人家来鞣。"①这是天赋人权、自由平等的绝妙刻画，谁能超越"剧中人的形象"呢？但绝对不是什么普世价值，因为它仅仅是资本主义时代所特有的观念，而且仅仅取自商品交换的流通领域，离开这个领域就走向自己的反面，变成在生产过程中残酷剥削和奴役工人的手段。它在资产阶级生产方式内部都没有"普世价值"，怎么可能还有超出这种生产方式之外的"普世价值"呢？

不管资产阶级怎样否定原始社会的"野蛮人"，他们的氏族制度"没有士兵、宪兵和警察，没有贵族、国王、总督、地方官和法官，没有监狱，没有诉讼，而一切都是有条有理的……大家都是平等、自由的，包括妇女在内"②。他们这种"纯朴道德高峰"，正是被"最卑下的利益——无耻的贪欲、狂暴的享受、卑劣的名利欲、对公共财产的自私自利的掠夺——揭开了新的、文明的阶级社会"。而这个文明的新社会存在几千年来，"只不过是一幅区区少数人靠牺牲被剥削和被压迫的大多数人而求得发展的图画罢了，而这种情形，现在比从前更加厉害了"③。

从前的奴隶社会，无论主人怎样把奴隶"不当人看"，为了自己的利益，也要关心奴隶的生命，否则奴隶的死亡就是主人的损失。资本家只要没有和工人签订合同，工人的死活都与他无关，工人的生命更加没有保障；而且，只因合同上的等价交换，就把工人"不当人看"，只当作一种商品。到了生产领域中，资本家无

---

① 《马克思恩格斯选集》第 2 卷，人民出版社 2012 年版，第 168 页。
② 《马克思恩格斯选集》第 4 卷，人民出版社 2012 年版，第 108 页。
③ 《马克思恩格斯选集》第 4 卷，人民出版社 2012 年版，第 110—111 页。

偿占有剩余价值，却好像是有偿的；奴隶的有偿劳动，却好像是无偿的。事实上，资本家剥削工人不是比奴隶主"更加厉害"么？封建社会无论怎样专制独裁，各个等级、行会、师傅和小农还有一点自由。资本的发展，消灭了一切等级、行会、师傅和小农，使社会全体成员分成资产者和无产者两大阶级；资本的集中和垄断又使资产者越来越少、无产者越来越多，造成一小撮人在经济、政治、道德和精神上统治绝大多数人，这不比封建独裁"更加厉害"吗？资产者还创造出比以前的各时代都伪善的欺骗手段："一句话，是实行习惯性的伪善，这种伪善，无论在较早的那些社会形式下还是在文明时代第一阶段都是没有的，并且最后在下述说法中达到了极点：剥削阶级对被压迫阶级进行剥削，完全是为了被剥削阶级本身的利益；如果被剥削阶级不懂得这一点，甚至举行叛乱，那就是对行善的人即对剥削者的一种最卑劣的忘恩负义行为。"①

有人说，"福利国家"的工人生活得很好，比社会主义国家的工人生活得还好。但工人只有经过斗争才得到自己创造出来的一点财富。国家之所以满足工人这点要求，不过是为了保证资本家的统治，防止工人造反，使工人心甘情愿地做资本家的奴隶，永远不抬起头来做社会的主人。这就是，经济发达的资本主义国家工人做奴隶，比经济不发达的社会主义国家工人当主人生活得更好。

有人说，现在中产阶级也有自己的财产，白领工人越来越多，资本主义的社会结构改变了，马列主义已经"过时"。实际上，所谓中产阶级、白领工人，只占有一些消费资料，根本不能成为一个独立的阶级；不仅不等于同时占有生产资料和生活资料的资产阶级，而且同蓝领工人一样，不能不靠出卖劳动力为生，听凭资

---

① 《马克思恩格斯全集》第 21 卷，人民出版社 1965 年版，第 202 页。

本家的剥削和使唤。虽然掌握了一些知识和技术，使得身价高了一些，但他们和资本家之间仍然是劳动力的买卖关系。除了少数被资本家豢养起来的工人贵族，大多数中产阶级的生活仍然很不稳定。即使相对稳定的工人贵族，仍然丝毫不能改变主人和奴隶的关系。只要主人觉得无利可图，他们就像宠物一样，随时有被抛弃的风险，根本没有独立自主的人格。这在当前的金融危机之中，工人失业，政府救市，谁是主人，谁是奴隶，生活谁好谁坏，难道还不明显吗？

列宁说："意识到自己的奴隶地位而与之作斗争的奴隶，是革命家。不意识到自己的奴隶地位而过着默默无言、浑浑噩噩的奴隶生活的奴隶，是十足的奴隶。津津乐道地赞赏美妙的奴隶生活并对和善的好心的主人感激不尽的奴隶是奴才，是无耻之徒。"① 处于奴隶地位的人们，还不猛醒，难道还相信命中注定只能做奴隶、不能当主人？

列宁还说："反对帝国主义的斗争，如果不同反对机会主义的斗争密切联系起来，就是空话和谎言。"② 只要在反帝队伍内部切除了机会主义的脓疮，帝国主义还能"垂而不死"吗？有人说："资本主义还有很大扩张力。" 只要看一下近二十年来的世界便知：随着苏联解体东欧剧变，经济全球化如日中天，帝国主义威风显现；可就在资本黄金时期，美国爆发了百年不遇的经济危机，席卷全球，自己早已超前消费，根本无力"救市"，还要世界各国通力救济，分担损失。这种"扩张力"不是加重剥削全世界吗？不是腐朽透顶，哪来的这般情景？

马克思早已证明：阶级的存在，仅仅和生产发展的一定历史阶段相联系；阶级斗争必然导致无产阶级专政，这个专政不过是达到消灭一切阶级和进入无阶级社会的过渡。资产阶级生产关系

---

① 《列宁全集》第 13 卷，人民出版社 1959 年版，第 36 页。
② 《列宁选集》第 2 卷，人民出版社 2012 年版，第 686 页。

是社会生产过程中的最后一个对抗形式，它本身必然不断生产出自己的掘墓人。今天的问题只在于：俄国在列宁领导下经过十月革命，早就埋葬了资本主义，并经第二次世界大战形成了社会主义阵营，走向高潮，外力已无法阻挡；但在赫鲁晓夫上台后，大骂斯大林专制独裁，推行"一切为了人，为了人的幸福"；到戈尔巴乔夫推行人道民主的社会主义，就导致苏联解体东欧剧变，这是为什么？有人说："社会主义专制独裁""先天不足，后天失调"，早就该死。那么，其他社会主义国家，只要坚持无产阶级专政，为何没有灭亡反而兴旺发达呢？可见，问题不在社会主义，而是指导思想。既然社会主义是在马列主义指导下建立和发展起来的，改用资产阶级人道主义世界观作指导，能不退回资本主义去吗？但是，资本主义还会不断生产出自己的掘墓人，怎能永不入土？正如当年资产阶级革命也有"封建复辟时期"，谁该死，谁不该死，不是显而易见吗？

现在我国虽然也有人响应西方"普世价值"的呼唤，但是坚持马列主义指导的人，不会上当受骗。因为恩格斯在《英国工人阶级状况》1892 年德文第二版序言中，说明该书"总的理论观点"时，已经告诉人们，鼓吹"全人类"的"普世价值"为何物。他说："在本书中到处都可以发现现代社会主义从它的祖先之一即德国古典哲学起源的痕迹。例如本书，特别是在末尾，很强调这样一个论点：共产主义不是一种单纯的工人阶级的党派性学说，而是一种最终目的在于把连同资本家在内的整个社会从现存关系的狭小范围中解放出来的理论。这在抽象的意义上是正确的，然而在实践中在大多数情况下是无益的，甚至是有害的。只要有产阶级不但自己不感到有任何解放的需要，而且还全力反对工人阶级的自我解放，工人阶级就应当单独地准备和实现社会变革。1789 年的法国资产者也曾宣称资产阶级的解放就是全人类的解放；但是贵族和僧侣不肯同意，这一论断——虽然当时它对封建主义来说是一个无可辩驳的抽象的历史真理——很快就变成了一句纯粹是自作多情的空话而在革命斗争的火焰中烟消云散了。现在也还有不少人，站在不偏不倚的高高在上的立场向工人鼓吹一种凌驾于一切阶级对立和阶级斗争之上的社会主义，这些人如果不是还需要多多学习的新手，就是工人的最凶恶的敌人，是披着羊皮的豺狼。"①

---

① 《马克思恩格斯选集》第 1 卷，人民出版社 2012 年版，第 69 页。

马克思和恩格斯的家庭观

　　马克思在家庭理论方面的贡献当初没有受到足够的重视，恩格斯的《家庭、私有制和国家的起源》（以下简称《起源》）发表后又引来各种误解。早在 19 世纪末，普列汉诺夫在《论一元论历史观之发展》中指出，加利叶先生说："恩格斯以新的思想补充了自己的观点，这种新的思想使得他的观点发生了本质的变化。假如在早年他只承认社会经济结构底研究是唯物史观的基础，那么后来，他承认家庭制度的研究亦有同等的意义。"[①] 米海洛夫斯基也有这种观点。列宁在《什么是"人民之友"以及他们如何攻击社会民主主义者》中指出，米海洛夫斯基首先把唯物史观歪曲成"经济唯物主义"，然后说美国人摩尔根的书出现在马克思和恩格斯宣布经济唯物主义原理的许多年以后，并且与经济唯物主义"完全无关"，所以经济唯物主义者"附和了"摩尔根的书；同时，因为史前时代没有阶级斗争，他们便对唯物史观的公式加上这样的一个"改进"：在劳动生产力极低的原始时代，起头等作用的是人本身的生产，即子女生产，是和物质资料生产"并列的决定要素"[②]。因此，加利叶和米海洛夫斯基的这种观点理所当然地遭到普列汉诺夫和列宁的驳斥。但是，到 20 世纪 30 年代后，苏

---

　　① ［俄］普列汉诺夫：《论一元论历史观之发展》，博古译，生活·读书·新知三联书店 1961 年版，第 209 页。

　　② 《列宁全集》第 1 卷，人民出版社 1955 年版，第 128 页。

联理论界几乎异口同声地指责《起源》的序言中"犯了一个错误"，理由是："恩格斯在这里将种族繁衍和生活资料同等当做社会及社会制度发展的原因来看待。"① 他们认为恩格斯在这里把两种生产"同等看待"，实际上只是以不同的方式重复了加利叶和米海洛夫斯基的错误。由于他们以马克思主义者的姿态出现，至今还影响着人们对《起源》的理解。不过，到 20 世纪 60 年代以后，在否定、指责恩格斯的过程中，巴加图利亚又认为，"物质生产对人类社会不是永远起主要的决定因素的作用，它的作用是在社会发展过程中历史地产生的（因而可以认为，物质生产的作用不是永远如此）"②。他比加利叶和米海洛夫斯基走得更远，要从根本上动摇唯物史观。同时，否定群婚家庭的存在，几乎成为国内外理论界的共识。这一切都表明，看清马克思在家庭问题上的观点，不仅是研究相关领域的需要，而且是正确理解唯物史观的需要。

———

一

马克思的家庭观是唯物史观的一个组成部分。他在批判黑格尔的唯心论时就提道："家庭和市民社会本身把自己变成国家。它们才是原动力。可是在黑格尔看来却刚好相反，它们是由现实的理念产生的。它们结合成国家，不是它们自己的生存过程的结果；相反地，是理念在自己生存的过程中从自身中把它们分离出来。"③ 这就把黑格尔的观点颠倒过来，不是国家决定家庭，而是家庭产生国家。

但是，研究了政治经济学以后，马克思发现："宗教、家庭、

———

① 《马克思恩格斯文选》（两卷集）第 2 卷，第 170 页。
② ［苏］Γ·А·巴加图利亚：《马克思的第一个伟大发现——唯物史观的形成和发展》，陆忍译，中国人民大学出版社 1981 年版，第 90 页。
③ 《马克思恩格斯全集》第 1 卷，人民出版社 1956 年版，第 251—252 页。

国家、法、道德、科学、艺术等等，都不过是生产的一些特殊的方式，并且受生产的普遍规律的支配。"① 这里把家庭和国家等并列起来，也没有改变早前的观点，而是进一步说明了家庭的根源：家庭虽然是国家的基础，但也像国家等上层建筑一样受到生产的支配。这就找到了比家庭更为根本的社会基础，发现了历史领域中最深刻的"原动力"。由此，他很快写出《关于费尔巴哈的提纲》，产生了"包含着新世界观的天才萌芽的第一个文献"②，接着就和恩格斯在《德意志意识形态》中制定了唯物史观的基本原理。

他们在这部著作中分析了人类的起源后，明确指出："可以根据意识、宗教或随便别的什么来区别人和动物。一当人们自己开始生产他们所必需的生活资料的时候（这一步是由他们的肉体组织所决定的），他们就开始把自己和动物区别开来。"③ 这里不是说意识和宗教等不是人和动物的区别，毕竟动物没有这些。但如果把这些当作人类区别于其他动物的根本特征，就是十足的唯心论，把思想的东西当作决定历史的最终动力。而实际上，只有"开始"生产才是人类走出动物界的基本标志。因为意识、宗教等一切人类的其他活动，归根到底都是生产过程中直接或间接的产物，没有物质资料的生产实践就没有这些。

正因为生产实践是人类生活最基本的活动，人们这种生产方式"不仅应当从它是个人肉体存在的再生产这方面来加以考察。它在更大程度上是这些个人的一定的活动方式"④。唯物地考察人类历史，始终必须把物质资料生产和人类自身生产联系起来。马克思恩格斯在说明人类生活首先取决于物质资料生产以后，明确

①　《马克思恩格斯全集》第42卷，人民出版社1979年版，第121页。
②　《马克思恩格斯选集》第4卷，人民出版社2012年版，第219页。
③　《马克思恩格斯全集》第3卷，人民出版社1960年版，第24页。
④　《马克思恩格斯全集》第3卷，人民出版社1960年版，第24页。

指出："一开始就纳入历史发展过程的第三种关系就是：每日都在重新生产自己生活的人们开始生产另外一些人，即增殖。这就是夫妻之间的关系，父母和子女之间的关系，也就是家庭。"① 这里不仅定义了家庭，而且把它当作生产本身的一个方面。

因此，他们说："这样，生活的生产——无论是自己生活的生产（通过劳动）或他人生活的生产（通过生育）——立即表现为双重关系：一方面是自然关系，另一方面是社会关系"②。可见，恩格斯在《起源》序言中说明："根据唯物主义观点，历史中的决定性因素，归根结底是直接生活的生产和再生产。但是，生产本身又有两种。一方面是生活资料即食物、衣服、住房以及为此所必需的工具的生产；另一方面是人自身的生产，即种的繁衍。一定历史时代和一定地区内的人们生活于其下的社会制度，受着两种生产的制约：一方面受劳动的发展阶段的制约，另一方面受家庭的发展阶段的制约。"③ 这就科学地发挥了马克思和他制定的唯物史观，而没有改变他们早年的观点，更不是"犯了一个错误"。

这里还可以看出，唯物史观一开始就不是把家庭仅仅看作一个人口问题。起初它还是"唯一的社会关系，后来，当需要的增长产生了新的社会关系，而人口的增长又产生了新的需要的时候，家庭便成为（德国除外）从属的关系了"④。因此，《起源》序言中说：劳动愈不发展，社会制度就愈在较大程度上受血族关系的支配；而在组成为国家的社会中，家庭制度完全受所有制的支配。在这种社会里，"阶级对立和阶级斗争从此自由开展起来，这种阶级对立和阶级斗争构成了直到今日的全部成文历史的内容"⑤。这

① 《马克思恩格斯全集》第 3 卷，人民出版社 1960 年版，第 32 页。
② 《马克思恩格斯全集》第 3 卷，人民出版社 1960 年版，第 33 页。
③ 《马克思恩格斯选集》第 4 卷，人民出版社 2012 年版，第 13 页。
④ 《马克思恩格斯全集》第 3 卷，人民出版社 1960 年版，第 32 页。
⑤ 《马克思恩格斯全集》第 21 卷，人民出版社 1965 年版，第 30 页。

就科学地说明了两种生产在历史发展中的作用。恩格斯也说，摩尔根"重新"发现了四十年前马克思所发现的唯物史观，并以此为指导，在把野蛮时代和文明时代加以对比时，在主要点上得出了与马克思相同的结果；而不是像巴加图利亚所说的那样，"恩格斯这一产生于 1882 年 9 月至 12 月的思想，经过一年半时间，即在 1884 年 3 月至 5 月得到了充分的发挥。"① 果真如巴加图利亚所说，那摩尔根就是第一个发现了唯物史观。因为这一思想在恩格斯那里直到 1882 年才"产生"；至于马克思是否产生过这种思想，即使可以"推断出恩格斯这一思想是同马克思一起讨论过的"②，也没法肯定；而摩尔根的《古代社会》在 1877 年就出版了。这又怎么谈得上"马克思的第一个伟大发现"呢？实际上，如前所述，唯物史观作为"马克思的第一个伟大发现"，在他和恩格斯第一次系统阐明时，就不仅是从两种生产出发，还指明了它们之间的变化规律：当家庭还是"唯一的社会关系"，社会制度自然"受血族关系的支配"；后来家庭成为"从属的关系"，它就"完全受所有制的支配"。不过，当时还没有足够的资料支持这套观点，而摩尔根对史前状态的说明正好为它提供了事实根据。

不仅如此，他们在《德意志意识形态》中还指明了研究家庭问题的科学方法："应该根据现有的经验的材料来考察和研究家庭，而不应该像通常在德国所做的那样，根据'家庭的概念'来考察和研究家庭。"③ 因此，不能一般地讨论"家庭本身"，而必须从生产出发。他们说："第一种所有制形式是部落所有制"，在这个阶段上，"分工还很不发达，仅限于家庭中现有的自然产生的

---

① ［苏］Г·А·巴加图利亚：《马克思的第一个伟大发现——唯物史观的形成和发展》，陆忍译，中国人民大学出版社 1981 年版，第 87 页。

② ［苏］Г·А·巴加图利亚：《马克思的第一个伟大发现——唯物史观的形成和发展》，陆忍译，中国人民大学出版社 1981 年版，第 84 页。

③ 《马克思恩格斯全集》第 3 卷，人民出版社 1960 年版，第 33 页。

分工的进一步扩大"。① 当时这种土地所有制的第一个形态的第一个前提，"首先乃是自然形成的集体：家族和那扩展成为部落的家族，或由彼此通婚而互相结合起来的许多家族或各部落的联合"②。

而资产阶级历史地使家庭具有资产阶级的性质。在这样的家庭中，"无聊和金钱是纽带，这样的家庭也发生资产阶级的家庭解体，但这种解体并不妨碍家庭本身继续存在"。而在这种家庭真正被取消的地方，如在无产阶级那里，情况恰好相反。"那里完全不存在家庭的概念，但往往毫无疑问地可以看到以非常现实的关系为基础的家庭情谊。"家庭概念中的各种因素，如服从、尊敬、夫妻间的忠诚等瓦解了，但家庭的现实的躯体、财产关系、对其他家庭的排他关系、勉强的共同生活，"所有这一切虽遭到无数次的破坏，但都保存下来了，因为家庭的存在必然会受它和不以资产阶级社会的意志为转移的生产方式的联系所制约的"。③ 后来，马克思在《资本论》中分析资本主义的机器和大工业的时候，他指出："不是亲权的滥用，使资本对不成熟的劳动力，可以为直接的或间接的剥削；反之，乃是资本主义剥削方法，使亲权，由那种与亲权相适应的经济基础的破坏，而致于被滥用。"④ 这都说明了生产方式对家庭关系的决定作用。因此，旧的家庭制度在资本主义社会内的瓦解，虽然显得那样可怕可厌，但因大工业曾在家庭制度的范围之外，在社会的有组织的生产过程中，给予妇女和少年儿童以较为重要的位置，所以又为家庭及两性关系以一种更高的形态创造了新的经济基础。所以，"把基督教日耳曼的家族形态看成绝对的，是和把罗马的家族形态、古希腊的家族形态、东方的家族形态看成绝对的一样不合理。但它们依次继起，就成为一

---

① 《马克思恩格斯全集》第 3 卷，人民出版社 1960 年版，第 25 页。
② 马克思：《资本主义生产以前各形态》，日知译，人民出版社 1956 年版，第 4 页。
③ 《马克思恩格斯全集》第 3 卷，人民出版社 1960 年版，第 196 页。
④ 马克思：《资本论》第 1 卷，人民出版社 1956 年版，第 598—599 页。

个历史的发展系列"①。可见，在马克思看来，家庭也和其他事物一样，有自己的产生和发展的过程，从而打破了传统的永恒不变的形而上学的家庭观念。

因此，当杜林幻想"人们可以把现代的资产阶级家庭同它的整个经济基础分隔开来，而不会由此改变家庭的全部形式"，他甚至把"古代罗马法"当作家庭永远奉行的标准，并且设想家庭只是"继承遗产"的单位，即拥有财产的单位。② 恩格斯不仅指出空想社会主义者已经比他高明得多（在空想社会主义者看来，随着人们自由结成社会和私人家务劳动转为公共事业，青年教育的社会化和家庭成员之间真正自由的相互关系也就直接产生了），还引用马克思的家庭观，驳倒了那种把家庭永远当作经济单位的形而上学的思想。

二

马克思的家庭观也体现在《摩尔根〈古代社会〉一书摘要》（以下简称《摘要》）中。摩尔根不是从"家庭的概念"出发，而是从亲属制度的"经验材料"出发，恢复了史前各文化阶段中"依次继起"的几种家庭形式，说明了氏族制度的起源和本质。马克思发现了这部著作的科学价值，作了"十分详细的摘录"。恩格斯发现《摘要》以后，执行马克思的"遗言"写出《起源》，从人类自身生产的方面完善了马克思主义世界观。

将《摘要》和《古代社会》稍加比对，不难看出联系和区别，以及马克思打算怎样用唯物史观来阐明摩尔根的著作。

首先，马克思摘录了《古代社会》中的第一篇，即"由于发明及发现而来的理智的发展"，并且把其中第二章的题目"生存的

---

① 马克思：《资本论》第 1 卷，人民出版社 1956 年版，第 599 页。
② 《马克思恩格斯选集》第 3 卷，人民出版社 2012 年版，第 706 页。

技术"改为"生活资料的生产方式"。这里，摩尔根的著作和马克思的思路一样，都把生产技术的发展作为划分历史阶段的标志，只是用语有所不同。马克思在《资本论》说过："要认识已经灭亡的动物的身体组织，必须研究遗骨的构造；要判断已经灭亡的社会经济形态，研究劳动手段的遗物，有同样的重要性。划分经济时期的事情，不是做了什么，而是怎样做，用什么劳动手段去做。劳动手段不仅是人类劳动力发展程度的测量器，而且是劳动所在的社会关系的指示物。"① 摩尔根正是按照这个原理划分史前各文化阶段。

不过，在经济方面的论证，虽然对摩尔根的目的来说已经很充分了，但是对恩格斯的目的来说却完全不够。所以恩格斯重新改写，一方面肯定"我在这里根据摩尔根的著作描绘的这幅人类经过蒙昧时代和野蛮时代达到文明时代的开端的发展图景，已经包含足够多的新特征了，而尤其重要的是，这些特征都是不可争辩的，因为它们是直接从生产中得来的"；另一方面又指出，"不过，这幅图景跟我们此次遨游终了时将展现在我们面前的那幅图景比较起来，就会显得暗淡和可怜；只有在那个时候，才能充分看到从野蛮时代到文明时代的过渡以及两者之间的显著对立"。② 因为，摩尔根所研究的只是史前各阶段以及向文明时代的过渡，恩格斯则把野蛮时代和文明时代专门作了对比，不但分析了氏族社会的经济基础，还阐明了分工及其发展怎样破坏了原始共产制为基础的氏族社会，终于被以私有制为基础的国家制度所代替，因此，原始社会和文明社会就成了两个不同的世界，鲜明地体现了唯物史观。

因此，认为物质生产对人类社会"不是永远起主要的决定作用"，企图否定摩尔根的"分期法"，以及所谓"因为史前时代没

① 马克思:《资本论》第1卷，人民出版社1956年版，第194—195页。
② 《马克思恩格斯选集》第4卷，人民出版社2012年版，第35页。

有阶级斗争"马克思和恩格斯便对唯物史观作了"改进",都不是马克思恩格斯的思想。史前时代固然没有阶级斗争,但这不能说明它不是由生产状况决定的。相反,恩格斯说:"这就使我们不能不对这种状态的经济基础加以研究了。"① 结果他证明了没有阶级斗争正是由于生产力不发达所决定的。因此,写完《起源》后,当他发现考茨基不承认生产工具在资本主义社会以前也起决定作用,就在1884年6月致考茨基的信中指明:"正如蒙昧人和野蛮人的工具同他们的生产分不开一样,轮作制、人造肥料、蒸汽机、动力织机同资本主义的生产也是分不开的。正如现代工具制约着资本主义社会一样,蒙昧人的工具也制约着他们的社会。你的观点导致的结论是:似乎生产只是现在才决定社会制度,但是在资本主义生产以前并不是这样,因为那时工具还没有犯下原罪。"② 所以,要在恩格斯这里找到生产方式对人类社会"不是永远"起主要决定作用的根据,纯属主观幻想。

马克思摘录《古代社会》第一编以后,又摘录了第三编"家庭观念的发展"和第四编"财产观念的发展",把第二编放到最后,将其标题"政治观念的发展"改为"管理观念的发展"。因为在唯物史观看来,"政治观念"是社会经济基础的上层建筑,是家庭关系和财产关系的产物,不可能出现在这两种观念之前。而且,"政治观念"不能反映原始社会的管理状况,而是出现了私有制和国家以后的概念。马克思的调整使摩尔根的学说更加科学,恩格斯的《起源》也沿用这一思路,在说明家庭发展史后,顺理成章地论证了氏族社会乃是以公有制为基础的一定的群婚家庭的必然产物,而到私有制和一夫一妻制出现以后,社会分裂为相互敌对的阶级,国家是阶级斗争的必然产物。所以,国家必然随着私有制及其后果的消失而失去存在的根据,同样,一夫一妻制也

---

① 《马克思恩格斯选集》第4卷,人民出版社2012年版,第175页。
② 《马克思恩格斯全集》第36卷,人民出版社1975年版,第169—170页。

将完全肯定地失掉它"因起源于财产关系而被烙上的全部特征，这些特征是：第一，男子的统治，第二，婚姻的不可解除性"。尽管如此，家庭也不会简单重复原始社会的"共产共妻"，而会实现"真正的一夫一妻制"。因为，随着男子统治的经济原因及其后果的消失，"这一代男子一生中将永远不会用金钱或其他社会权力手段去买得妇女的献身；而这一代妇女除了真正的爱情以外，也永远不会再出于其他某种考虑而委身于男子，或者由于担心经济后果而拒绝委身于她所爱的男子"。① 既然个人性爱按其本性来说是排他的，那么以性爱为基础的婚姻按其本性来说就是个体婚姻。

但这并不是说，摩尔根的著作在根本上违背唯物史观。虽然存在表述上的缺点，其实质并没有混淆社会结构的层次，不是从"政治观念的发展"引出"家庭观念的发展"和"财产观念的发展"，也没有将原始社会和文明社会混为一谈。相反，它从亲属制度出发，证明了与各历史时期相适应的家庭形式，说明氏族制度起源于群婚家庭，而原始共产制的生活方式看来是起源于血缘家庭的需要，后被群婚家庭所继承，再被传到（美洲土著的）对偶家庭中，在这些人中间一直维持到他们被发现的时候。而一夫一妻制家庭"是社会制度的产物，它将反映社会制度的发展状况。既然专偶制家庭从文明时代开始以来，已经改进了，而在现代特别显著，那么我们至少可以推测，它能够进一步完善，直至达到两性的平等为止。如果专偶制家庭在遥远的将来不能满足社会的需要，那也无法预言，它的后继者将具有什么性质了"②。在社会组织方面，摩尔根也把它分成两种："第一种，也就是最古的一种，我们称为社会组织，其基础是氏族、胞族和部落。第二种，也就是最晚近的一种，我们称之为政治组织，其基础为地域和财产……这两种方式在性质上根本不通。一属古代社会，一属近代

① 《马克思恩格斯选集》第4卷，人民出版社2012年版，第94页。
② 转引自《马克思恩格斯选集》第4卷，人民出版社2012年版，第95页。

社会。"① 马克思摘录了这些观点，恩格斯在《起源》中也有所体现，可见他们认为其观点正确。

至于摩尔根所说都是"观念的发展"，也不是实质问题。因为人们的活动总要通过思想，只要观念正确反映现实，就不影响其科学性。马克思在摘要中也没有修改，恩格斯倒没有保留这种形式。当然，摩尔根最后把人类的一切成就都归功于"上帝的从蒙昧人发展到野蛮人、从野蛮人发展到文明人而制订的计划中的一个组成部分"②。这话单拿出来显然是唯心论，但若通观全书的精神实质，这是不合逻辑的结论。既然人类的全部历史，归根到底都是"生存技术"发展的结果，那就没有上帝什么事了，正如他在这个结论前面所说："我们今天极为安全和幸福的条件，乃是我们野蛮的祖先和更远的蒙昧祖先经过斗争、遭受苦难、英勇奋斗和坚持努力的结果。"尽管有这样一些缺点、错误，当时英国的原始社会历史学家对摩尔根记述中的个别细节吹毛求疵，却对他真正伟大的发现闭口不提，马克思才觉得有必要将这份科学财富发扬光大。恩格斯写《起源》时也对考茨基说："如果只是'客观地'叙述摩尔根的著作，对它不作批判的探讨，不利用新得出的成果，不同我们的观点和已经得出的结论联系起来阐述，那就没有意义了。这对我们的工人不会有什么帮助。"③

现在可以看到，摩尔根的书并非与唯物史观完全无关，马克思和恩格斯也不是在附和他，而是摩尔根的书又一次证明了马克思、恩格斯发现的唯物史观的科学性，它们都是从两种生产出发说明人类历史。不过，摩尔根没有从物质资料生产方面彻底弄清唯物史观，只有运用唯物史观才能充分发扬其研究成果的科学价值。

① ［美］路易斯·亨利·摩尔根：《古代社会》上册，杨东莼、马雍、马巨译，商务印书馆 1977 年版，第 61 页。
② ［美］路易斯·亨利·摩尔根：《古代社会》下册，杨东莼、马雍、马巨译，商务印书馆 1977 年版，第 558 页。
③ 《马克思恩格斯全集》第 36 卷，人民出版社 1975 年版，第 144 页。

第三编

马克思的哲学革命不容否定

马克思和恩格斯在《德意志意识形态》（以下简称《形态》）中制定唯物史观时就说，他们"这种历史观和唯心主义历史观不同，它不是在每个时代中寻找某种范围，而是始终站在现实历史的基础上，不是从观念出发来解释实践，而是从物质实践出发来解释观念的东西"①。"思辨终止的地方，即在现实生活面前，正是描述人们的实践活动和实际发展过程的真正实证的科学开始的地方。"② 这就革了"历史哲学"的命。

但也有研究者不是自觉运用辩证唯物主义世界观和方法论研究新问题，在坚持中发展马克思主义实证科学；而是在字眼上做文章，主观设定，概念论证，制造矛盾，模糊或否定马克思恩格斯的哲学革命，把回到思辨哲学的老路当作新方向。

张奎良先生的《关于唯物史观和历史唯物主义的概念辨析》一文③（以下简称张文），就是值得分析的一例，他在文章中称："长期以来，我国学界一直把唯物史观概念与历史唯物主义概念混淆并用……但事实上，无论是提出的时间、背景、初衷、内涵还是实际上的运用，两者都不尽相同。"这种观点本来就不能成立。

---

① 《马克思恩格斯全集》第3卷，人民出版社1960年版，第43页。
② 《马克思恩格斯全集》第3卷，人民出版社1960年版，第30页。
③ 张奎良：《关于唯物史观和历史唯物主义的概念辨析》，《哲学研究》2011年第2期。

因为他自己就说:"在他(恩格斯)的心目中,唯物史观与历史唯物主义确实是同义语,所以他……同时使用唯物主义历史观和历史唯物主义概念,不仅如此,恩格斯在提出历史唯物主义之后,仍然继续沿用唯物史观的称呼。"可见,"混淆并用"这两个概念,首先不是中国学界,而是恩格斯。有谁比他更了解这两个概念?

原来,马克思恩格斯制定唯物史观时,还是科学假设。所以他们把《资本论》和《自然辩证法》作为毕生的分工合作,用来证明辩证唯物主义的历史观和自然观是唯一科学的世界观。在学术上严格说来,《资本论》出版前,应当称唯物史观;而其出版后,唯物史观成为被证明了的科学,才能称为历史唯物主义,也可"二者同时使用"。除此以外,二者就是一个东西。从人类社会历史中抽象出一般运动规律的观点,称历史观;用这种观点去研究和改造历史,就是方法论。正如辩证唯物主义一样,既是世界观又是方法论。

张文却辨析二者的不同:"唯物史观属于科学范畴,历史唯物主义属于哲学范畴。"前者只有"提升"为哲学才能和后者一样,都是"历史哲学"。这就否定了马克思恩格斯的哲学革命。"历史哲学"本就是唯物史观的革命对象,正如"自然哲学"是辩证自然观的革命对象。张文却说:"恩格斯虽然说过唯物史观结束了历史哲学,但那只是为了反对'以哲学家头脑中臆想的联系来代替应当在事变中去证实的联系……'这种彻头彻尾的唯心主义历史哲学,当然是应该从历史观中驱逐出去的。在历史领域'也完全像在自然领域里一样,应当通过发现现实的联系来消除这种臆造的人为的联系;这一任务归根到底就是发现那些作为支配规律在人类社会的历史起作用的一般运动规律'。这一任务恰恰召唤着历史哲学,因为只有哲学而不是历史观,才能完成从纷繁复杂的历史万花筒中抽象出一般运动规律的使命。"

如果"只有哲学而不是历史观"才能"抽象出一般运动规律"，唯物史观的实证科学只有"提升"为历史唯物主义这样的"历史哲学"才能做到；那么"历史哲学"就有唯心和唯物两种，而恩格斯说唯物史观结束了历史哲学，至少在形式逻辑上犯了概念错误：没有把他反对的历史哲学限定在唯心主义的范围内。实际情况正好相反，只要把唯物史观的实证科学"提升"为哲学，它就成了凌驾于现实科学之上的"科学的科学"的唯心主义历史哲学，怎么还能成为历史唯物主义这样实证科学的历史哲学呢？

《形态》说："对现实的描述会使独立的哲学失去生存环境，能够取而代之的充其量不过是从对人类历史发展的观察中抽象出来的最一般的结果的综合。这些抽象本身离开了现实的历史就没有任何价值。它们只能对整理历史资料提供某些方便，指出历史资料的各个层次间的连贯性。但是这些抽象与哲学不同，它们绝不提供适用于各个历史时代的药方或公式。相反，只是在人们着手考察和整理资料（不管是有关过去的还是有关现代的）的时候，在实际阐述资料的时候，困难才开始出现。"①

可见"只有哲学而不是历史观"才能完成的使命，就是要把"失去生存环境"的历史哲学请回来，"提供适用于各个历史时代的药方和公式"；正好与将唯心主义逐出历史的唯物史观相反。恩格斯解释说："人们的意识取决于人们的存在而不是相反，这个原理看来很简单，但是仔细考察一下也会立即发现，这个原理的最初结论就给一切唯心主义，甚至给最隐蔽的唯心主义当头一棒。关于一切历史的东西的全部传统的和习惯的观点都被这个原理否定了。"② 这就表明不是恩格斯，而是自己"内心深处总有一个挥之不去的情结，那就是希望将历史观提升为哲学，成为更大的总体哲学的一部分，即社会历史哲学"。但是以唯物史观为基础的马

---

① 《马克思恩格斯全集》第 3 卷，人民出版社 1960 年版，第 31 页。
② 《马克思恩格斯选集》第 2 卷，人民出版社 2012 年版，第 9 页。

克思主义是一个不可分割的有机整体，既然唯物史观和历史唯物主义都要回到"历史哲学"，那么辩证自然观也要回到"自然哲学"，《反杜林论》说，现代唯物主义"已经根本不再是哲学，而只是世界观"，当然也要颠倒过来回到凌驾于现实科学之上的科学的科学的哲学。这样，马克思恩格斯的哲学革命和毕生心血都被彻底推翻，全世界无产者只能回到黑暗中摸索。

张文还说："单纯的历史观不加提升只能是认识历史的工具和手段，甚至有陷入就事论事的危险。"这是无视"认识历史的工具和手段"的重要性，更不知这里还有形而上学和辩证法两种对立的方法。只有形而上学才"有陷入就事论事的危险"，辩证方法则正好相反。恩格斯说，马克思使辩证方法摆脱唯心主义的外壳，"使辩证方法摆脱它的唯心主义的外壳并把辩证方法在使它成为唯一正确的思想发展形式的简单形态上建立起来。马克思对于政治经济学的批判就是以这个方法做基础的，这个方法的制定，在我们看来是一个其意义不亚于唯物主义基本观点的成果"①。他在《路德维希·费尔巴哈和德国古典哲学的终结》（以下简称《终结》）里又说："我们发现了这个多年来已成为我们最好的工具和最锐利的武器的唯物主义辩证法"②。它作为世界观就是辩证唯物主义。

正是张文把方法和观点分割成为两个不同的东西，"所以，凡是有科学立足的地方"都不是恩格斯，而是自己"总想从中提炼出哲学，使之和先进阶级的命运联接在一起"。更不是"《反杜林论》和自然辩证法提供了这方面的光辉例证"，而是自己"提供了这方面的光辉例证"。因为，正是《反杜林论》说，现代唯物主义"这已经根本不再是哲学，而只是世界观，这种世界观不应当在某种特殊的科学的科学中，而应当在各种现实的科学中得到

---

① 《马克思恩格斯选集》第 2 卷，人民出版社 2012 年版，第 13 页。
② 《马克思恩格斯选集》第 4 卷，人民出版社 2012 年版，第 250 页。

证实和表现出来。因此，哲学在这里被'扬弃'了……"①《自然辩证法》则是为了"确立辩证的同时又是唯物主义的自然观"②。《终结》还说："在劳动发展史中找到了理解全部社会史的锁钥的新派别，一开始就主要是面向工人阶级的，并且从工人阶级那里得到了同情"③。这又正好与张文"提炼出哲学，使之和先进阶级的命运联接在一起"相反。因为，从唯物史观的实证科学中"提炼出哲学"，就只有回到凌驾于现实科学之上的"科学的科学"，正好成为恩格斯所说的"以哲学家头脑中臆造的联系来代替应当在事变中去证实的现实的联系，把全部历史及其各个部分都看做观念的逐渐实现，而且当然始终只是哲学家本人所喜爱的那些观念的逐渐实现"④。使普通人连这种文章都看不懂，完全背离了"先进阶级的命运"。

　　正是张文把自己的"光辉例证"送给恩格斯，才有"逻辑上似乎实践哲学在先，唯物史观在后。实际上它们是同时伴生的，这一点已经得到恩格斯的确认"。不顾费尔巴哈已经说明："只有在实践哲学之领域内，我才是唯心主义者。"⑤ 还要把"实践唯物主义"，即《关于费尔巴哈的提纲》阐明的唯物主义实践观也拉回"实践哲学"，使马克思哲学革命的最初成果也回到"科学的科学"的哲学去，而不是为在《形态》中制定唯物史观提供了"从人的感性活动"，即实践出发的物质前提。因而从根本上否定了马克思恩格斯的哲学革命。

　　那么，张文为了否定马克思恩格斯的哲学革命而"辨析"这两个概念的"不同"，是否也有歪打正着的可取之处？文中说：

————————

　　① 《马克思恩格斯选集》第 3 卷，人民出版社 2012 年版，第 250 页。

　　② 《马克思恩格斯选集》第 3 卷，人民出版社 2012 年版，第 385 页。

　　③ 《马克思恩格斯选集》第 4 卷，人民出版社 2012 年版，第 265 页。

　　④ 《马克思恩格斯选集》第 4 卷，人民出版社 2012 年版，第 253 页。

　　⑤ 《费尔巴哈哲学著作选集》下卷，荣震华、王右庆、刘磊译，生活·读书·新知三联书店 1959 年版，第 12 页。

"从学术研究角度看……混淆使用两个概念是对历史和文献的背离。"这首先是针对最初"混淆使用"的恩格斯。既然辨析的结果就否定了哲学革命，当然背离这两个概念的就不是恩格斯，跟着他使用这两个概念当然也完全正确。只是不要像张文说的那样当作套语："恩格斯在致康·施米特的信中突然提出历史唯物主义的术语，用来批评当时的德国青年不热心于艰苦的研究工作，而是把历史唯物主义当作套语，来掩饰自己历史知识的贫乏。"可否推想，恩格斯也许不是自己要启用这个概念，而是因为有人把它当作套语才说到它。

不管怎样，为了正确理解这两个概念，应当分析张文怎样区别二者。

（1）"一个是描述人类历史演进的实证科学，一个是社会历史发展及其规律的历史哲学。"这是把两个概念都分成两半，使之都不能成为科学。前者因无规律，而不能成为"实证科学"；后者虽有规律，却非"实证科学"，就只能回到已被唯物史观逐出历史的唯心主义历史哲学。

（2）"历史唯物主义确立的前提与唯物史观不同，不是人及其生命需求和满足需求的物质生产劳动，而是唯物主义与辩证法相结合的辩证唯物主义。"这是不要把辩证唯物主义运用于人类历史中来，发现从人们的物质生产出发的唯物史观，而是把唯物主义与人类历史相分离，使之都不能成为科学。

（3）"是坚持物质实践对观念的决定作用，还是一般的坚持社会存在对社会意识的决定作用。"这是不要坚持从物质生产出发的社会存在决定社会意识，而是使社会存在脱离社会生产，"对观念的决定作用"只能从天而降。

可见，正是人为地"辨析"这两个概念内涵的不同，才使两者都不能成为科学。只有把两者的内涵有机地结合起来，才能成为唯一科学的历史观，并在《资本论》中证明后成为历史唯物主义科学，而不是任何思辨的"历史哲学"。只有这样才能正确理解这两个概念。

张文说："《德意志意识形态》是唯物史观与历史唯物主义相互交织的第一个样板。"承认这个"样板"也就否定了这两个概念的不同。因为它们都是把唯物主义运用于人类社会的历史，而不是把两者分离。所以第二个样板应当是马克思在1859年经典概括的唯物史观。因为它和历史唯物主义一样，都从人们生活的物质生产出发，概括了人类社会发展的普遍规律。这在我国早已成为马克思主义的常识。

张文不顾当时《资本论》尚未出版，明知恩格斯在其书评中说："这种德国的经济学本质上是建立在唯物主义历史观的基础上的，后者的要点，在本书的序言中已经作了扼要的阐述。"① 却说，"马克思在提出历史唯物主义经典表述的《政治经济学批判》序言中，不仅肯定了'人们的社会存在决定人们的意识'这个历史唯物主义的基本问题，而且只字不谈现实的个人及其实践问题。"

这不仅违背学术上使用名称的规则，而且把唯物主义与人类社会分割开来，无视"现实的个人及其实践问题"，只要没有人类生产的"历史唯物主义"，因此完全不符合序言的白纸黑字："人们在自己生活的社会生产中发生一定的、必然的、不以他们的意志为转移的关系，即同他们的物质生产力的一定发展阶段相适合的生产关系。这些生产关系的总和构成社会的经济结构，即有法律的和政治的上层建筑竖立其上并有一定的社会意识形式与之相适应的现实基础。物质生活的生产方式制约着整个社会生活、政治生活和精神生活的过程。"②

难道这一切都不是"现实的个人及其实践问题"吗？否则，

---

① 《马克思恩格斯选集》第2卷，人民出版社2012年版，第8页。
② 《马克思恩格斯选集》第2卷，人民出版社2012年版，第2页。

生产力和生产关系、经济基础和上层建筑这两对矛盾就只能从天而降。实际上，只有在人们生产实践的基础上，才能概括出"不是人们的意识决定人们的存在，相反，是人们的社会存在决定人们的意识"这个辩证唯物主义的原理。否则，这个原理就没有人们生产实践的事实根据，不能成为实证科学，只能是人为臆想出来的"历史哲学"。

不仅如此，序言接着还说："社会的物质生产力发展到一定阶段，便同它们一直在其中运动的现存生产关系或财产关系（这只是生产关系的法律用语）发生矛盾。于是这些关系便由生产力的发展形式变成生产力的桎梏。那时社会革命的时代就到来了。随着经济基础的变更，全部庞大的上层建筑也或慢或快地发生变革。"① 这是人类社会发展的普遍规律。它不能脱离人们的物质生产过程而独立存在和发展。所以能把当时还可以了解到的亚细亚的、古代的、封建的和资本的几个时代，作为没有完全脱离动物界的人类史前时期，必将达到完全脱离动物界的人类共产主义时期。

可见，唯物史观概括了人类社会的产生、发展直到共产主义的全部历史，并不只是"观察和总结人类社会所形成的总的观点"，也不只是"主要是关照过去，面向历史"，更不是"探索人类自身发展奥秘的实证科学"；历史唯物主义也不只是"更多面向现实，注重当下发生的事情"，因为这都不符合两个概念的内涵。张文所说，"由此我们可以确认，《1844 年经济学哲学手稿》（以下简称《手稿》）、《形态》、晚年人类学笔记等都是唯物史观的经典之作"，"《共产党宣言》和马克思总结历史经验而写的《1848 年至 1850 年的法兰西阶级斗争》等就属于历史唯物主义的著作"。这也有与内容不符之处。

---

① 《马克思恩格斯选集》第 2 卷，人民出版社 2012 年版，第 2 页。

（1）《手稿》明确主张费尔巴哈的人道主义哲学。它虽已自觉运用辩证法，开始把政治经济学、哲学和共产主义联系在一起，并在其中寻求私有财产的起源和扬弃，因而远远超出了人道主义哲学，但当时这一切还是用"人的本质""类"等哲学词句来表达的，在概念上还不属于唯物史观。相反，《手稿》的人道主义哲学信仰，正是马克思《提纲》所要清算的对象。只有在《提纲》的基础上，才能用《形态》制定唯物史观，清算建立在人道主义基础上的各种空想的共产主义和社会主义。否则，马克思哲学革命的起点，就不是1845年春的《提纲》，而是1843年的《黑格尔法哲学批判》。因为正是从该书开始，他脱离黑格尔的唯心主义哲学，走向费尔巴哈人道主义哲学的唯物主义和唯心主义"二者结合的真理"①。但是还没有清算费尔巴哈直观唯物主义在人类历史领域中的唯心主义。《提纲》正是为了清算他在实践哲学领域中的唯心主义，并把它转为唯物主义的实践观，为在《形态》中制定唯物史观提供了"人的感性活动"即实践的物质前提，制定了从人们物质生产出发的唯物史观，完成了包括辩证自然观在内的唯一历史科学的哲学革命。

（2）所谓"晚年人类学笔记"，主要是西方有些学者为了把唯物史观拉回人道主义人类学的说法，实际上马克思写的是摩尔根《古代社会》一书的摘要。它与人道主义只从"人自身"出发相反，也是从两种生产出发，并从当时还遗留的亲属制度和家庭形式的矛盾中，恢复了人类家庭发展史，发现了排除兄弟与姐妹的两性关系而形成的女系血缘亲属集团即氏族是原始社会的基本单位，填补了以前还没有直接经验资料证明的空白，使《资本论》用逻辑和历史相统一的方法证明的原始社会又有了经验资料的证明，更加成为无可争辩的科学，不同于"探索人类自身发展奥秘

---

① 《马克思恩格斯全集》第42卷，人民出版社1979年版，第167页。

的"思辨哲学。因为从"人自身"无法揭开人类发展的奥秘，只有制定从人们物质生产出发的唯物史观，把社会经济形态的发展当作一种自然历史的过程，才能成为像自然科学那样的实证科学，揭示人类社会发展的客观规律。

（3）《形态》当时不能付印，马克思说："既然我们已经达到了我们的主要目的——自己弄清问题，我们就情愿让原稿留给老鼠的牙齿去批判了。"① 恩格斯说："我们决不想把新的科学成就写成厚厚的书，只向'学术'界吐露。正相反，我们两人已经深入到政治运动中"②。"随着 1848 年革命的爆发，'有教养的'德国抛弃了理论，转入了实践的领域……但是随着思辨离开哲学家的书房而在证券交易所里筑起自己的殿堂，有教养的德国也就失去了在德国的最深沉的政治屈辱时代曾经是德国的光荣的伟大理论兴趣，失去了那种不管所得成果在实践上是否能实现，不管它是否违警都同样地热中于纯粹科学研究的兴趣。"③ "只是在工人阶级中还没有衰退，继续存在着。在这里，它是根除不了的。在这里，对职位、牟利，对上司的恩典，没有任何考虑。相反，科学越是毫无顾忌和大公无私，它就越符合工人的利益和愿望。……德国的工人运动是德国古典哲学的继承者。"④ 张文辨析这两个概念的"不同"，实际上应当是理论和实践的关系，并不是理论的不同。

---

① 《马克思恩格斯选集》第 2 卷，人民出版社 2012 年版，第 4 页。
② 《马克思恩格斯选集》第 4 卷，人民出版社 2012 年版，第 203 页。
③ 《马克思恩格斯全集》第 21 卷，人民出版社 1965 年版，第 352 页。
④ 《马克思恩格斯选集》第 4 卷，人民出版社 2012 年版，第 265 页。

"异化"研究的错误

通过研究"异化"概念把马克思主义说成人道主义的论调，从马克思的《1844年经济学哲学手稿》（以下简称《手稿》）于1932年公开发表时算起，在西方折腾了半个世纪，近年来又像潮水一样涌入我国理论界。一时间，有的杂志几乎每期都有关于"异化"的讨论，还有人在《人民日报》上撰文提出研究"异化"问题"是当前理论和实践的重要课题"。但是，翻开马列著作就能看到，这股思潮正好和马克思的思想发展进程背道而驰，目标就是把马克思发现唯物史观以后的思想拉回到他早期人道主义的老路，从而用人道主义来修改马克思主义，解决所谓"社会主义的异化"，却不顾具体情况需要具体分析，就犯了方向的错误。现在针对《人民日报》发表的那篇文章从三个方面加以说明。

一 "异化"不是马克思转向新世界观的关键

文章说："马克思把费尔巴哈讲的生物的人、抽象的人变成社会的人、实践的人，从而克服了费尔巴哈的直观的唯物主义，并把它改造成实践的唯物主义；又克服了费尔巴哈的以抽象的人性论为基础的人道主义，并把它改造成为以历史唯物主义为基础的现实的人道主义，或无产阶级的人道主义，在这一转变过程中，'异化'概念的改造起了关键的作用。"对于这种"关键作用"，

《马克思〈经济学—哲学手稿〉述评》（以下简称《述评》）中还
有注解：通过"异化劳动"这一概念，"马克思打开了通向新世
界观的大门"，"为全部《手稿》中建立的新世界观奠定了基
础"。①也就是说，"异化劳动"是马克思在《手稿》中形成新世
界观的关键。

但实际上，"异化劳动"在马克思思想转变的过程中并没起到
如此"关键的作用"，而他也不是在《手稿》中形成了崭新的世
界观。在这里打开的"大门"，即使是通向他和恩格斯在《神圣
家族》中说明的"真正的人道主义"②，也并非"以历史唯物主义
为基础"，仍是在"人类本性"的基础上论述"有产阶级和无产
阶级同是人的自我异化"③，还没有将费尔巴哈的"直观唯物主
义"改造成"实践的唯物主义"即"共产主义的唯物主义"④。而
这关键的一步，是（他和恩格斯）在《德意志意识形态》（以下
简称《形态》）中达到的。当他们走出这一步，就抛弃了"现实
人道主义"的旗帜，指出费尔巴哈借助"社会的人"这一规定宣
称自己是共产主义者"犯了多大的错误"⑤。可见，费尔巴哈玩弄
概念不等于世界观的转变，而在马克思的思想转变过程中，根本
没有出现过"以历史唯物主义为基础的现实的人道主义，或无产
阶级的人道主义"。

后来，马克思在《政治经济学批判》序言中还特别说明，
1845年春，恩格斯也住在布鲁塞尔时，"我们决定共同阐明我们
的见解与德国哲学的意识形态的见解的对立，实际上是把我们从
前的哲学信仰清算一下"⑥。其成果就是《形态》。他们在这里用

① 杨适:《马克思〈经济学—哲学手稿〉述评》，人民出版社1982年版，第29页。
② 《马克思恩格斯全集》第2卷，人民出版社1957年版，第7页。
③ 《马克思恩格斯全集》第2卷，人民出版社1957年版，第44页。
④ 《马克思恩格斯全集》第3卷，人民出版社1960年版，第51页。
⑤ 《马克思恩格斯全集》第3卷，人民出版社1960年版，第47页。
⑥ 《马克思恩格斯选集》第2卷，人民出版社2012年版，第4页。

"实践的唯物主义"代替"直观的唯物主义",克服了抽象的"人性论",抛弃了"现实的人道主义",第一次系统地阐明了唯物史观的共产主义,标志着马克思主义世界观的形成。所以,文章编出那一大段话,既不符合马克思的著作,也不符合他自己的说明,却把马克思恩格斯清算的旧哲学当作新世界观,否定了马克思在世界观上的革命转变。

即使按照文章中的说辞,把人道主义加在马克思新世界观的头上,也缺乏根据。文章说:"1845 年以后,马克思、恩格斯都曾对'真正社会主义者'的人道主义呓语进行批判,在他们成熟时期的著作中,也确实不再用人道主义这个词了,这些都是毋庸回避的事实。"既然马克思恩格斯在 1845 年后"确实不再用人道主义这个词了",文章凭什么说"认为后期马克思从根本上抛弃了人道主义,也是不正确的"?又有什么理由强迫他们接受"现实的人道主义,或无产阶级的人道主义"呢?这说法本来就有问题。现实生活中不可能只有无产阶级,还有跟它对立的资产阶级,难道他们就"不是人"?就像说无产阶级在资本社会中处于"非人的"地位一样,"这里所谓'非人的东西'同'人的东西'一样,也是现代关系的产物;这种'非人的东西',是现代关系的否定面,它是没有任何新的革命的生产力作为基础的反抗"①。人道主义和人的阶级性是两个互相对立的概念,又怎么能兼容并蓄?

马克思和恩格斯在 1845 年发生世界观上的转变并非偶然,与他们从前使用人道主义的哲学概念有关。马克思在《黑格尔法哲学批判导言》和《论犹太人问题》中,虽然已经"根据经验去研究现实的物质前提","但当时由于这一切还是用哲学词句来表达的,所以那里所见到的一些习惯用的哲学术语,如'人的本质'、'类'等等,给了德国理论家们以可乘之机去不正确地理解真实的

---

① 《马克思恩格斯全集》第 3 卷,人们出版社 1960 年版,第 507 页。

思想过程并以为这里的一切都不过是他们的穿旧了的理论外衣的翻新"。① 那么，只有抛弃"人的本质"等"哲学术语"，才能不仅在"真实的思想过程"中，而且在表达方式上都不给误解者以"可乘之机"，标志着马克思恩格斯与过去一切以人性论为基础的理论（包括人道主义）都完成了彻底的决裂。这一工作，不是在《手稿》，也不是在《神圣家族》，而是到《形态》才完成的，跟《手稿》中的"异化"无关。

所谓"人的本质"的自我异化，只要清算了"人的本质"这个出发点，就成了无本之木。因此，马克思恩格斯在《形态》中谈到"异化"时，不但指出这是"用哲学家易懂的话来说"②，并且声明"如果暂时还用一下这个哲学术语"③，说明他们"须要跳出哲学的圈子并作为一个普通的人去研究现实"④。于是，《形态》不再从"人的本质"出发来谈论什么"异化概念"，而是根据"只有在想象中才能抛开的现实的前提"来说话。这种历史观就在于："从直接生活的物质生产出发来考察现实的生产过程，并把与该生产方式相联系的、它所产生的交往形式，即各个不同阶段上的市民社会，理解为整个历史的基础；然后必须在国家生活的范围内描述市民社会的活动，同时从市民社会出发来阐明各种不同的理论产物和意识形式，如宗教、哲学、道德等等，并在这个基础上追溯它们产生的过程。"⑤ 这和马克思在《手稿》中从"人的本质"来讲"劳动异化"的思路，形成了鲜明的对比。

《手稿》虽然标志着马克思开始"通过完全经验的以对国民经济学进行认真的批判研究"⑥。但正如他所说，"根据经验去研

---

① 《马克思恩格斯全集》第 3 卷，人民出版社 1960 年版，第 261—262 页。
② 《马克思恩格斯全集》第 2 卷，人民出版社 1957 年版，第 162 页。
③ 《马克思恩格斯全集》第 3 卷，人民出版社 1960 年版，第 316 页。
④ 《马克思恩格斯全集》第 3 卷，人民出版社 1960 年版，第 262 页。
⑤ 《马克思恩格斯全集》第 3 卷，人民出版社 1960 年版，第 42—43 页。
⑥ 《马克思恩格斯全集》第 42 卷，人民出版社 1979 年版，第 45 页。

究现实的物质前提；因而最先是真正批判的世界观。这一道路已在'德法年鉴'中，即在'黑格尔法哲学批判导言'和'论犹太人问题'这两篇文章中指出了"①。显然这是在《手稿》以前，而《手稿》只是沿着这条已经开辟的道路前进了一步，并非如《述评》所说："《手稿》的巨大意义，就在于奠定了科学唯物主义地理解人的本质的基础。"② 因为，《手稿》始终离不开"人的本质"，从"劳动异化"开始，到"共产主义是私有财产即人的自我异化的积极的扬弃，因而是通过人并且为了人而对人的本质的真正占有"③ 为止，都是如此，甚至没有提出需要对"人的本质"作出说明的问题。不管今天人们怎样推崇他在这里的"深刻思想"，无论如何也找不出历史唯物主义地理解"人的本质"是什么意思。只有经过《神圣家族》，在《关于费尔巴哈的提纲》（以下简称《提纲》）中，我们才第一次看到该如何科学地理解"人的本质"。马克思说："费尔巴哈把宗教的本质归结于人的本质。但是，人的本质并不是单个人所固有的抽象物，实际上，它是一切社会关系的总和。"④ 这才是马克思同"从前的一切唯物主义"（包括费尔巴哈的唯物主义）在世界观上划清了界限。

所以，恩格斯在1888年回顾说，《提纲》这份根本没有打算付印的笔记，"作为包含着新世界观的天才萌芽的第一个文献，是非常宝贵的"⑤。但它也写于《手稿》和《神圣家族》以后，要到《形态》里才有系统的阐述和发挥。怎么能说在《手稿》中"马克思表述、阐发并形成了自己的新世界观"⑥ 呢？

正是在《形态》中，马克思和恩格斯进一步说明了"人的本

① 《马克思恩格斯全集》第3卷，人民出版社1960年版，第261页。
② 杨适：《马克思〈经济学—哲学手稿〉述评》，人民出版社1982年版，第42页。
③ 《马克思恩格斯全集》第42卷，人民出版社1979年版，第120页。
④ 《马克思恩格斯全集》第3卷，人民出版社1960年版，第5页。
⑤ 《马克思恩格斯选集》第4卷，人民出版社2012年版，第219页。
⑥ 杨适：《马克思〈经济学—哲学手稿〉述评》，人民出版社1982年版，第85页。

质"："每个个人和每一代当作现成的东西承受下来的生产力、资金和社会交往形式的总和，是哲学家们想像为'实体'和'人的本质'的东西的现实基础，是他们神化了的并与之作斗争的东西的现实基础"①。因此，"人的本质"不是孤立的"个人"，也不是抽象的"类"或者"劳动"等，就其现实性来说，它是生产力和生产关系的总和。只有研究现实的一切社会关系，才能说明人的真正的本质或本性。列宁抓住了这个关键，他说："唯物主义的社会学者把人与人间一定的社会关系当做自己研究的对象，从而也就是研究真实的个人，因为这些关系是由个人的活动组成的。"②因此，"抽象的人"和"现实的人"的分界线，不在于这个人是不是有血有肉，是不是娘胎里生出来的，而在于这个人是不是在一定的社会关系中生活，有没有吃、喝、穿、住等维持生命的基本条件。否则，即使在"人"字前面加上一万个"现实的""社会的"之类的字眼，他还是不能生存，只能是"抽象的人"。可见，马克思发现新世界观的关键，不是"劳动异化"的概念，而是唯物地说明了"人的本质"；不是从"人的本质"的任何异化出发，而是从人的生产活动出发，实事求是地解剖生产本身的运动规律，以及在此基础上发展起来的全部上层建筑，包括各种意识形态在内的矛盾运动。所以，这种新世界观是"关于现实的人及其历史发展的科学"，而不是任何反对"人类本性"异化的人道主义。

马克思和恩格斯就这样拆除了"人的本质"这个"真正的社会主义"的"最后避难所"，③也暴露了以往哲学不彻底的秘密。无论是 18 世纪的法国唯物论、复辟时期的历史学家，还是英国的古典经济学，空想社会主义以及黑格尔，他们都不能不承认周围

---

① 《马克思恩格斯全集》第 3 卷，人民出版社 1960 年版，第 43 页。

② 《列宁全集》第 1 卷，人民出版社 1955 年版，第 384 页。

③ 《马克思恩格斯全集》第 3 卷，人民出版社 1960 年版，第 614 页。

环境对人的影响，有的还用财产关系来说明人的阶级地位；但是在说明周围环境和财产关系时，他们都只是以不同的方式直接地或间接地归结于"人的本质"，也就不免带有二元论的性质。这一点，我在《两种生产问题的探讨——论唯物史观的基础》①已经说得比较详细了。马克思的伟大就在于，他发现一切社会关系都是人们自己生产出来的，却不是用"人的本质"来说明社会关系，而是用社会关系的总和来说明"人的本质"。因为在社会关系生产出来后，它对每个人来说又是独立的客观存在，任何人都不可能脱离它而生存。现在人们不知道马克思在世界观上的这种真正的革命转变，又想重建"人的本质"这个旧哲学的"最后避难所"，还以为这样才抓住了马克思发现新世界观的"关键"，未免南辕北辙。

二 "异化"不是马克思主义后期的指导思想

文章说，"'异化'是一个辩证的概念，不是唯心的概念"，简直不知所谓。因为与"辩证"相对立的是形而上学，本就不是唯物或唯心。文章自己也说："唯心主义者可以用它，唯物主义者也可以用它。"那又为什么只说它"不是唯心的概念"？不是唯心的，就只能是唯物的。所以，文章实际上是要说这个概念既是辩证的，又是唯物的，万不可弃之不用；却又不敢挑明，犹抱琵琶半遮面。

但是，只要明确马克思发现新世界观的关键是唯物地说明了"人的本质"，异化概念的真面目就再也掩盖不住。因为，它不是从客观的社会关系出发，而是从"人的本质"出发的。那么，黑格尔的"精神异化"也好，费尔巴哈的"人性异化"也好，马克

①　徐亦让：《两种生产问题的探讨——论唯物史观的基础》，中国社会科学出版社1983年版。

思的"劳动异化"也好，虽然其真实思想是不同的，在自然观方面甚至是对立的，但在社会领域，都不能和唯心主义划清界限。否则，马克思在 1844 年就研究了"劳动异化"概念，接着又和恩格斯写了《神圣家族》，打起"现实人道主义"的旗帜，还有什么必要在 1845 年清算以往的哲学信仰？应该注意，在马克思恩格斯清算旧信仰以前，"劳动异化"的概念不论如何深刻，也没法摆脱唯心主义的影响。毕竟它说明社会关系是从一个没有经过科学说明的不变的"人类本性"出发，因而仁者见仁、智者见智，没有客观根据。而他们清算旧信仰后，即使略去"劳动"二字，只讲"异化"概念，也是在唯物主义的基础上反映资本主义社会的一定关系。因为在科学说明"人的本质"之后，"异化"就不再从它出发，而是从客观的社会关系出发。当这些社会关系还像一种异己的力量支配劳动者时，用当时德国理论界惯用的哲学术语，就把这种现象叫作"异化"。因此，《资本论》中出现的"异化"和《手稿》中的"异化"已经不是一个东西。只看字面，不管实质，绝不是研究马克思主义该有的态度。

文章说："关于'劳动异化'的思想，马克思在《1844 年经济学哲学手稿》中有详细的论述。后来，他把这个思想发展为剩余价值学说。这在《资本论》中说得很清楚。那种认为马克思在后期抛弃了'异化'概念的说法，是没有根据的。"这就是典型的只看概念，不顾马克思世界观的转变。因为他不是在人性论和人道主义的异化概念指导下，而是在唯物史观的指导下发现了剩余价值学说。而这个发现，也不是证明了人性论和人道主义的"异化理论"，而是如列宁所说："自从'资本论'问世以来，唯物主义历史观已经不是假设而是科学地证明了的原理"①。只有根本不相信马克思发现唯物史观的人，才会说他是把"劳动异化"

---

① 《列宁全集》第 1 卷，人民出版社 1955 年版，第 122 页。

的思想"发展为剩余价值学说"。

　　诚然，马克思在《手稿》中详细论述了"劳动异化"，但在《提纲》和《形态》中不难看到，马克思恩格斯不是从"劳动异化"出发，而是从人的"实践"和"他们的物质生活条件"① 出发；也就不再像《手稿》那样"把私有财产的起源问题变为异化劳动同人类发展的关系问题"②，而是"按照事物的本来面目及其产生根源来理解事物"③。他们说："到现在为止我们都是以生产工具为出发点，这里已经表明了在工业发展的一定阶段上必然会产生私有制。"④ 又说："联合起来的个人对全部生产力总和的占有，消灭着私有制。"⑤ 可见，他们的思想过程，不是"人的本质"通过"劳动异化"产生了私有制，最终在"共产主义是私有财产即人的自我异化的积极的扬弃"⑥ 中实现人向自身的"复归"；而是在生产力发展到一定阶段时产生私有制，然后生产力进一步发展到一定阶段导致私有制的消灭。他们这种共产主义，不是"作为完成了的自然主义，等于人道主义，而作为完成了的人道主义，等于自然主义，它是人和自然界之间、人和人之间的矛盾的真正解决"⑦，而是生产力发展的必然结果。所以"建立共产主义实质上具有经济的性质"⑧。这就标志着马克思主义开始形成。

　　正是在唯物史观指导下，马克思和恩格斯批判道："哲学家们在已经不再屈从于分工的个人身上看见了他们名之为'人'的那种理想，他们把我们所描绘的整个发展过程看作是'人'的发展过程，而且他们用这个'人'来代替过去每一历史时代中所存在

---

　　① 《马克思恩格斯全集》第 3 卷，人民出版社 1960 年版，第 23 页。
　　② 《马克思恩格斯全集》第 42 卷，人民出版社 1979 年版，第 102 页。
　　③ 《马克思恩格斯全集》第 3 卷，人民出版社 1960 年版，第 49 页。
　　④ 《马克思恩格斯全集》第 3 卷，人民出版社 1960 年版，第 74 页。
　　⑤ 《马克思恩格斯全集》第 3 卷，人民出版社 1960 年版，第 77 页。
　　⑥ 《马克思恩格斯全集》第 42 卷，人民出版社 1979 年版，第 120 页。
　　⑦ 《马克思恩格斯全集》第 42 卷，人民出版社 1979 年版，第 120 页。
　　⑧ 《马克思恩格斯全集》第 3 卷，人民出版社 1960 年版，第 79 页。

的个人，并把他描绘成历史的动力。这样，整个历史过程被看成是'人'的自我异化过程，实际上这是因为，他们总是用后来阶段的普通人来代替过去阶段的人并赋予过去的个人以后来的意识。由于这种本末倒置的做法，即由于公然舍弃实际条件，于是就可以把整个历史变成意识发展的过程了。"① 这就说清了"异化"理论其实是从"意识"出发的唯心实质。《手稿》中的"劳动异化"，既然是"人的本质"的自我异化，至少在形式上没有完全摆脱"这种本末倒置的做法"。照这样，连唯物史观都无法创立，更不要说发现剩余价值学说了。

因此，在《形态》中，为了阐明他们的唯物史观，马克思和恩格斯批判了"人的本质""类"和"异化"等哲学术语。此后十多年中，马克思几乎没再使用"异化"概念，《哲学的贫困》《共产党宣言》等一系列不朽的马克思主义著作正是在此期间问世的。这就足以说明，发现唯物史观后，"异化"概念不再不可或缺。《述评》一方面声称不同意西方学者朗兹胡特、迈耶尔和德曼对《手稿》的评价，另一方面自己又说它"为我们理解马克思思想的全部发展提供了钥匙和线索""贬低《手稿》的价值，将它抛弃，我们也就丢掉了生动的富有创造力的马克思主义的真正源头，而只能背诵某些结论"。这其实迎合了西方所谓马克思的晚期著作"暴露了创作能力的某些衰退和削弱"的论调。果真如此，马克思从《提纲》到《资本论》缺乏创造力，而列宁、毛泽东等没看到《手稿》就没法"理解马克思思想的全部发展"，"而只能背诵某些结论"。这是要否定马克思主义的发展史。

在《资本论》中倒还能找到"异化"的字眼，且不论有多少"创造力"，它们实在少得可怜；如不添油加醋，读起来也不会有《手稿》那种人道主义的味道。因为《资本论》不是从"人的本

---

① 《马克思恩格斯全集》第3卷，人民出版社1960年版，第77页。

质"的"异化劳动"出发，一开始就说明，"我们的研究就分析商品开始"①。共产主义也不再是"人的自我异化的积极的扬弃"和"复归"，而是商品经济发展的必然结果。整个分析过程，不是"人的自我异化过程"，而是商品生产自身矛盾运动的发展过程。列宁在说明《资本论》的骨骼时指出："这个分析仅限于社会成员间的生产关系。马克思一次也没有利用这些生产关系以外的什么因素来说明问题……"② 马克思自己也说："我的观点是把经济的社会形态的发展理解为一种自然史的过程。"③ 显然这不是把历史归结为"人类本性"的自我异化。

而在分析这个"自然史"的过程中，为了批判古典经济学和庸俗经济学，马克思说过："工人本身不断地把客观财富当作资本，当作同他相异己的、统治他和剥削他的权力来生产"④。《资本论》第3卷有几处说到"异化"，也有类似的意思。它不能从旧的"异化"概念中找到说明，而是资本主义私有制的产物。马克思 1857—1858 年写的《政治经济学批判》草稿中说："随着资本的发展，劳动条件同劳动相异化"⑤。这就把《手稿》中的"异化劳动"思想颠倒过来，不是"劳动异化"产生私有制，而是资本主义生产关系产生"异化劳动"。所以，"异化劳动"思想不能发展为剩余价值学说，发现剩余价值学说以后才能说明"劳动异化"现象。

而马克思在《资本论》第一卷发表前 2 年写的《工资、价格和利润》一书中，根本不用"异化"概念，只是用数学计算说明了资本家购买劳动力后在生产过程中不费任何代价就占有了工人

---

① 马克思：《资本论》第 1 卷，人民出版社 2004 年版，第 47 页。
② 《列宁全集》第 1 卷，人民出版社 1955 年版，第 121 页。
③ 马克思：《资本论》第 1 卷，人民出版社 2004 年版，第 10 页。
④ 马克思：《资本论》第 1 卷，人民出版社 2004 年版，第 659 页。
⑤ 《马克思恩格斯全集》第 46 卷下册，人民出版社 1980 年版，第 360 页。

的剩余劳动，"体现在剩余价值和剩余产品上面"①。他说："在雇佣劳动制度的基础上要求平等的或甚至是公平的报酬，就犹如在奴隶制的基础上要求自由一样。你们认为公道和公平的东西，与问题毫无关系。问题就在于：在一定的生产制度下所必需的和不可避免的东西是什么？"② 提到公民韦斯顿认为他的观点"对工人阶级有利"，马克思又说："这种在道义上表现出来的勇气，我们每个人都应该深表尊敬。"但是他"在理论上是错误的，在实践中是危险的"。③ 因此，马克思的结论是：工人"应当摒弃'做一天公平的工作，得一天公平的工资！'这种保守的格言，要在自己的旗帜上写上革命的口号：'消灭雇佣劳动制度！'"④ 显然，马克思已经用"雇佣劳动"代替"异化劳动"。而且，他和恩格斯总说"自由""平等""博爱""公平""公道"等人道主义的要求只是"虚无缥缈的幻想"。如果在马克思发现剩余价值学说以后，还说这是从"劳动异化"发展而来甚至就是"劳动异化"，就好像看到现代化学用方程式描述炼金术的化学过程，还说这是炼金术一样可笑！

即使抠字眼，"劳动异化"是劳动产生异化的意思。那么，只要有劳动的地方就有异化，无法"复归"。资产阶级经济学家正是这样把资本主义的"生产关系说成是社会劳动的绝对（而不是历史地）必然的、自然的、合理的关系"，"因为在他们看来，雇佣劳动和劳动是等同的"。"劳动才是一切。""这实际上是从李嘉图的观点，从李嘉图自己的前提出发来维护无产阶级利益的一切著作的最后的话。李嘉图不懂得他的体系中所论述的资本和劳动的等同，同样，这些著作的作者也不懂得他们所论述的资本和劳动

---

① 《马克思恩格斯选集》第 2 卷，人民出版社 2012 年版，第 49 页。
② 《马克思恩格斯选集》第 2 卷，人民出版社 2012 年版，第 47 页。
③ 《马克思恩格斯选集》第 2 卷，人民出版社 2012 年版，第 17 页。
④ 《马克思恩格斯选集》第 2 卷，人民出版社 2012 年版，第 69 页。

之间的矛盾。"① 马克思则把雇佣劳动看作资本主义特有的生产关系。它不是永恒的，而是历史的产物，和它是不是被认为人道的毫无关系。

在《资本论》中，马克思以他特有的分析能力，树立起人类历史上一座集智慧大成的里程碑。而只有死抱着《形态》所说的那种"德国理论家"的世界观，才会把《资本论》客观分析的商品、货币、资本、剩余价值等运动过程，都塞到"劳动异化"的概念里，于是商品生产的全部发展过程都成了"人的本质"的自我异化过程，书中的"一切都不过是他们的穿旧了的理论外衣的翻新"，没有"创造力"，只是死记硬背。

如果说《手稿》作为马克思从哲学转向经济学并将二者结合起来走向唯物史观的阶梯，是研究他的思想发展的一个重要课题，那么在这种研究过程中不能不看到：《手稿》问世后，西方兴起一股反马克思主义的思潮，将《手稿》和他发现唯物史观以后的著作对立起来，通过抬高前者来抹杀后者，矛头直指马克思主义的"成熟时期"，就是要用马克思主义以前的人性论为基础的人道主义来代替唯物史观和剩余价值学说，让科学共产主义回到空想。面对这股祸水，我们应该研究其来龙去脉，转化成搞清马克思思想发展史上的这一环节的辅助材料，帮助人们正确理解他的思想转变，更好地掌握马克思主义的精神实质。

三 所谓"社会主义的异化"

从实践上看，把研究"异化"问题作为当前的重要课题，也不符合我国实际，且其矛头直指社会主义。

文章说："在一个很长的时间内，我们一直把人道主义一概当

① 《马克思恩格斯全集》第 26 卷第 3 册，人民出版社 1974 年版，第 285—286 页。

作修正主义批判，认为人道主义和马克思主义绝对不相容。这种批判有很大的片面性，有些甚至是错误的。"但是，这种批判的大方向是正确的。况且，在理论上分清马克思主义和人道主义，才能避免在世界观上和资产阶级搞联合。如前所述，马克思和恩格斯在 1844 年的《神圣家族》中树起"现实人道主义"的旗帜，而在 1845 年的《形态》中就清算从前的哲学信仰，创立唯物史观，此后至死不变。假如"现实人道主义"和辩证唯物主义可以相容，他们又搞什么清算呢？

而文章把批判"人性论、人道主义"说成为推行灭绝人性、惨无人道的"封建法西斯主义""制造舆论根据"，更是乱扣帽子。须知，"封建法西斯主义"和"人性论、人道主义"并非水火不容。例如，尼采所谓"超人"哲学，就可以从"人的本性"出发为法西斯主义屠杀"劣等民族"炮制舆论。还有更多的史实表明，人道主义者对自己的敌人也不会心慈手软，甚至一手摇着橄榄枝，一手举着屠刀。而唯物史观批判了人道主义，才不会被法西斯主义所利用。因为它说明剥削和被剥削、行善和作恶、先进和落后等，都不是"人的本性"所决定，而是一定社会关系的产物。那么，杀人放火不能真正解决问题，改变社会关系才是根本的办法，需要一定的生产力为前提。"人的本性"既然不是天生的，惩戒就不能只是针对个人的肉体。马克思在《哥达纲领批判》中说到"调整监狱劳动"时强调："无论如何应当明白说出，工人们不愿意由于担心竞争而让一般犯人受到牲畜一样的待遇，特别是不愿意使他们失掉改过自新的唯一手段即生产劳动。这是应当期望于社会主义者的最低限度的东西。"① 要是连"最低限度的东西"都没有，也不会是因为批判"人性论、人道主义"，而是因为他压根不是唯物史观指导下的社会主义者。马克思在《手稿》

---

① 《马克思恩格斯选集》第 3 卷，人民出版社 2012 年版，第 378 页。

中说:"在李嘉图看来,人是微不足道的,而产品则是一切"①。《资本论》第三卷又说,有人指责李嘉图,"说他在考察资本主义生产时不注意'人',只看到生产力的发展,而不管这种发展以人和资本价值的多大牺牲为代价。这正好是他的学说中的重要之处"②。如此评价,是否也"灭绝人性"?但恰恰是唯物史观的结论。

文章说:"人是我们建设社会主义物质文明和精神文明的目的,也是我们一切工作的目的。生产本身不是目的,阶级斗争、人民民主专政本身也不是目的。过去许多同志把这一点忘了。"这里强调"人是目的"好像发现了一个伟大的真理。问题是,"许多同志"恐怕不是忘记了"人是目的",而是忘记了他们的工作应当是为了人民大众,而不能只图私利。对此,只讲"人是目的"显然无济于事,因为一个人一切为了自己也还是为了人,这种口号完全可以为极端个人主义者服务。何况,从"目的"出发还是从"手段"出发,本就是唯物论和唯心论的一条分界线。普列汉诺夫说:"现代的辩证唯物主义则从社会科学中清除了目的论。"③因为目的只是主观要求,没有一定手段就不可能达到。有了一定目的后,最重要的就是研究达到它的手段,否则只能空想。马克思比空想社会主义高明的地方,不在于宣布"人是目的",而在于揭示了解放全人类的物质手段,让社会主义从空想变成科学。生产本身当然不是目的,但若无人生产,衣食住行等"目的"都达不到;人民民主专政当然也不是目的,但要是没有它,必定国家变质,人民遭殃。把目的和手段对立起来,高喊目的,蔑视手段,只能是不负责任的空话。

---

① 《马克思恩格斯全集》第42卷,人民出版社1979年版,第72页。
② 《马克思恩格斯选集》第2卷,人民出版社2012年版,第511页。
③ [俄]普列汉诺夫:《论唯物主义的历史观》,晏成书译,人民出版社1957年版,第9页。

文章把新中国建设中由于没有经验而"干了不少蠢事","由于民主和法制的不健全"而使人民的公仆变成了"人民的主人"以及"个人崇拜"等现象,通通归结为"社会主义的异化",还说:"自然,社会主义的异化,同资本主义的异化是根本不同的。"那么,资本主义异化的根源在于资本主义私有制,"社会主义异化"的根源又在哪里?文章说:"异化的根源并不在社会主义制度,而在我们的体制上和其他方面的问题。"可是,"体制上和其他方面的问题"又是什么呢?文章没有说明,但它给"异化"下的定义还是:"主体在发展的过程中,由于自己的活动而产生出自己的对立面,然后这个对立面又作为一种外在的、异己的力量而转过来反对或支配主体本身。""社会主义的异化"的主体也就不言而喻。

但是,邓小平在《党和国家领导制度的改革》一文中说得很清楚:"从党和国家的领导制度、干部制度方面来说,主要的弊端就是官僚主义现象,权力过分集中的现象,家长制现象,干部领导职务终身制现象和形形色色的特权现象。"① 这些弊端,"多少都带有封建主义色彩"②,因此不是"社会主义的异化",而是封建主义的残余影响。"封建主义的残余影响当然不止这些。如社会关系中残存的宗法观念、等级观念",所以重点不是研究什么"异化",而是"应该明确提出继续肃清思想政治方面的封建主义残余影响的任务,并在制度上做一系列切实的改革,否则国家和人民还要遭受损失"。③

邓小平还说:"在思想政治方面肃清封建主义残余影响的同时,决不能丝毫放松和忽视对资产阶级思想和小资产阶级思想的批判,对极端个人主义和无政府主义的批判。""由于近年国际交

---

① 《邓小平文选》第 2 卷,人民出版社 1994 年版,第 327 页。
② 《邓小平文选》第 2 卷,人民出版社 1994 年版,第 334 页。
③ 《邓小平文选》第 2 卷,人民出版社 1994 年版,第 334—335 页。

往增多，受到外国资产阶级腐朽思想作风、生活方式影响而产生的崇洋媚外的现象，现在已经出现，今后还会增多。这是必须认真解决的一个重大问题。"① 并且指出："现在有些青年，有些干部子女，甚至有些干部本人，为了出国，为了搞钱，违法乱纪，走私受贿，投机倒把，不惜丧失人格，丧失国格，丧失民族自尊心，这是非常可耻的。"②

那么，封建主义的残余影响和资产阶级的思想入侵，虽然并非"社会主义的异化"，但它们是不是社会主义的异己力量？如果不是，邓小平提出反对就错了；如果是，文章强调研究"异化"问题，为什么不提这些？难道是因为它们符合"人道主义"精神？如果不符合，为什么不反对？如果符合，还要鼓吹"人性论""人道主义"干什么？而强调研究"社会主义的异化"，又不提反对封建主义残余影响和资产阶级思想入侵，不就是把我国经济、政治和思想上发生的各种不良想象归罪于社会主义这个"主体"吗？那还要如何"改革"，可想而知。

而邓小平早已提出科学的指导方针："总之，必须把肃清封建主义残余影响的工作，同对于资产阶级损人利己、唯利是图思想和其他腐化思想的批判结合起来。"③ 因为资本主义是在反对封建主义的斗争中发展起来的，当我们继续肃清封建主义的残余影响，如不及时防止，资本主义及其思想自然会发展起来。加上我们逐步开放国际交往，反对资本主义和资产阶级思想入侵确实是"必须认真解决的一个重大问题"。只有搞好这两个方面的斗争，党和国家的制度改革才能不受它们的干扰，在马克思主义的指导下，沿着中国特色社会主义的轨道顺利向前。

---

① 《邓小平文选》第 2 卷，人民出版社 1994 年版，第 336 页。
② 《邓小平文选》第 2 卷，人民出版社 1994 年版，第 337 页。
③ 《邓小平文选》第 2 卷，人民出版社 1994 年版，第 338 页。

"实践唯物主义"小考

我国理论界对马克思说到"实践的唯物主义"产生了很大兴趣，据此对马克思主义哲学提出了不同设想，甚至愈演愈烈。其实，这是理解马克思恩格斯原著的问题。如果加进其他思想，就不该挂到他们名下。何况，"实践的唯物主义"只是马克思恩格斯在制定唯物史观时第一次说的。若是必须发展的思想，后来他们又怎会不提，留给别人作文章？所以应当考证。

一 "实践唯物主义"的原意

马克思恩格斯只在《德意志意识形态》（以下简称《形态》）中提过一次"实践的唯物主义"。前文残缺，原意似难查证。但是，前文稍远处说："承认现存的东西同时又不了解现存的东西——这也是费尔巴哈和我们的敌人的共同之点。"① 他们要证明"某物或某人的存在同时也就是某物或某人的本质；一个动物或一个人的一定生存条件、生活方式和活动，就是使这个动物或人的'本质'感到满足的东西"②。那么，如果千百万无产者根本不满足于他们的生活条件，如果他们的"存在"同他们"人的本质"

---

① 《马克思恩格斯全集》第 3 卷，人民出版社 1960 年版，第 47 页。
② 《马克思恩格斯全集》第 3 卷，人民出版社 1960 年版，第 47 页。

相矛盾，又该怎么办呢？

　　针对费尔巴哈满足于现状，马克思说："实际上和对实践的唯物主义者，即共产主义者说来，全部问题都在于使现存世界革命化，实际地反对和改变事物的现状。"① 费尔巴哈如果也有类似观点，不过是零星猜想，对他"总的世界观"影响不大。比方说，当他看到大批积劳成疾的平民，"便不得不诉诸'最高的直观'和理想的'类的平等化'，这就是说，正是在共产主义的唯物主义者看到改造工业和社会制度的必要性和条件的地方，他却重新陷入唯心主义"②。

　　其实，"实践的唯物主义者即共产主义者"，也即"共产主义的唯物主义者"，与费尔巴哈借助"社会的人"来宣称自己是共产主义者相反，认为共产主义"不是应当确立的状况，不是现实应当与之相适应的理想"，而是"消灭现存状况的现实的运动"。③ 那么，"消灭现存状况的现实运动"为什么叫"共产主义"？"实践的唯物主义者"又为什么"即共产主义者"，有何必然联系？

　　原来，马克思恩格斯还信仰人道主义哲学时，就在无产阶级身上看到共产主义是扬弃"自我异化"的"人性复归"；等到他们"清算"从前的信仰、"制定"唯物史观时，当然不能再从"人类本性的自我异化"和"复归"出发，而要"从直接生活的物质生产出发"④，考察人类社会及其发展过程，证明共产主义是生产发展的必然结果。因此，"实践的唯物主义者，即共产主义者"或"共产主义的唯物主义者"，都是唯物史观可能提出的不同说法，目的是跟人道主义者把共产主义看作"应当确立的状况"和"理想"划清界限。

----

① 《马克思恩格斯全集》第3卷，人民出版社1960年版，第48页。
② 《马克思恩格斯全集》第3卷，人民出版社1960年版，第50页。
③ 《马克思恩格斯全集》第3卷，人民出版社1960年版，第40页。
④ 《马克思恩格斯全集》第3卷，人民出版社1960年版，第42页。

　　马克思恩格斯把历史领域中的唯物主义也叫"实践的唯物主义"，是因为"社会生活在本质上是实践的"①。毕竟，任何个人或社会缺了几天的生活资料就可能完蛋，所以每天都要进行物质生产和相关活动，才能支撑其他活动——这才是"唯物主义"的历史观。因此，马克思恩格斯后来说明《形态》"制定"的是唯物史观，没叫它"实践唯物主义"，甚至不提"实践"二字，只从生产出发揭示了历史规律。他们的理论都以此为"指导"。现在要回到"实践的唯物主义"上去，显然不符合他们的主张。何况，这样做的目的，是要把它当作哲学世界观而不限于历史领域，似乎在人类历史以外还有什么"实践的唯物主义者"！

　　有人也承认"实践概念只有在历史观中才能讲清楚"，却又说："过去有的哲学著作在讲历史观时只讲生产，没有把实践作为一个重要范畴。""不能用历史观去吞并世界观。"就好像生产不是实践，历史观也不包含世界观似的。实际上，物质生产正是人类社会最基本的实践，不仅包含人与人之间的社会关系，而且包含人与物之间的自然关系，只有在这个基础上才能产生一定的历史观和世界观，否则它们不是从天上掉下来，便是"人脑所固有的抽象物"——这就是唯心论的错误。

二　"实践唯物主义"的来源

　　马克思在《关于费尔巴哈的提纲》（以下简称《提纲》）中就强调了"实践"。他说，包括费尔巴哈在内，从前一切唯物主义的主要缺点是："对事物、现实、感性，只是从客体的或者直观的形式去理解，而不是把它们当作人的感性活动，当作实践去理解"②。这里说的"实践"就是"人的感性活动"，不在人之外，

---

①　《马克思恩格斯全集》第 3 卷，人民出版社 1960 年版，第 5 页。
②　《马克思恩格斯全集》第 3 卷，人民出版社 1960 年版，第 3 页。

而是人本身的活动。对此，旧唯物主义虽然也把人当作物质客体，和唯心主义从人的精神出发相对立；但由于它"只从客体或直观的形式去理解"，"不是从主观方面去理解"，所以连唯心主义在精神方面的发展也给否定了。这就和唯心主义一样，不了解精神的能动性要以物质生产的发展为基础。虽然在发展生产的基础上，人的精神作用越来越大，但是永远不能没有生产，否则人就无法生存，谈不到什么主观能动性。所以人也不是不变的东西，而是历史发展的结果。只把人当作客体来直观，不搞清他的产生和发展过程，就无法掌握其中的规律。而要了解人的历史，除了把人当作客体来直观，还要依靠思维能力去研究人的历史，发现其中规律，从主观方面去理解。这只有借助辩证法才能办到，因为辩证法正是把人也看作产生和发展的过程。

马克思批判唯心主义时，没有抛弃辩证法，还当作"出发点"。他不是看到"人的感性活动"或"实践"就完事了，还进一步从中找出物质生产这个根本，并由此出发，说明人类社会产生和发展的历史过程，也包括人在思想方面的产生和发展过程。《形态》把《提纲》的"包含着新世界观的天才萌芽"[1] 发展到完整的唯物主义历史观，说明只有考察了人们在生产过程中的物质关系以后，才明白人何以有"意识"。意识一开始就是社会的产物，不论如何发展，始终只是社会的产物。这才克服了唯心主义的错误，避免了旧唯物主义的缺点，证明了思维发展不是理论问题，而是实践问题——哲学家只是"解释世界"，而问题在于"改变世界"。

再往前追溯"实践唯物主义"的来源，还可以从马克思的《1844年经济学哲学手稿》里找到线索。其中不仅批判吸取了黑格尔的辩证法，还说道："正象无神论作为神的扬弃就是理论的人

---

① 《马克思恩格斯选集》第4卷，人民出版社2012年版，第219页。

道主义的生成，而共产主义作为私有财产的扬弃……就是实践的人道主义的生成一样"①。当他还信仰人道主义时，就把扬弃私有财产的共产主义叫作"实践人道主义"，称自己为"真正的人道主义者"；而在制定唯物史观时，便称自己为"实践的唯物主义者，即共产主义者"。后者是从前者转变而来的，因为除了把"人道主义"换成"唯物主义"，"实践"和"共产主义"作为扬弃私有财产的要求，前后是一样的。因此，不能把实践和"共产主义"分开，把它变成抽象的哲学概念。

这里的"实践"是相对于"理论"来说的。但他没有把"理论的人道主义"也变为"理论的唯物主义"，因为"实践唯物主义"已经包含理论。他在《提纲》中说，费尔巴哈致力于把宗教世界归结到它的"世俗基础"上，但没有注意到，"在做完这一工作之后，主要的事情还没有做呢"。因为"世俗基础"之所以产生宗教，只能用它本身的矛盾来说明，"然后用排除这种矛盾的方法在实践中使之革命化"。无神论作为理论的人道主义，只有"实践的唯物主义"才能解决；而"实践的唯物主义"没有从生产出发的唯物史观就不能把"世俗基础"的矛盾结构和运动过程去具体化，既不能说明人类的历史，也不能说明宗教的历史。所以，马克思恩格斯不把"理论的人道主义"变为"理论的唯物主义"，后来也没再提"实践唯物主义"并非无缘无故，而是唯物史观已经使"实践的唯物主义"上升到"真正实证的科学"。② 只有在这个基础上才能建成马克思主义。

三　"实践"是否作为"本体"？

马克思恩格斯没谈过这个问题，但从"实践唯物主义"的来

---

① 《马克思恩格斯全集》第 42 卷，人民出版社 1979 年版，第 174 页。
② 《马克思恩格斯全集》第 3 卷，人民出版社 1960 年版，第 31 页。

源可以看出:"实践"和共产主义分不开,既可属于人道主义,也可属于唯物主义,都是扬弃私有财产的要求。不过,前者是从"人的本质"出发,共产主义也就成了"人类本性自我异化"的"复归";后者是从"物质生产"出发,共产主义也就是生产发展的必然结果。

那么,马克思恩格斯为什么把这个转变当作"清算"从前的"哲学信仰",才使共产主义从空想发展到科学?原来,从前的共产主义和社会主义,包括空想主义和费尔巴哈,都讲"人的本质",归根到底是从人的理性、思想、意识等观念出发,在历史领域都是唯心的,当然只有空想,没有科学。只有转到唯物主义的历史观,才从"物质生产"出发,在生产的经济条件方面发生的物质的变革便"可以用自然科学的精确性指明"①,所以不是空想,而是科学。

可见,马克思恩格斯从人道主义转向唯物史观,就是把出发点从"人的本质"(精神)转到生产(物质)。要说"本体论",他们是从精神本体论转为物质本体论。当然主要是在历史方面。因为人道主义在自然界方面,也可以承认物质是本原,人类本身不过是自然界的一部分;但在人类这一部分自然界内,它不能违背"人是人的最高本质"这个基本原则,即使看到了"人的感觉、感觉的人性,都只是由于它的对象的存在,由于人化的自然界,才产生出来的。五官感觉的形成是以往全部世界历史的产物"②,也不能说这是物质生活条件对人本身的决定作用,否则就得降低人的"主体"地位,不能再从"人的本质"出发——显然这不是彻底的"物质本体论"。只有承认物质生活条件对人本身的决定作用,才能从生产出发,说明人类社会的发展过程,并且不是用空话,而是用人们生产出越来越多的生存资料、发展资料

---

① 《马克思恩格斯选集》第 2 卷,人民出版社 2012 年版,第 3 页。
② 《马克思恩格斯全集》第 42 卷,人民出版社 1979 年版,第 126 页。

和享受资料等客观事实，证明人作为"主体"具有无限的能动性，就这样在历史领域中也坚持完全的"物质本体论"，将唯物主义发展到彻底的一元论。用人的能动性来否定物质决定论，就像用自由来否定必然一样，只是形而上学的诡辩。

恩格斯说明全部哲学基本问题时，把回答精神和自然界何者是本原，当作划分唯心主义和唯物主义的标准，也适用于马克思恩格斯在哲学信仰上的转变。1845 年以前，虽然他们早就抓住经验事实来研究，但还没有抛弃从"人的本质"出发，在哲学上仍然信仰人道主义。反过来看，由于在哲学上还信仰人道主义，所以不能看穿"人的本质"。当时马克思最多只把"劳动"当作"人的本质"，而没有把"人的本质"在现实性上理解为"一切社会关系的总和"，所以它并不随着社会关系的变化而变化，不能解释在阶级社会中人们为什么普遍轻视劳动，只能用"人类本性的自我异化"来搪塞。只有转到唯物史观后，他们不仅不再从"人的本质"出发，还从生产出发来说明"人的本质"。他们说："每个个人和每一代当作现成的东西承受下来的生产力、资金和社会交往形式的总和，是哲学家们想像为'实体'和'人的本质'的东西的现实基础，是他们神化了的并与之作斗争的东西的现实基础"①。

这里要说本原，显然不是哲学家们想象和"神化"的"实体"和"人的本质"，也不是劳动本身，而是物质的生产力和生产关系。这是人们利用自然界创造出来的，并不是人本身，也不是人本身的实践，而是人们在生产过程中的物质关系。从中可以看到"人的本质力量"，但是人对它不能为所欲为，只能按照其中规律办事，还要随着物质关系的变化而变化——"整个历史也无非是人类本性的不断改变而已"②。因此，生产力和生产关系的矛

---

① 《马克思恩格斯全集》第 3 卷，人民出版社 1960 年版，第 43 页。
② 《马克思恩格斯选集》第 1 卷，人民出版社 2012 年版，第 252 页。

盾运动，虽然是人类活动的表现，但在本质上和自然界一样，不以人们的意志为转移，乃是自然历史上的一个过程。

实践只有理解为物质生产，才能成为人类历史的本原。因为人类只有开始生产，才从自然界中分化出来，过着越来越不同于其他动物的生活。正因如此，实践作为人的活动，不限于物质生产，还有在这个基础上产生和发展起来的其他活动，包括政治和思想的活动在内。因此，实践是比生产更广泛的范畴，而从精神活动方面来理解人的实践，则是唯心主义的拿手好戏。即使在历史领域内，作为"本体"，"实践"也不如生产明确。何况没有自然界，生产和实践都无法进行，所以世界的本原只能是自然界。不承认先于人类而存在的自然界，或者把先于人类而存在的自然界叫作"虚无"，就是要把人类也当作上帝的创造物。这和一般的唯物主义都不相干，更不要说历史唯物主义了。

原来，自从人类出现，自然界中产生了一个与自身相对照的精神世界。从此，不是以自然为本原，就是以精神为本原，再没有第三个本原。不可知论想把物质和精神割裂开来，搞两个本原。对此，以及一切哲学上的怪论，"最令人信服的驳斥是实践，即实验和工业"①。既然人们能创造出某一自然过程，并使之为自身目的服务，就证明对这个过程的认识是正确的，那么不可知的"自在之物"也就完结了。可见，和物质对立的精神不是本原。至于"多元"，纵然时髦，但若追问到底，便知这些"元"绝不都是本原，只是在哲学上不确切、不彻底的表述。

---

① 《马克思恩格斯选集》第4卷，人民出版社2012年版，第232页。

也谈"主体性原则"

　　"主体性"及其"原则",一度流行于哲学界,还影响到文学等领域。现就《主体性原则是马克思主义哲学的基本原则——答陈中立同志的商榷》①（以下简称《答文》）谈点看法,以供参考。

一

　　《答文》说:"主体性是人类的存在方式、活动方式和对世界以及自身的把握方式",而其"原则",陈中立说:"它的特定内涵就是,人类是主体存在物,它把所有一切都当作人类的有用物,人类只是从自己的内在需要、内在尺度出发来把握和占有物的尺度。把这一根本特点贯穿到一切领域、一切方面,这就是主体性原则。"

　　这里的问题,不在于"人类只是从自己的内在需要、内在尺度出发",而是没有进一步追究人类的"内在需要、内在尺度"为什么不同于其他动物,又是从何而来?如果是天生的,为什么对于各时代的人们有所不同,在某些人之间甚至相反?显然,这些"内在需要、内在尺度"背后还有更根本的原因。

---

　　① 陈志良:《主体性原则是马克思主义哲学的基本原则——答陈中立同志的商榷》,《光明日报》1992 年 5 月 4 日。

主观唯心主义想不到这个问题，因为它把"主观"当作人们活动的最终动力；旧唯物主义在这里背叛了自己，也把主观动机视作人类行为的根本指引；客观唯心主义想到这个问题，但又归结到"神""绝对观念"之类的精神产物。总之，马克思主义以前的哲学，虽有唯物、唯心之分，但论及人这个"主体"，都把思想当作行动的最终原因，跳不出唯心论的窠臼。

直到马克思发现唯物史观，才证明人们的"内在需要、内在尺度"既非天生，也不是来自"神""绝对观念"等，归根结底是一定生产方式的产物，随着生产方式的变化而变化。《德意志意识形态》中说："人们用以生产自己必需的生活资料的方式"，不仅是"个人肉体存在的再生产"，"它在更大程度上是这些个人的一定的活动方式"，"个人怎样表现自己的生活，他们自己也就怎样"。① 后来，《资本论》第一卷第一版序言中也说："我的观点是把经济的社会形态的发展理解为一种自然史的过程。不管个人在主观上怎样超脱各种关系，他在社会意义上总是这些关系的产物。"②

这就抓住了"人类的存在方式、活动方式和对世界以及自身的把握方式"背后的物质原因，把唯物主义原则贯彻到人类历史领域，将从前只在自然观上的唯物主义发展到彻底的唯物主义，不再从人类"内在"因素出发，而是从外在的客观物质生产的具体情况出发，和"主体性原则"正好相反。

二

《答文》认为思维和存在的关系这个哲学基本问题，在马克思之后"不具有那种最高意义的核心地位了"。殊不知，马克思正是

---

① 《马克思恩格斯全集》第3卷，人民出版社1960年版，第24页。
② 《马克思恩格斯选集》第2卷，人民出版社2012年版，第84页。

抓住了人类"内在需要、内在尺度"背后的物质因素才发现了唯物史观。所谓"内在需要、内在尺度"总是通过大脑表现为不同形式的"思维",没有外界物质因素的作用,就不可能凭空产生。而这种独立于思维之外又作用于人脑的物质因素,也就是哲学上说的"存在"(物质)。在思维与物质的关系这个基本问题上,马克思批判黑格尔法哲学后,就知道法律和国家的形式一样,不能从他们本身来理解,"相反,它们根源于物质的生活关系"。因而站到费尔巴哈人本主义自然观的唯物主义立场上批判了黑格尔的唯心主义,还在 1845 年制定唯物史观时,说明了费尔巴哈怎样在历史领域重新陷入唯心主义,也就清算了自己从前的包括人本主义在内的"哲学信仰",树立了以彻底唯物主义为基础的马克思主义。它并非凌驾于"哲学基本问题"之上,而是给出了彻底的回答。

三

《答文》说:"如果哲学仍然以说明世界为己任,那么思维与存在的关系当然是最大最高的问题","如果哲学家转向'改变世界'的基本任务,那么人作为主体存在物与世界的关系就上升到主要地位了"。这就不好理解了。难道"说明世界"不涉及人与世界的关系吗?而"人作为主体存在物"又可以没有思维吗?实际上,人们总是按照自己怎样"说明世界"(即世界观)去"改变世界"的。马克思主义以前的哲学如果不影响人们"改变世界",还有什么批判的必要呢?而哲学作为世界观的理论如果也能完成"改变世界"的任务,还要人们群众的革命实践吗?所以马克思说:"哲学家们只是用不同的方式解释世界,而问题在于改变世界。"① 这不是说"解释世界"不重要，而是它本身不足以"改变世界"。

恩格斯晚年总结哲学的基本问题，说的正是"全部哲学的最高问题"②，而不只是马克思主义以前的哲学。他是为了反对当时复活德国古典哲学和折衷主义的思潮。而思维和存在的关系问题有两个方面。第一个方面，世界的本原是精神还是自然界，随着不同的回答就分出唯物主义和唯心主义两大阵营。在这个问题上，思维和存在是对立的，没有调和折中的余地。马克思主义就是把唯物主义发展到历史领域，和辩证法相结合，成为彻底的、辩证的唯物主义，或唯物辩证法。

但在第二个方面，思维能否认识世界，也就是思维和存在的同一性问题，绝大多数哲学家都作出了肯定的回答。例如，在黑格尔看来，只要人类把他的哲学"从理论转移到实践中去"，按照他的原则来改造全世界，思维和存在的同一性就会得到证实。"这是他和几乎所有的哲学家所共有的幻想。"③ 只有不可知论才把思维和存在绝对对立起来，认为思维不能认识世界。黑格尔就对这种观点作了决定性的批判。而马克思不停留在理论的实际上，而是用物质的实践，即"实验和工业"最有力地驳斥了不可知论和其他相关怪论，确立了物质实践是检验真理的标准。

四

《答文》认为主体性"当然是"马克思主义哲学的原则，但综上所述，其四条理由都不能成立。

第一，马克思主义哲学与旧唯物主义的"根本区别"，不是从

---

① 《马克思恩格斯选集》第1卷，人民出版社2012年版，第140页。
② 《马克思恩格斯选集》第4卷，人民出版社2012年版，第230页。
③ 《马克思恩格斯选集》第4卷，人民出版社2012年版，第231—232页。

"主体"的"内在需要、内在尺度"出发，不是"仅仅把理论的活动看作真正人的活动"，而是把现实"当做感性的人的活动，当做实践去理解"，也就是"把人的活动本身理解为对象性的活动"，① 充分认识人类在物质生产基础上发展起来的全部能动性，不仅克服了旧唯物主义的缺陷，也和唯心主义的"抽象"（思维）的能动性相对立。

第二，"马克思主义哲学的自然观、历史观、认识论，等等，都是从实践出发，从主体方面来把握的"，但是这个"实践"和"主体"不是指从人类的"内在需要、内在尺度"出发，相反，正是从"人的感性活动"出发，"把人的活动本身理解为客观的（物质的）活动"，《关于费尔巴哈的提纲》才能成为"从直接生活的物质生产出发"② 的新世界观的天才萌芽。

第三，马克思主义哲学的"功能"如果是为了"改造世界"，首先必须科学地"解释世界"，而不是不顾客观情况就从人类"内在需要、内在尺度"出发去瞎碰。否则，它也不能成为"关于群众历史作用和无产阶级历史使命的哲学依据"。而只有从物质生产出发，才能合乎逻辑和历史地证明"群众的历史作用和无产阶级历史使命"。因为以物质生产为基础的现实生活，没有劳动人民就无法存在；无产阶级不把资本主义生产变成共产主义生产，就不能让自己彻底解放。

第四，把"主体性原则"加到马克思主义头上，"使我们走向现代的"不是马克思主义，而是它以前的哲学在今天的表现：不追究人们行为动机的动机，不分唯物和唯心，也不考虑客观情况如何，就"从自己的内在需要、内在尺度出发"，"人作为主体存在物本质上便是追求全面发展的存在物"。注定只是空谈和妄想。

---

① 《马克思恩格斯选集》第 1 卷，人民出版社 2012 年版，第 133 页。
② 《马克思恩格斯选集》第 1 卷，人民出版社 2012 年版，第 171 页。

"无产阶级民主"思想辨析[*]

一

有人说:"十月革命胜利之初,列宁在回答资产阶级和第二国际的领袖们对苏维埃的责难时说过:'无产阶级民主比任何资产阶级民主要民主百万倍;苏维埃政权比最民主的资产阶级共和国要民主百万倍。'但是,如何保护无产阶级民主制的实现呢?列宁既没有从理论上加以说明,也没有从国家立法上予以保证,仿佛无产阶级民主是一种天生民主,天然民主。结果,苏联建国之初造成的国家体制,使无产阶级民主成为只停留在文字上的民主。"

面对这种观点,人们不得不思考,如果这是正确的,那么"苏联建国之初"至少在实际上就没有无产阶级民主,列宁"回答资产阶级和第二国际的领袖们"也就成了空话。这种观点作为"中国史家论苏联四种"之一,收录在《俄国社会主义实践研究》[①] 一书中,应该讨论清楚。

实际上,列宁在选择苏维埃制度时就因为它是实现无产阶级民主的形式,而且进行十月革命就是为了使无产阶级上升为统治阶级,争得民主。十月革命前夕,列宁为了批判修正主义,还在

---

* 本文发表于《马克思主义研究》2007年第1期,原标题《列宁"无产阶级民主"思想辨析》

① 叶书宗:《俄国社会主义实践研究》,安徽大学出版社2005年版。

《国家与革命》一书中，从恩格斯说国家是"实行镇压的特殊力量"这个定义中得出结论："资产阶级对无产阶级，即一小撮富人对千百万劳动者'实行镇压的特殊力量'，应该由无产阶级对资产阶级'实行镇压的特殊力量'（无产阶级专政）来代替。这就是'消灭作为国家的国家'。这就是以社会的名义占有生产资料的'行动'。"①

可见，无产阶级专政既从政治上又从经济上保证了"千百万劳动者"的民主，难道这不比资产阶级民主实际上只保证"一小撮富人"的权利"要民主百万倍"吗？只要"民主"来保证"民主"，而不是要"专政"来保证"民主"，把"民主"和"专政"对立起来，才会指责"列宁既没有从理论上加以说明，也没有从国家立法上予以保证"无产阶级民主的实现。

而在十月革命打碎旧的国家机器，建立了苏维埃制度以后，如果还没有从"理论上"和"立法上"保证无产阶级民主的实现，那么凭什么说"苏维埃从立法上说是国家最高立法机关和权力机关"呢？更不要说苏维埃夺取政权后便立即宣布剥夺地主土地和大资本家的财产归全民所有，又从经济上保证了"千百万劳动者"当家作主。难道这都是"只停留在文字上的民主"吗？所以列宁说："只有自觉的资产阶级奴仆，或是政治上已经死亡、钻在资产阶级的故纸堆里而看不见实际生活、浸透资产阶级民主偏见、因而在客观上变成资产阶级奴才的人，才会看不到这一点。"②

何况，"苏联建国之初"不仅在各独立国家都建立了苏维埃制度，而且在成立苏联时，也是各独立国家都"自愿和平等"地加入，并有"自由退出的权利"。难道这都是"只停留在文字上的民主"吗？不应忘记苏联的这种高度民主还被利用作为苏联解体的权利呢！

---

① 《列宁选集》第 3 卷，人民出版社 1995 年版，第 124 页。
② 《列宁选集》第 3 卷，人民出版社 1995 年版，第 607 页。

那么怎样证明"只停留在文字上的民主"呢？

"苏联的无产阶级民主制的具体形式的苏维埃制度。苏维埃政权是由布尔什维克党缔造的，没有布尔什维克党就没有苏维埃政权。在政府权力上，苏维埃从法律上说，是国家最高立法机关和权力机关；人民委员会是国家行政机关，政府执行部门。这样，在布尔什维克党、苏维埃、人民委员会三者的关系上，形成了没有布尔什维克党就没有一切的观念和不成文的成例。"

难道这也不对吗？如果没有布尔什维克党的领导，就不会有十月革命，也就不可能有"苏维埃政权"，怎么还能"保证无产阶级民主的实现"呢？可见，这不是要从"理论上"和"立法上"保证无产阶级民主的实现，而是要通过否定布尔什维克党的领导，改变"苏维埃政权"的阶级性质，消灭已经实现的"无产阶级民主"。

何况，所谓"在实践上，最初的党中央政治局、最高苏维埃（前身为全俄苏维埃中央执行委员会）、苏联人民委员会，党、政不同的三个机构，实际是一套人马……这样，实际上党的最高机关就是国家最高决策机关，党的领导人决定一切"，也不符合实际。因为"党中央政治局"显然没有那么多"人马"，而且后两个机构的主要领导人，应当是"党中央政治局"的成员，这不仅是工作需要，而且便于实现党的领导，否则，靠谁来按照马列主义科学办事呢？但并非"党的最高机关就是国家最高决策机关"，因为"最高苏维埃"才是"国家最高决策机关"，党的领导需要通过苏维埃。而且更不是"党的领导人决定一切"，因为"党的领导人"不仅在"党中央政治局"和"党中央委员会"里都必须按照民主集中制原则办事，而且在"苏维埃"和"人民委员会"也必须如此，并不是可以随心所欲的。不过，党中央经过民主集中制的决定，需要通过"党的领导人"来实行，这是"集体领导"和"分工负责"的需要，正好与"党的领导人决定一切"相反，避免了封建独裁和只停留在形式上的民主，怎么能把"党的领导人"描绘成封建专制的独裁者呢？

二

事实又怎样呢？

"历史的状况使党的最高领导人决定一切的现象凝固化。在十月革命以前，在布尔什维克党夺取政权以前，一切重大问题当然全由党的最高领导机关决定。这种状况，在十月革命胜利以后也就习惯地继续下去。是否签订《布列斯特和约》，全国是否从'军事共产主义'转变到新经济政策等问题，就是首先也是最终由党中央作出决定的。这种状况在那时都被认为是自然的，无论是全俄苏维埃中央执行委员会或者人民委员会，都没有意识到要争发言权，也没有意识到要从法律程序上对这种决定方式提出异议。"

实际上，苏维埃政权是在党的领导下取得的。只要不想失去苏维埃政权，怎么会"意识到要从法律程序上对这种决定方式提出异议"呢？而"党的最高领导人决定一切的现象"，往往正是民主集中制的体现。因为"党的最高领导人"名正言顺地代表党中央传达已经作出的决定，如果违背了中央决定的精神，也就是违背了民主集中制。因此，不能因这种"现象"就不把民主集中制加以"凝固化"并作为基本组织原则坚持下去，否则就不能保证无产阶级民主的实现。难道只要"民主"不要"集中"，也能保证无产阶级民主的实现吗？

"是否签订《布列斯特和约》"，正是按照民主集中制解决问题的最好体现。因为当时党中央三派意见争得不可开交，直到列宁不得不提出辞职，托洛茨基才以中派立场投了弃权票，使布哈林主战派也成为少数，列宁主和派的意见得以多数通过，并立即通知德方签订和约，挽救了新生苏维埃政权免于灭亡。当时的民主程度已经到了极限，否则不是三派意见各行其是，就是都不实行，苏维埃政权就会被德军扼杀在摇篮里，无产阶级民主也就无从谈起，怎么还能保证实现呢？

"全国是否从'军事共产主义'转变到新经济政策"，虽然没有弄到列宁要求辞职的地步，但斗争也很激烈。当时党中央多数人知道，战争结束转到和平建设，应从余粮收集制转为粮食税，调动农民积极性，振兴农业，发展工业，巩固工农联盟，建设社会主义。但是，托洛茨基要把"战时共产主义"的"螺丝钉拧紧一下"，主张把军事方法搬到工会中来，要求立即把"工会国家化"。跟在他后面的"工人反对派"也提出把全部国民经济管理事业交给"全俄生产者代表大会"，认为工人阶级的最高组织形式不是党而是工会。"民主集中派"则要求让各种派别组织和团体能够完全自由活动，力图破坏党对苏维埃和工会的领导。布哈林这次与托洛茨基交换了位置，不是以左派面貌出现，而是与其同伙组成"缓冲"集团，掩护托洛茨基的进攻。面对这种局势，列宁不得不用《论工会、目前局势及托洛茨基同志的错误》《再论工会、目前局势及托洛茨基同志和布哈林同志的错误》才使托洛茨基和布哈林认识到自己的错误，其他错误思想也就迎刃而解，为实现从"战时共产主义"转变到新经济政策扫清了道路。列宁这"两论"也就成了教育人民用说服方法实现无产阶级民主的名著。

可见，这两次决策，如果是"使党的最高领导人决定一切的现象凝固化"，那么正好体现了列宁严格按照民主集中制实现无产阶级民主的决策精神，树立了比资产阶级民主"要高百万倍"的光辉榜样，只有宁要苏维埃政权灭亡也不要党领导的人，才会"意识到要争发言权"并"提出异议"，以便实现一个没有苏维埃政权和党领导的无产阶级民主。

还有什么可说呢？

"从个人意识上，列宁是倾向于民主的；但是从体制上，列宁是倾向于集权和专政，列宁几乎经常处在这种矛盾当中。全国过渡到新经济政策后，列宁眼看官僚主义积习日益严重，对此表现出深恶痛绝，但是他只是用尖刻的言辞诅咒官僚主义，却没有提出一条有效的实际办法可以从立法程序上限制官僚主义，因为那样就会从立法程序上限制集中制或专权。"

既然知道"十月革命胜利之初"列宁回答"第二国际的领袖们对苏维埃政权的责难"，当然也应知道列宁指出考茨基写《无产阶级专政》这本小册子的要害是把"民主"和"专政"对立起来，因而用《无产阶级专政与叛徒考茨基》来回答。那么列宁自己怎么还可能"几乎经常处在这种矛盾当中"呢？难道列宁也不知道，无产阶级用暴力革命争取民主就是为了实现对资产阶级的专政，而不是为了实现"资产阶级民主"吗？那么他为什么说："无产阶级不粉碎资产阶级的反抗，不用暴力镇压自己的敌人，就不能获得胜利，而凡是实行'暴力镇压'的地方，没有'自由'的地方，当然也就没有民主。这是考茨基不了解的。"① 因此，列宁不可能还像考茨基那样把"民主"和"专政"对立起来，使自己成为考茨基那样的"叛徒"。

这里应当分清"民主"和"专政"与"民主"和"集中"的界限。前者是为了解决敌我矛盾，后者是为了解决人民内部矛盾，不能混为一谈。考茨基指责十月革命不是用"民主的方法"而是用"专政的方法"，就是在解决敌我矛盾时背叛了"无产阶级专政"。而用"民主的方法"就是取消革命，不准无产阶级上升为统治阶级，争得民主，怎么还能实现无产阶级民主呢？

列宁反对官僚主义则是解决人民内部矛盾，当然不能用"专政的方法"，只能用"民主的方法"，也就是批评和自我批评的说

---

① 《列宁选集》第3卷，人民出版社1995年版，第615页。

服方法。否则就是敌我不分，还谈什么立法程序呢？列宁当时反对官僚主义，主要表现为共产党人的妄自尊大凌驾于真正事业之上，把生动活泼的工作淹没在浩如烟海的公文之中。而这样做的人往往是由于勤勤恳恳而受到大家尊敬的共产党员，对于这种官僚主义，列宁除了"咒骂"，渴望他们努力改正，怎么会"提出一条有效的实际办法可以从立法程序上限制"呢？而要"从立法程序上限制集中制或专权"又怎样坚持"民主集中制"呢？可见，反对官僚主义不能"从立法程序上限制集中制或专权"，否则就要破坏民主集中制，不是回到封建专制，就是回到资产阶级民主，不可能走别的道路。

列宁也不是没有克服官僚主义的办法，比如，用新经济政策促进工农业的发展，进行文化革命，建设社会主义经济基础，精简机构，密切联系群众，加强监督和检查机制，把官僚主义送给法庭审判，等等。只是这些标本兼治的有效办法，正好与"从立法程序上限制集中制或专权"的手段相对立，所以有人无法理解列宁的"诅咒"。

三

还有什么高见呢？

"健全法制可以防止个人独裁，健全法制可以防止权力欲者弄权，健全法制可以有效地避免冤屈，这是人类在社会发展过程中逐步总结出来。资产阶级在反对封建斗争中和建立资产阶级国家以后的很长一段时间，将很大的力气化在资产阶级立法上。在司法程序方面，资产阶级建立了一定的司法程序、人身不可侵犯权、审判制度等等，形成了资产阶级的法制秩序。"

原来如此强调"法制"，就是为了实行资产阶级那一套。那么现代发达资本主义国家就没有"独裁""弄权"和"冤屈"了吗？

但近年来，有的国家总统下令打垮了某些国家后，还找不到任何理由算什么？国内监狱人满为患，还在国外监狱莫须有地关押"囚犯"也不审判，难道都与"独裁""弄权"和"冤屈"无关吗？资产阶级国家从来不择手段，还讲什么"法制"？何况资产阶级法制的欺骗性早已被人揭穿，不仅丝毫没有改变工农群众的奴隶地位，而且正是为了维护比古代奴隶制和封建制更坏的现代奴隶制。只要资产阶级的"私有财产"还是"神圣不可侵犯"，就不可能防止"独裁""弄权"和"冤屈"，因为无产者不能不当有产者的奴隶。"人身不可侵犯权"实际上只存在于少数有钱、有权的人身上，广大群众正是被侵犯的对象。法律是统治阶级的工具，它怎么会限制统治阶级呢？

列宁不仅没有依靠资产阶级的法制，还用社会主义法制来代替它，抛弃只讲民主、不敢讲专政的欺骗，使与专政相对立的"形式民主"服从于"事实民主"。"自由"和"平等"也是如此。只有这样才能巩固无产阶级专政，实现无产阶级民主，建成社会主义，直到共产主义。否则，无产阶级就会丧失已经得到的一切。这已被赫鲁晓夫的"民主法制"反对斯大林的"独裁专制"直到苏联解体的历史所证实，难道我们还要重蹈覆辙吗？

社会主义法制在内容上正好与资产阶级法制相反，不是为了统治人民，而是为了统治人民的敌人。当然不能随便确定"人民的敌人"，必须依法公开审判。但是只有站在人民的立场上才能看清有无法律依据，站在敌人的立场上则正好相反。对于"持不同政见者"的立场，勃列日涅夫与赫鲁晓夫就有相反的观点。显然不能站在敌人的立场上，只能以人民立场为准。限制人民统治自己的敌人，会有什么结果呢？戈尔巴乔夫继承赫鲁晓夫的事业，为斯大林时期的全部"冤案"平反，而不提赫鲁晓夫以来的一个冤案，结果就是亡党亡国。只看"法律程序"这种"形式上的民主"而不顾是否冤案的政治内容，正是使自己站到"敌人"立场上去的原因（何况并非都是违背"法律程序"），结果把事情搞颠倒了，还以为自己在做"清官大老爷"呢！后果摆在自己面前，还不知道原因在哪里，就只好听任历史的审判了。

至于说："列宁对党内反对派表现出应有的民主和宽容，但是在第十次代表大会上通过《关于党的统一》的决议，责令立即毫无例外地解散一切不论按照何种政纲组成的集团，并责成所有组织密切注意禁止任何派别活动。凡是不执行代表大会这项决议的，应立即毫无条件地开除出党。会上有人提出，通过这样的决议，就是从党的立法上禁止不同意见。列宁回答说，'如果在根本问题上发生了分歧，我们绝不能剥夺党和中央委员向全党申诉的权利。我想不出我们怎么这样做！'。列宁以他个人的气质容忍党内不同意见的存在，但是这个决议的确实从党的立法上禁止不同意见。"

这种误解甚至无法理解列宁的"回答"。因为这个决议并不是一般地"禁止不同意见"，只是禁止"一切不论按照何种政纲组成的集团"，即在党内"禁止任何派别活动"。须知，党内的个人不同意见是正常的，不仅允许上告，而且可以保留。但是，如果发展到有自己政纲的派别活动，情况就不同了。如不禁止，不仅使党内的行动无法统一，而且还有分裂的危险。"列宁以他个人的气质"也能容忍党内这种"不同意见的存在"吗？那么当年"布尔什维克"为什么不和"孟什维克"共存在一个党内呢？况且，既然有了自己的政纲，又不肯放弃，还要留在党内干什么？独立出去不是更加自由和民主吗？

列宁的回答也说明，不是一般问题上的意见分歧，而是"在根本问题上发生了分歧"。因为，在一般问题上的意见分歧，不会影响党的性质和任务，"党和中央委员"没有必要向全党申诉；而"如果在根本问题上发生了分歧"，又允许党内的派别活动，"剥夺党和中央委员向全党申诉的权利"，党的性质和任务就会受到影响，甚至可能改变党的性质和任务。显然，不能把"一般问题"

和"根本问题"混为一谈。

还有什么理由呢？

"斯大林担任了总书记之后，掌握了无限的权力。列宁看到了这一情况，忧虑其不良后果，可惜他仍然从斯大林的粗暴、任性等个人品质上看问题，希望用一个其他方面和斯大林一样，就是有一点强过他，即'更耐心、更忠顺、更和善、更关心同志、少任性'的人代替斯大林的总书记职务。可见，列宁的解决办法实际上是一种乞求人的心灵自我完善的办法，不是用立法来解决法制问题，而是用人性来解决法制问题。这种办法是无法解决问题的。"

虽然这种观点很时髦，但是它从根本上与唯物史观相对立。因为唯物史观认为，"立法"和"人性"都不是永恒不变的事物，而是随着生产关系即经济基础的变化而变化的东西，只有根据现实的经济基础才能解决"立法"和"人性"的问题，否则不仅无法解决立法和人性的问题，而且难免受资产阶级法制的欺骗。

列宁作为忠实而伟大的马克思主义者，他怎么能在根本问题上离开唯物史观，去受资产阶级法制的欺骗呢？何况他也知道，"个人品质"并不是天生不变的东西，还说粗暴"这一点看来可能是微不足道的小事"，"在我们共产党人相互交往中是完全可以容忍的，但是在总书记的职位上就成为不可容忍的了"。①

列宁的"遗嘱"体现了对共产主义事业的极度负责，也体现了共产党人不隐瞒自己观点的极度民主，而且历史早已证明了它无比正确。斯大林时期虽有不少缺点、错误，但在当时苏共中央没有哪一个人当总书记能像斯大林那样，遵照列宁思想在苏联建成、巩固和发展社会主义。他即使犯了再大的错误，苏联也无

---

① 《列宁选集》第 4 卷，人民出版社 1972 年第 2 版，第 746 页。

愧为国际共产主义运动的先锋队，还打败了德国法西斯，形成了社会主义阵营。而反斯大林的结果，就是苏联的灭亡和国际共运跌入低谷。事实摆在眼前，怎么还分不清楚呢？还不该想想原因吗？

关于斯大林的上层建筑概念[*]

斯大林是一位伟大的马克思列宁主义者。他对哲学领域的一系列问题，特别是关于上层建筑问题的论述，就是他顺利建成社会主义初级阶段的经验总结，对马列主义的唯物史观有很大的贡献。但是，目前国内有些刊物的文章受到苏联修正主义影响，在这个问题上把斯大林同马克思对立起来，有不符合实际的评论。因此，我想在有关问题上用事实来说明斯大林观点的正确性，希望有助于弄清唯物史观这个基本概念。

一　上层建筑包括意识形态

斯大林在《马克思主义和语言学问题》中说："上层建筑是社会的政治、法律、宗教、艺术、哲学的观点，以及同这些观点相适应的政治、法律等设施。"① 斯大林这个定义，不但明确了上层建筑应当包括各种社会观点和社会设施两项内容，而且明确了这两项内容之间的关系，有助于正确理解上层建筑的概念。

但是，朱光潜先生对斯大林这个观点提出"两点迷惑"：第一，马克思是说"各种观点或意识形态适应基础"，在斯大林这里

＊　本文收录于《斯大林哲学思想讨论文集》，中国社会科学出版社 1982 年版。

①　《斯大林选集》下卷，人民出版社 1979 年版，第 501 页。

"却变成了政治、法律机构和'这些观点'相适应了";第二,
"意识形态显得比政治、法律机构还重要,因为政治、法律机构反
而要适应意识形态"。因此就把斯大林和马克思对立起来了,而且
朱光潜先生显然认为"这些变动"不是无关"宏旨"的,因为
"这就有堕入唯心史观和修正主义的危险"。①

　　我认为,朱光潜先生这种"迷惑"是可以解释的。产生第一
点"迷惑"的原因在于,孤立地只看一句话,没有把上下文联系
起来加以理解。因为斯大林在这里,不但首先明确区分了上层建
筑和经济基础这两个概念,而且紧接着就说:"任何基础都有同它
相适应的自己的上层建筑。"② 显然,斯大林认为,不但意识形态
是与经济基础相适应的,而且整个上层建筑包括各种"设施"都
是与经济基础相适应的。而马克思的上层建筑概念,有时只说意
识形态,比如,他在《路易·波拿巴的雾月十八日》中说:"在
不同的财产形式上,在社会生存条件上,耸立着由各种不同的、
表现独特的情感、幻想、思想方式和人生观构成的整个上层建
筑。"③ 有时又指观点和设施,比如,他在《政治经济学批判》序
言中说:"即有法律的和政治的上层建筑竖立其上并有一定的社会
意识形式与之相适应的现实基础。"④ 但是,只要把马克思这两种
说法结合起来加以考察,就可以明显地看出,"竖立"在基础之上
的上层建筑:第一,不是专指法律和政治,还应当包括其他的意
识形态;第二,政治和法律也不是专指"设施",还应当包括政治
和法律的观点。因此,马克思并没有单独地把政治和法律作为上
层建筑,而把其他的意识形态排斥在上层建筑之外,也没有把政
治和法律同政治观点和法律观点分开。相反地,他却把所有这一

---

　　① 朱光潜:《上层建筑和意识形态之间关系的质疑》,《华中师院学报》(哲学社会
科学版) 1979 年第 1 期。

　　② 《斯大林选集》下卷,人民出版社 1979 年版,第 501 页。

　　③ 《马克思恩格斯选集》第 1 卷,人民出版社 2012 年版,第 695 页。

　　④ 《马克思恩格斯选集》第 2 卷,人民出版社 2012 年版,第 2 页。

切都统统作为经济基础之上的上层建筑，所以认为它很"庞大"。当然，他在这里也没有说明这些上层建筑内部之间谁适应谁的问题，但是，每个头脑正常的人都会知道，没有意识或观点的政治和法律，同没有意识或观点的哲学、宗教、艺术等其他上层建筑一样，是根本不可想象的。因此，斯大林的观点和马克思的观点，不但不矛盾，而且理解得很准确，还增加了自己的正确说明。

朱光潜先生产生第二点"迷惑"的原因在于，机械地理解"适应"的关系。比如，新中国是在毛泽东思想指导下建立起来的，能够说只有毛泽东思想重要而新中国就不重要吗？反过来也一样，能够说只有新中国重要而毛泽东思想就不重要吗？因此不能把上层建筑的观点和设施对立起来，应当统一起来加以理解。在没有观点的时候，产生观点是重要的；而有了观点以后，设施就是重要的了。只要观点不要设施，就像只要毛泽东思想不要新中国一样荒谬。

但是，在一定意义上，也可以说观点比设施更重要。因为没有观点就根本谈不到设施，而且观点是否正确，对于设施能否巩固，还具有决定的意义。而这正是上层建筑的特点，因为没有人民借以意识到生产力和生产关系的冲突，就不能去力求建立克服这种冲突的社会设施。社会设施总是人们自觉建立起来，不能离开人们的意识而自动产生。因此，吴元迈同志说："斯大林这句话并不意味着，政治、法律等设施应由意识形态来决定，'适应'并无'决定'的意思。"① 这是不正确的。因为这不但同他自己的观点相矛盾，而且不符合通常对"适应"的理解。吴元迈同志说："一定的政治、法律等设施，都是以一定的社会观点、思想体系为

---

① 吴元迈：《也谈上层建筑与意识形态的关系——与朱光潜先生商榷》，《哲学研究》1979 年第 9 期。

指导并与之相适应地建立起来的。"① 从这里可以直接得出这样的结论：没有一定的社会观点就不可能建立一定的社会设施。这不是"决定"又是什么呢？我们通常理解生产关系适应生产力，上层建筑适应经济基础的"适应"，也就是"决定"的意思，为什么斯大林说的这个"适应"就没有"决定"的意思呢？

社会生活的实践证明，同人们的一切行动都是直接由思想决定的一样，任何社会设施都只有通过人们头脑才能建立起来。没有社会观点的社会设施是根本不可想象的。如果认为社会设施是由社会观点决定的就是"唯心史观和修正主义"，那就不知道世界上怎么会有唯物史观和马克思主义呢？这就像施达克在费尔巴哈那里找唯心主义一样，完全找错了地方。因为施达克无非是把追求理想当作唯心主义，但是，推动人去从事活动的一切，都要经过人的头脑，甚至吃喝也是由于头脑感觉到饥渴才引起的，并且同样由于头脑感觉到满足而停止。正如恩格斯所说："如果一个人只是由于他追求'理想的意图'并承认'理想的力量'对他的影响，就成了唯心主义者，那么任何一个发育稍稍正常的人都是天生的唯心主义者了，怎么还会有唯物主义者呢？"②

唯物史观和唯心史观的区别，马克思主义和修正主义的区别，不在于是否承认社会设施是由社会观点决定的，而在于是否把社会观点当作社会设施的最终原因。而在这个问题上，斯大林明确地指出，上层建筑不但同基础"相适应"，而且"是由基础产生的"。③ 因此，无论是社会观点还是社会设施，也就是说，全部上层建筑，归根到底，都是由经济基础决定的。因此，斯大林的观点不但不是什么"唯心史观和修正主义"，而且正是全面、准确地

① 吴元迈：《也谈上层建筑与意识形态的关系——与朱光潜先生商榷》，《哲学研究》1979 年第 9 期。

② 《马克思恩格斯选集》第 4 卷，人民出版社 2012 年版，第 238 页。

③ 《斯大林选集》下卷，人民出版社 1979 年版，第 502 页。

坚持了唯物史观和马克思主义。

　　既然斯大林关于上层建筑的概念，不但包括各种社会观点和社会设施两项内容，而且正确地指明了两者之间的关系，那么认为斯大林"在上层建筑和意识形态之间画起等号来"，或者认为斯大林在社会观点和社会设施"这两项之间画等号就是以偏概全"，都不是斯大林的意思。社会观点和社会设施既然是两种不同的东西，怎么能在它们之间画等号呢？既然它们无论哪一种都只是上层建筑的一部分，怎么能在部分与整体之间画等号呢？只有把意识形态从上层建筑里面挖出去，并且把它当作可以脱离经济基础而独立存在和发展的东西，才能在上层建筑和社会设施之间"画起等号来"。但是，这和斯大林的观点正好相反。因此，不是斯大林"违反起码的形式逻辑"，而是这样理解的人自己违反了最起码的形式逻辑和客观事实；不是斯大林"以偏概全"，"过分抬高了意识形态的作用，从而降低了甚至抹杀了政权、政权机构及其措施的巨大作用，这就有堕入唯心史观和修正主义的危险"，而是这样理解的人自己有这种危险。正如人像在照相机里是倒立的一样，原因不在人，而在照相机的镜面结构。正是在把斯大林和马克思对立起来的地方，人们可以看到斯大林对上层建筑的贡献。

二　上层建筑不是"社会存在"

　　斯大林关于上层建筑的概念，包含上层建筑不是唯物史观所说的"社会存在"的思想。既然上层建筑的各种设施是同它的观点相适应的，因此无论是意识形态还是各种社会设施，都是人们意识到生产力和生产关系的矛盾并力求克服这种矛盾而自觉地按照自己的观点建立起来的，因而只能属于唯物史观所说的"人们的意识"范畴，而不可能属于"社会存在"的范畴。

　　但是，朱光潜先生的文章却根据马克思说"物质生活的生产方式制约着整个社会生活、政治生活和精神生活过程。不是人们的意识决定人们的存在，是人们的社会存在决定人们的意识"，认为在"这里上层建筑和经济基础同属于'社会存在'，而'精神生活'就是包括意识形态"①。因此，又把斯大林和马克思对立起来了，而且显然认为斯大林的观点是错误的。

我认为，朱光潜先生的观点违背了马克思的原意。因为朱光潜先生在这里显然是把"政治生活"这种上层建筑当作"社会存在"。但是，马克思说得很明确，"政治生活"也同"整个社会生活"包括"精神生活"一样，是由"物质生活的生产方式"所制约的。因此，只有"物质生活的生产方式"，或者说"生产方式的必然关系的经济关系"②，也就是"生产关系的总和"即"经济基础"，才是唯物史观所说的第一性的"社会存在"，而其他"整个社会生活、政治生活和精神生活"，都是在这个基础上建立起来的社会关系，因而不管多么庞大而复杂，也不管怎样有力地影响着人们的思想和生活，都不过是第二性的存在和作用，不能同经济基础这种第一性的社会存在混淆，只能属于社会意识的范畴。只有这样理解，才能时刻把"生产的经济条件方面"的东西，同意识到经济条件方面的矛盾并力求克服这种矛盾的"意识形态的形式"区别开来。如果像朱光潜先生那样，把"政治生活"当作"社会存在"，那么其他的法律生活甚至宗教生活、艺术生活、哲学生活等一切"意识形态的形式"，因为都像"政治生活"一样，不但可以有自己的观点体系，而且可以成立自己的组织机构，制定各种措施，所以都应当列入"社会存在"的范畴。但是这样一来，又到哪里去找意识形态呢？因为意识形态除了以政治、法律、道德、宗教、艺术、哲学等"形式"存在以外，再也没有了。因

---

① 朱光潜：《上层建筑和意识形态之间关系的质疑》，《华中师院学报》（哲学社会科学版）1979 年第 1 期。

② 《马克思恩格斯选集》第 4 卷，人民出版社 2012 年版，第 410 页。

而朱光潜先生所理解的"精神生活就是包括意识形态",便不知道是指什么东西。结果就无法区别第一性的物质关系和第二性的思想关系。

当然,作为思想关系的上层建筑,内部各领域之间的相互影响,或者说相互反映,这也是一种明显的客观事实。每当政治的和法律的设施建立起来,不但会很快地在政治家和法学家那里产生新的意识形态,而且还会在上层建筑其他领域中引起连锁反应。因此,恩格斯说:"对哲学发生最大的直接影响的,是政治的、法律的和道德的反映。"[1] 毛泽东同志也说:"一定的文化是一定社会的政治和经济在观念形态上的反映。"[2] 但这并不是说,政治、法律、道德也和经济一样,都是"社会存在",而哲学、艺术、宗教等其他领域就是"意识形态"。因为相反的情形也同样存在。正如毛泽东同志所说,一定的文化"又给予伟大影响和作用于一定社会的政治和经济"[3]。但是,在这里,只有经济才是基础,才是最终起决定作用的社会存在。它在这里虽然并不重新创造出任何东西,然而,它却决定着现有思想资料的改变和进一步发展的方向。而政治则和其他上层建筑一样,不能起这种决定作用,只是上层建筑内部的互相反映,因而不能当作社会存在,否则其他的上层建筑也不好处理。比如,中世纪的宗教就是一个明显的例子。在那里,不但宗教设施在宗教家那里也产生了新的意识形态,而且连哲学、政治、法律都变成了神学的科目,任何社会运动和政治运动都不得不采取神学的形式。难道能把宗教也当作"社会存在"吗?因此,不能把上层建筑的一部分当作"社会存在",而把另一部分当作"意识形态",否则就是走进了上层建筑的迷宫。因为在上层建筑这个庞大的宫殿里,堆积着各种各样的精神财富

① 《马克思恩格斯选集》第4卷,人民出版社2012年版,第613页。
② 《毛泽东选集》第2卷,人民出版社1991年版,第694页。
③ 《毛泽东选集》第2卷,人民出版社1991年版,第663页。

和垃圾，它们之间互相影响，互相渗透，你中有我，我中有你，因而每一件财富或垃圾都成了既是社会存在又是意识形态，于是就无法分清它们之间到底谁反映谁，无法判断哪一件是社会存在，哪一件是意识形态。要想走出这个迷宫，只有如实地把全部上层建筑都当作经济基础这个社会存在的反映，当作思维以及思维的产物，当作意识形态的不同形式。

因此，吴元迈同志指出，"马克思所讲的社会存在决定社会意识，指的是物质第一性，意识第二性这个唯物主义的根本原理"是正确的。但是，他接着说："而上层建筑这个范畴既可以包括物质的东西，也可以包括观念的东西，恩格斯称之为'观念的上层建筑'。"[①] 这就有些费解了。因为"观念上层建筑"，虽然也和语言一样，可以给予思维以物质的外壳，转化成为物质的社会设施，而且这种社会设施还可以成为社会的独立力量，并且还会产生新的意识形态，但是，不管怎样，它总归是为了解决经济关系中的矛盾而存在，并不是生产的经济关系本身，因而没有自己独立存在的本质，不能从它本身来解释，只有用社会的经济关系来说明。因此，马克思在讲社会领域中的物质第一性和精神第二性的时候，绝不会把它同经济关系这种物质的社会存在混为一谈。而吴元迈同志在这里只要和下文联系起来，便可以看出他把上层建筑同"物质的东西"扯在一起，也违背了马克思的原意。马克思的原话是"一种是生产的经济条件方面所发生的物质的、可以用自然科学的精确性指明的变革"[②]，吴元迈同志却砍掉了"生产的经济条件方面所发生的"规定性，只把"物质的、可以用自然科学的正确性指明的变革"取出来，并且把它当作"上层建筑的变革"[③]，

① 吴元迈：《也谈上层建筑与意识形态的关系——与朱光潜先生商榷》，《哲学研究》1979 年第 9 期。
② 《马克思恩格斯选集》第 2 卷，人民出版社 2012 年版，第 3 页。
③ 吴元迈：《也谈上层建筑与意识形态的关系——与朱光潜先生商榷》，《哲学研究》1979 年第 9 期。

显然是把"生产的经济条件"变成了"上层建筑",也就是变成了精神的产物,于是就颠倒了物质第一性和精神第二性的唯物主义的根本原则。

马克思和恩格斯在创立唯物史观时,就把"观念的上层建筑"同生产的经济条件方面的"社会组织"严格地区别开来了。他们在《德意志意识形态》中指出:"市民社会"这个名称,"始终标志着直接从生产和交往中发展起来的社会组织,这种社会组织在一切时代都构成国家的基础以及任何其他观念的上层建筑的基础"①。"市民社会"在马克思和恩格斯这里,"包括各个人在生产力发展的一定阶段上的一切物质交往"②,马克思后来叫作"物质的生活关系的总和"③,也就是"生产关系的总和",即"经济基础"。既然国家也和其他"观念的上层建筑"一样,是以经济关系为基础的,那么,它也必然同"观念的上层建筑"一样,不能离开经济基础而独立存在,只能是经济基础的反映,它作为社会的组织机构,也不可能成为经济关系这种独立的"社会存在"。因为国家是阶级斗争不可调和的产物,它必然随着阶级斗争的消失而消失。但是,经济关系这种社会存在,却不但不因此而消失,反而由于摆脱了国家的负担而得到更好的发展。因此,恩格斯在讲政治的反作用时,虽然说"暴力(即国家权力)也是一种经济力量"④,但是他也明确地指出,"国家作为第一个支配人的意识形态力量出现在我们面前"⑤,而不是作为经济关系这种物质的社会存在的力量出现在我们面前。正是这个缘故,被压迫阶级反对统治阶级的斗争,虽然一定要变为政治斗争,首先反对统治阶级的政治统治,但是,对于马克思主义者来说,绝不能模糊这种政

① 《马克思恩格斯选集》第1卷,人民出版社2012年版,第211页。
② 《马克思恩格斯选集》第1卷,人民出版社2012年版,第211页。
③ 《马克思恩格斯选集》第2卷,人民出版社2012年版,第2页。
④ 《马克思恩格斯选集》第4卷,人民出版社2012年版,第613页。
⑤ 《马克思恩格斯选集》第4卷,人民出版社2012年版,第259页。

治斗争和经济基础的联系。因为一切所谓政治革命，从头一个起到最末一个止，都是为了保护一种财产而没收另一种财产。否则就是离开了唯物史观的基本原则，必然要在政治斗争中陷入盲目的境地，不知道这种政治斗争的真实的客观内容，总是为了一定的经济利益，而且随着经济关系的变化而变化。唯物史观就是要这样严格地掌握社会存在第一性和精神意识第二性的关系。

斯大林关于上层建筑的概念，既可以包括各种意识形态，又可以包括同意识形态相适应的各种社会设施，但是绝不包括生产的经济条件，因为上层建筑和经济基础是两个根本不同的概念。只要坚持斯大林的观点，就既不会把上层建筑当作"社会存在"，也不会把"物质的东西"塞到上层建筑里面去，因而也就不会混淆上层建筑和经济基础的界限，就可以坚持唯物主义的历史观。

三　上层建筑要为经济基础服务

斯大林明确了上层建筑的本质是为经济基础服务。他说："基础创立上层建筑，就是要上层建筑为它服务，要上层建筑积极帮助它形成和巩固，要上层建筑为消灭已经过时的旧基础及其旧上层建筑而积极斗争。只要上层建筑拒绝起这种服务作用，只要上层建筑从积极保卫自己基础的立场转到对自己基础漠不关心的立场，转到对各个阶级同等看待的立场，它就会丧失自己的本质，不再成为上层建筑了。"①

这样，斯大林就科学地概括了上层建筑对经济基础反作用的客观规律。历史事实告诉我们，没有一个社会的上层建筑不是为了促进自己经济基础的形成和巩固。资本主义社会的上层建筑，虽然往往是以保卫"自由平等"的面貌出现，但这正是资本主义

---

① 《斯大林选集》下卷，人民出版社 1979 年版，第 502 页。

经济关系的反映。马克思主义的唯物史观，彻底弄清了上层建筑和经济基础的关系，从国家作为第一个支配人的意识形态的力量出现在我们面前，到哲学、宗教等，归根到底，都是为经济基础服务的。斯大林揭示了这个规律，人们就可以更自觉地掌握和运用。

但是，吴元迈同志却认为，斯大林说的"这是上层建筑的主要方面"，而不是"全部上层建筑"。他说："我认为，应该看到经济基础本身的复杂性。在阶级社会中，每个社会形态中必然包含着对立的阶级，由于阶级地位和阶级利益的对立自然产生不同阶级的意识形态。""不能笼统地说上层建筑的反作用仅仅是为了促进基础的形成和巩固，而把那些对基础起阻碍和破坏作用的上层建筑中的某些成分说成是非上层建筑的现象。""'反作用'，既可以是促进，也可以是阻碍。"[①]

我认为，吴元迈同志的观点是错误的。因为按照这种观点，斯大林甚至在阶级社会里，连意识形态的阶级性也不懂。而实际上，斯大林这个观点，正鲜明地体现了上层建筑包括意识形态在内的阶级性。比如，封建社会的经济基础，必然包含地主和农民两个对立的阶级，因而必然产生两种对立的意识形态，它们对封建经济必然起着两种相反的作用。正是这个缘故，虽然这两种对立的意识形态构成封建社会的整个上层建筑，但是农民阶级的意识形态必然处于被统治的地位，而且按其本性来说，要求形成和封建经济相对立的经济基础，只是由于农民阶级不代表新的生产方式，不能形成独立的经济基础，所以它的意识形态只能作为封建社会上层建筑的对立面而存在。正如列宁所说："每个民族的文化里面，都有一些哪怕是还不大发达的民主主义和社会主义的文

---

① 吴元迈：《也谈上层建筑与意识形态的关系——与朱光潜先生商榷》，《哲学研究》1979 年第 9 期。

化成分"①。显然，这种"民主主义的和社会主义的文化成分"不可能是封建经济和资本经济的上层建筑，只能是未来社会上层建筑的因素。它不是"阻碍"封建经济和资本经济的发展，而是推动封建经济和资本经济的发展和灭亡，因而也为未来的"社会主义"的经济基础的形成和巩固服务。这不是说明斯大林观点的错误，而是证明了斯大林观点的正确。

这种情况在资本主义社会里就看得很清楚了。资本主义社会的经济基础，必然产生资产阶级和无产阶级两种对立的意识形态，它们对资本主义经济也必然起着两种相反的作用。但是，我们只能把资产阶级的意识形态作为资本主义经济基础的上层建筑，而不能把无产阶级的意识形态也当作资本主义经济基础的上层建筑。因为无产阶级的意识形态按其本性来说，必然要求否定资本主义经济，为形成新的共产主义的经济基础而斗争，因而它是未来共产主义社会的上层建筑的组成部分，而不是资本主义社会的上层建筑。

斯大林说明上层建筑要为基础服务，是指"对自己基础的命运、对阶级的命运、对制度的性质"的"关心"，② 而不是对别人的基础的命运、阶级的命运、制度的性质的"关心"。吴元迈同志正是忽视了上层建筑的本质，因而以为上层建筑还有阻碍和破坏自己基础的作用。而实际上，这是不存在的。从奴隶社会到社会主义社会，作为自己基础的上层建筑有哪一种对自己的"基础"和"阶级"起了"阻碍和破坏"的作用呢？没有。至于被压迫的奴隶阶级、农民阶级和无产阶级的意识形态，它们对产生自己这个阶级的经济基础确实起了破坏作用，但是正因如此，它们在本质上都不是产生自己这个阶级的经济基础的上层建筑，而作为未来社会上层建筑的因素而存在，也为形成自己的经济基础服务。

---

① 《列宁全集》第 20 卷，人民出版社 1958 年版，第 6 页。
② 《斯大林选集》下卷，人民出版社 1979 年版，第 502 页。

正是这个缘故，上层建筑具有鲜明的阶级性。如果上层建筑对自己的"基础"和"阶级"，既有促进作用，又有破坏作用，那么，它还有什么阶级性呢？

当然，恩格斯明确说过："国家权力对于经济发展的反作用可以有三种……在第二和第三种情况下，政治权力会给经济发展带来巨大的损害，并造成大量人力和物力的浪费。"① 这无疑是完全正确的。因为无论是奴隶主国家、封建主国家还是资本家国家，特别是在它们的后期，都明显地有过这种现象。但这并不是说，这些国家就不为自己的经济基础服务了。恰恰相反，正因为它们死抱住自己已经落后于生产力发展需要的旧的经济基础不放，拼命保护这些落后的生产关系，才引起了生产力的破坏。因此，不是这些国家不为"自己的"基础服务，而是它们服务得太起劲了，甚至在它们的经济基础已经"死亡"以后，还要千方百计为之"招魂"。例如，在"四人帮"统治时期，国家权力对社会主义经济基础的破坏作用，差不多每个人都能明显地感觉到，因为"四人帮"推行的那一套根本不是社会主义的上层建筑，而是封建法西斯的专政。在这里，上层建筑不是对自己的经济基础也有"阻碍和破坏"的作用，而是"阻碍和破坏"了新的社会主义上层建筑和经济基础的形成和发展。正是这个缘故，它就不能适应新的已经形成的社会主义经济基础的需要，因而也就不能长久地继续存在下去，迟早要被扫进历史的垃圾堆。这种情况，不是证明上层建筑可以不为自己的经济基础服务，相反地，正是证明了上层建筑不能不为自己的经济基础服务。

吴元迈同志还引用马克思的话来证明自己的观点，但是，实际上也是证明了斯大林观点的正确。因为马克思明确指出的是"在不同的所有制形式上"，也就是在不同的经济基础上，耸立着

---

① 《马克思恩格斯选集》第 4 卷，人民出版社 2012 年版，第 610 页。

"由各种不同的情感、幻想、思想方式和世界观构成的整个上层建筑"。因此，这种"整个上层建筑"必然分解为适应各种不同所有制形式的上层建筑，表现为"各种不同的情感、幻想、思想方式和世界观"，它们必然各自都要为自己的经济基础服务。正是这个缘故，它们之间才发生"彼此矛盾或对抗"。比如，在封建社会内部产生的资产阶级意识形态，为什么要同封建社会的上层建筑发生矛盾或对抗呢？就是因为它们各自都要为自己的经济基础服务。在资本主义社会内部，保留封建社会的意识形态，它之所以要同资本主义的上层建筑发生矛盾或对抗，也是因为各自都要维护自己经济基础的利益。又如，在资本主义到共产主义的过渡时期，同时存在着社会主义的、资本主义的甚至封建主义的经济基础和上层建筑，由这些不同上层建筑所构成的过渡时期的整个上层建筑，它的内部为什么要发生矛盾或对抗呢？还不是因为各自都要保护自己经济基础的利益！否则，上层建筑的这种"矛盾或对抗"，不是成了无目的、无内容的东西了吗？只要某种上层建筑拒绝履行这种服务作用，不积极保护自己的经济基础和阶级，它就丧失了自己的本质，不再成为上层建筑了。因此，不管由多少种经济基础和多少个阶级产生的整个上层建筑，实际上都不可避免地要分解为各种不同性质的上层建筑，并且必然各自要为自己的经济基础和阶级服务。这是不以人的意志为转移的客观规律。

四　上层建筑随着经济基础的消失而消失

斯大林明确了上层建筑随着经济基础的消失而消失。他说："上层建筑是某一经济基础存在和活动的时代的产物，因此，上层建筑的生命是不长久的，它随着这个基础的消灭而消灭，随着这个基础的消失而消失。"这就正确地说明了马克思关于"随着经济基础的变更，全部庞大的上层建筑也或慢或快地发生变革"① 的思想。当然，斯大林省去了马克思说的"或慢或快"的限制词，可能误解为上层建筑随着经济基础的消失就同时消失，不能区别各种意识形态及其相应的社会设施在消灭过程中的先、后、快、慢。但是，不管怎样，只要经济基础随着历史的发展而消灭，上层建筑总归要改变。这也同一切具体事物都有产生和消灭一样，不能违背不可抗拒的辩证法。

但是，吴元迈同志却说，朱光潜先生提到"在《德意志意识形态》和其他经典著作里，马克思主义创始人曾多次提到各种意识形态都有自己的历史持续性和相对独立的历史发展""是很重要的。""但是，斯大林没有能够像马克思主义创始人那样强调指出，作为上层建筑的意识形态的历史继承性和相对独立性，相反地却说'如果基础发生变化和被消灭，那么它的上层建筑也会随着发生变化和被消灭'。我们以为，上层建筑'被消灭'这个提法是欠妥的，它容易使人误解，似乎意识形态随着基础的变更要全'被消灭'。这样就把上层建筑中的意识形态的相对独立性给抹杀了，把上层建筑在新旧变革过程中的矛盾性、复杂性简单化了。"②

我认为，事实正好与此相反。

第一，马克思和恩格斯在《德意志意识形态》中，确实提到了"使这些思想独立化"的字眼，但这不是唯物史观的东西，而是唯心史观的东西。因为这是"把统治阶级的思想和统治阶级本身分割开来"，"完全不考虑这些思想的基础"③ 的结果。无论是贵族统治时期占统治地位的"忠诚、信义"等概念，还是资产阶级统治时期占统治地位的"自由、平等"等概念，"统治阶级总

① 《马克思恩格斯选集》第 2 卷，人民出版社 2012 年版，第 3 页。

② 吴元迈：《也谈上层建筑与意识形态的关系——与朱光潜先生商榷》，《哲学研究》1979 年第 9 期。

③ 《马克思恩格斯选集》第 1 卷，人民出版社 2012 年版，第 179—180 页。

是自己为自己编造出诸如此类的幻想"①。按照唯物史观，正如"一定时代的革命思想的存在是以革命阶级的存在为前提的"② 一样，"占统治地位的思想不过是占统治地位的物质关系在观念上的表现，不过是以思想的形式表现出来的占统治地位的物质关系"③。可见，朱光潜先生恰好把反面的东西当作正面来理解。正是这个缘故，对该书中明确指出各种意识形态"没有历史，没有发展"的正面观点，就看不进去。但是，马克思恩格斯确实这样说过："我们的出发点是从事实际活动的人，而且从他们的现实生活过程中还可以描绘出这一生活过程在意识形态上的反射和反响的发展。甚至人们头脑中的模糊幻象也是他们的可以通过经验来确认的、与物质前提相联系的物质生活过程的必然升华物。因此，道德、宗教、形而上学和其他意识形态，以及与它们相适应的意识形式便不再保留独立性的外观了。它们没有历史，没有发展，而发展着自己的物质生产和物质交往的人们，在改变自己的这个现实的同时也改变着自己的思维和思维的产物。不是意识决定生活，而是生活决定意识。"④ 不能颠倒马克思和恩格斯的原意。

　　第二，"在其他经典著作里"，朱光潜先生也是把反面当作正面来引用。比如，恩格斯确实提到"历史方面的意识形态家……在每一科学领域中都有一定的材料，这些材料是从以前的各代人的思维中独立形成的，并且在这些世代相继的人们的头脑中经过了自己的独立的发展道路"⑤，但他这样说，是为了说明各种观念"是由什么样的方式和方法产生的"⑥，并不是说这些观念真的可以脱离经济关系而独立发展。所以恩格斯首先指出："意识形态是

① 《马克思恩格斯选集》第 1 卷，人民出版社 2012 年版，第 180 页。
② 《马克思恩格斯选集》第 1 卷，人民出版社 2012 年版，第 179 页。
③ 《马克思恩格斯选集》第 1 卷，人民出版社 2012 年版，第 178 页。
④ 《马克思恩格斯选集》第 1 卷，人民出版社 2012 年版，第 152 页。
⑤ 《马克思恩格斯选集》第 4 卷，人民出版社 2012 年版，第 642—643 页。
⑥ 《马克思恩格斯选集》第 4 卷，人民出版社 2012 年版，第 642 页。

由所谓的思想家通过意识、但是通过虚假的意识完成的过程。推动他的真正动力始终是他所不知道的，否则这就不是意识形态的过程了。"① "正是国家制度、法的体系、各个不同领域的意识形态观念的独立历史这种外观，首先迷惑了大多数人。"② 因此，唯物史观不应当被"思想观念的独立历史的这种外表"所蒙蔽，而应该看到"纯粹的思想胜利"不过是"改变了的经济事实在思想上的反映"。③

　　恩格斯在《路德维希·费尔巴哈和德国古典哲学的终结》中，也有类似的说法。为了弄清问题，也摆一下这个事实。他在这里也确实说道："任何意识形态一经产生，就同现有的观念材料相结合而发展起来，并对这些材料作进一步的加工；不然，它就不是意识形态了，就是说，它就不是把思想当做独立地发展的、仅仅服从自身规律的独立存在的东西来对待了。"但是，恩格斯接着就指出："人们头脑中发生的这一思想过程，归根到底是由人们的物质生活条件决定的，这一事实，对这些人来说必然是没有意识到的，否则，全部意识形态就完结了。"④ 因此，只有唯物史观才"把思想当作独立发展的，仅仅服从自身规律的独立本质来处理"；对于唯物史观来说，任何意识形态归根到底都只是物质生活条件在头脑中的反映，它怎样"同现有的观念材料相结合而发展起来"，并对这些材料怎样"做进一步加工"，归根到底也都要由物质生活条件来决定。恩格斯在叙述宗教变迁的历史以后说："这样，我们看到，宗教一旦形成，总要包含某些传统的材料，因为在一切意识形态领域内传统都是一种巨大的保守力量。但是，这些材料所发生的变化是由造成这种变化的人们的阶级关系即经济

① 《马克思恩格斯选集》第 4 卷，人民出版社 2012 年版，第 642 页。
② 《马克思恩格斯选集》第 4 卷，人民出版社 2012 年版，第 643 页。
③ 《马克思恩格斯选集》第 4 卷，人民出版社 2012 年版，第 643 页。
④ 《马克思恩格斯选集》第 4 卷，人民出版社 2012 年版，第 261 页。

关系引起的。在这里只说这一点就够了。"① 因为马克思这种历史观的证据，只能由历史本身来提供，而在这里，恩格斯说："在其他著作中证明已经提供得很充分了。"② 如果有人还嫌不够，那就不能怪马克思和恩格斯了。恩格斯接着还说："但是，这种历史观结束了历史领域内的哲学，正如辩证的自然观使一切自然哲学都成为不必要的和不可能的一样。现在无论在哪一个领域，都不再是从头脑中想出联系，而是从事实中发现联系了。"③

由此可见，只要把马克思恩格斯在《德意志意识形态》和其他著作中有关意识形态的"独立性"的这些话都联系起来加以考察，就会明显地看出，恩格斯检查自己和马克思最初"为了内容而忽略形式"，即因为把重点放在从经济事实中探索出政治观念、法权观念和其他思想观念以及由这些思想观念所制约的行动，而忽略了这些观念是由什么样的方式和方法产生的，也就是在说明意识形态独立性的外观方面"强调得不够"，并不是说唯物史观也要把思想当作独立发展的"本质"来处理。恰恰相反，强调弄清把思想当作独立发展的过程的原因，就在于不知道思想这一过程的进行归根到底也是由当时的经济关系来决定的这个事实，正是为了彻底揭示以意识形态的独立本质为基础的过去只靠思想解决一切而完全不超出思想范围的"历史哲学"的秘密，免得给马克思主义的敌人留下歪曲唯物史观并把它和"历史哲学"混为一谈的可能。制造思想体系的全部过程和实际情况既然已经弄清楚了，再把唯物史观也和"历史哲学"一样看待，就像现代化学已经知道过去炼丹术的化学过程，还要继续把现代化学也当作一种道家法术一样，不但十分可笑，而且是对现代化学这门科学的歪曲。因此，唯物史观也和现代化学一样，不再要求人们从自己的头脑

---

① 《马克思恩格斯选集》第 4 卷，人民出版社 2012 年版，第 263 页。
② 《马克思恩格斯选集》第 4 卷，人民出版社 2012 年版，第 264 页。
③ 《马克思恩格斯选集》第 4 卷，人民出版社 2012 年版，第 264 页。

中找出客观事实变化和发展的规律，而是要求人们从客观事实本身中发现它所固有的变化和发展的规律。因为人们头脑中发生变化的过程，不能从自身中得到解释，只能用客观事物本身变化和发展的事实来说明。否则，人们的思想，不是头脑里所固有的，就只能是从天上掉下来的东西。这样，马克思和恩格斯在什么意义上强调意识形态本身的独立发展，不是很明确了吗？而且可以看出，他们从确立唯物史观以后，就始终没有原则上的改变，不同的只是随着情况的变化而有不同的侧重。

第三，说斯大林没有强调意识形态的"历史继承性和相对独立性"，也是一种误解。因为吴元迈同志在文章中所说的意识形态的"相对独立性"，几乎就是斯大林关于上层建筑要为基础服务的反作用的另一种说法。例如，吴元迈同志认为：（1）在基础发生变化以后，旧的意识形态对新的基础还会长期起着阻碍作用，就是因为它对自己的基础、阶级和制度的命运的"关心"；（2）资产阶级的意识形态，在封建社会里就为资本主义社会的来临"起着呼风唤雨的作用"，就是因为它"要积极促进基础的形成和巩固"；（3）意识形态"必须利用和吸收过去的成果和思想材料"，"经济上落后的国家在哲学上仍然能够演奏第一小提琴"，上层建筑内部各部分之间的"互相影响"，就是"采取一切办法"帮助新制度并且消灭旧基础和旧上层建筑；（4）意识形态和上层建筑的各种设施一样，对经济基础"不是消极反应"，"不是采取漠不关心的态度，而是具有能动的反作用"，就几乎是斯大林的原话。此外就没再说什么了。只要不是停留在字面上，而是抓住事情的实质，也就不会发生这样的问题了。

第四，说上层建筑"被消灭"就是"抹杀意识形态的相对独立性"，"把上层建筑在新旧变革过程中的矛盾性、复杂性简单化了"，"变革意味着：一部分上层建筑自然是要被消灭的，另一部分则不是简单地‘被消灭’”，① 也不符合马克思的原意。因为马克思说的“变革”，是指“全部庞大的上层建筑”，不是指某一部分。全部变革不是消灭又是什么？因此，无论是“变革”也好，“消灭”也罢，都不是一部分，而是全部；都不是简单地抛弃，而是辩证地否定。因为在辩证法看来，“变革”和“消灭”一样，都不等于无，而是否定之中包含肯定的意思；都不是“抹杀意识形态的相对独立性”，都不是没有继承，而是真正承认意识形态的独立性是相对的，不是绝对的；继承也是批判地继承，不是原封不动地照搬，所以没有“简单化”，而是实事求是地按照客观规律办事。

斯大林是伟大的马克思主义者，虽然在理论上也有缺点和错误，但比一般人高明得多，不是很容易发现问题的。要想发现斯大林在理论上的问题，除了认真总结实践经验以外，还必须认真学习他本人的著作和马列著作，否则就可能找错地方，不但无助于发展理论，还会造成思想上的混乱。因此，认真学习马克思、恩格斯、列宁、斯大林和毛泽东同志的著作，总结好国内外革命的经验，努力弄清唯物史观的基本概念，排除似是而非以及各种各样的错误理解，不但是马克思主义哲学发展的需要，而且也是整个社会科学发展的需要。社会科学工作者，特别是哲学工作者，应当担负起这项任务。②

---

① 吴元迈：《也谈上层建筑与意识形态的关系——与朱光潜先生商榷》，《哲学研究》1979 年第 9 期。

② 凡引文未注明出处的，均引自斯大林《马克思主义和语言学问题》，人民出版社 1971 年版。

马克思恩格斯不是
"和平长入"的"首倡者"

——与阎长贵先生商榷

  阎长贵先生在《炎黄春秋》2007 年第 7 期上发表《马克思恩格斯确实是"和平长入社会主义"的首倡者》一文中写道："谢韬先生在《炎黄春秋》2007 年第 2 期《一家言》发表的文章《民主社会主义模式与中国前途》中说，马克思恩格斯晚年是'和平长入社会主义'的首倡者，对不对？我认为是对的。不过应当补充说，不仅仅是晚年。"

  这是想为"和平长入"提供更多的理论根据，实际上弄巧成拙。谢先生说"马克思恩格斯晚年是'和平长入社会主义的首倡者'"，如果"是对的"，那么阎先生说"不仅仅是晚年"，即早年也是"和平长入"的"首倡者"，就错了。因为"首倡"只有一次，不可能既是"早年"又是"晚年"。而且，只能"修正"早年，不可能修正晚年；因为早年还没有晚年的观点，无法修正。看来，谢先生要比阎先生高明一些。

  不过，众所周知，"和平长入社会主义的首倡者"确实不是"马克思恩格斯"，而是在他们以前的空想社会主义者。因为空想社会主义者除了布朗基等人以外，几乎都只想"和平长入"，而且不是没有实践，就是在实践中以失败而告终。布朗基等人主张密谋暗杀，也不敢公开宣布暴力革命。只有马克思恩格斯在《共产党宣言》中说："共产党人不屑于隐瞒自己的观点和意图。他们公开宣布：他们的目的只有用暴力推翻全部现存的社会制度才能达到。"① 可见，马克思恩格斯其实是"暴力革命"实现社会主义的首倡者。

阎先生说，马克思恩格斯始终是"两点论"，而不是"一点论"。这是对的。因为他们虽然"公开宣布"暴力革命，但是始终不放过任何可能"和平长入"的机会。然而，不能就此掩盖"两点论"中的"重点论"。既然"只有"暴力革命才能达到目的，"重点"当然不是"和平长入"。因此阎先生又说："不过马克思恩格斯在晚年，特别恩格斯在晚年——他比马克思晚逝世十二年，更强调更全面地阐述了和平取得政权，即'和平长入社会主义'的问题。"也不可能成为"重点"，只是一种可能争取的美好愿望。否则，就要修正早年的观点，把"美好愿望"当成"客观现实"，成为空想主义。

现在阎先生"补充"证明马克思恩格斯早年也"确实"是"和平长入"的"首倡者"。原著又怎样呢？不知阎先生为何只引1845年2月15日，恩格斯在爱北斐特的会上发表的演说，而不引他于1845年3月完成的《英国工人阶级状况》一书。前文"重点"若还不够明确，后书的末尾就比较清楚了。他说："革命是不可避免的，要从既成的形势中找到和平的出路已经太晚了；但是革命可以进行得比我们在这里所描述的温和些。这与其说将取决于资产阶级的发展，倒不如说将取决于无产阶级的发展。无产阶级所接受的社会主义和共产主义思想愈多，革命中的流血、报复和残酷性将愈少。"② 可见，他当时的"重点"就不是"和平长入"，而是"暴力革命"。

---

① 《马克思恩格斯选集》第1卷，人民出版社2012年版，第435页。
② 《马克思恩格斯全集》第2卷，人民出版社1957年版，第586页。

不过，当时马克思恩格斯在世界观上还受到费尔巴哈人道主义的影响，尚未制定自己发现的唯物史观，因此还不是完全科学的社会主义。恩格斯在《英国工人阶级状况》1892 年德文第二版序言中说："几乎用不着指出，本书在哲学、经济学和政治方面的总的理论观点，和我现在的观点决不是完全一致的。1844 年还没有现代的国际社会主义，从那时起，首先是并且几乎完全是由于马克思的功绩，社会主义才发展成为科学。……现在也还有不少人，站在不偏不倚的高高在上的立场向工人鼓吹一种凌驾于一切阶级对立和阶级斗争之上的社会主义，这些人如果不是还需要多多学习的新手，就是工人的最凶恶的敌人，是披着羊皮的豺狼。"[①]

如果恩格斯还受人道主义影响时就看到"和平的出路已经太晚了"，那么他和马克思接着在《德意志意识形态》中制定唯物史观后，更不可能把"和平长入"当作"重点"。正如马克思说明自己的"新内容就是证明了下列几点：（1）阶级的存在仅仅同生产发展的一定历史阶段相联系；（2）阶级斗争必然导致无产阶级专政；（3）这个专政不过是达到消灭一切阶级和进入无阶级社会的过渡"[②]。这是不以人们主观意志为转移的客观规律。因此，革命是否"温和些"，与其说取决于无产阶级，不如说取决于资产阶级。只要资产阶级不使用暴力，无产阶级为什么要用暴力呢？但是只要资产阶级使用暴力，无产阶级如果还要"和平长入"就只有取消革命，因为和平不可能粉碎暴力。可见，马克思恩格斯在《共产党宣言》中"公开宣布"暴力革命，绝非偶然。

那么阎先生的其他引证又怎样呢？

1846 年 7 月 17 日，马克思恩格斯……在给英国宪章派的菲格斯·奥康瑙尔的信中说：欣悉您在诺定昂的选举中取得

---

① 《马克思恩格斯选集》第 1 卷，人民出版社 2012 年版，第 69—70 页。
② 《马克思恩格斯选集》第 4 卷，人民出版社 2012 年版，第 426 页。

了光辉的成就……我们非常高兴地看到，英国工人充分了解到力量对比的这种变化。

可见，即使有"和平长入"的可能，"重点"也要"充分了解到力量对比的这种变化"，不能被"光辉的成就"冲昏头脑，以失败而告终。

1847年10月底—11月，恩格斯在《共产主义原理》中回答"能不能用和平的办法"废除私有制的问题时说："但愿如此……但他们也看到几乎所有文明国家的无产阶级的发展，都受到强力的压制……"

显然，在"强力的压制"面前，"和平长入"无法夺取政权，更不要说"废除私有制"了。所以这只是"但愿如此"，而不是"重点"。

马克思恩格斯在1847年12月—1848年1月合著《共产党宣言》，考虑到法国和其他一些国家的形势，则热烈和坚决地主张暴力革命（只谈了这种方法）……

那么为什么说"只有用暴力推翻"才能达到目的呢？要是还有其他办法，怎么能说"只有"这种办法呢？可见，"和平长入"不过是"但愿"而已。

掌握和遵循唯物辩证法的马克思恩格斯是与时俱进的……在1871年巴黎公社起义前马克思是反对的，而爆发后他就热情地支持和赞扬，失败后他又认真地深刻地总结经验教训。

实际上，"起义前马克思是反对的"，应是考虑到时机和条件不成熟，有失败的危险；"爆发后他就热情地支持和赞扬"，因为这是无产阶级的革命实践；"失败后他又认真地深刻地总结经验教训"，则是为了避免再犯类似的错误。这都是为了工人的利益，并不是"反对"公社起义。

1871 年 9 月 22 日马克思在国际工人协会伦敦代表会议上就德国和英国国际工人协会状况发言说："我认为应当向各国政府声明，我们知道你们是对付无产者的武装力量；在我们有可能用和平方式的地方，我们将用和平方式反对你们；在必须用武器的时候，则用武器"。

难道这就是把重点放在"和平长入"上吗？那么"在必须用武器的时候，则用武器"，如无事先准备，武器和使用者到哪里去找呢？即使找到了，又怎样使用呢？实际上，马克思总结巴黎公社的教训，不是把"和平长入"与"暴力革命"等量齐观，更不是把"和平长入"当作重点；相反，他认为公社失败的"致命"原因，正是暴力使用得不够。他说："当梯也尔通过偷袭蒙马特尔已经发动了内战的时候，中央委员会却不肯把这场内战打下去，因而犯了一个致命的错误，即没有立刻向当时毫无防御能力的凡尔赛进军，一举粉碎梯也尔和他的那帮乡绅议员们的阴谋。中央委员会没有这样做，反而容许秩序党在 3 月 26 日的公社选举中再次进行较量。这一天，'秩序人物'在巴黎各区政府同他们的过分宽宏的战胜者互道温和的和解之词，可他们内心里却咬牙切齿地发誓，时机一到定要将对方消灭干净。"① 结果，公社被淹没在血海之中。

① 《马克思恩格斯选集》第 3 卷，人民出版社 2012 年版，第 91 页。

　　1872 年 9 月 8 日马克思在阿姆斯特丹群众大会上就刚刚结束的海牙代表大会发表讲演说:"我们从来没有断言,为了达到这一目的,到处都应该采取同样的手段……像美国、英国……工人可能用和平手段达到自己的目的。但是,即使如此,我们也必须承认,在大陆上大多数国家中,暴力应当是我们革命的杠杆;为了最终建立劳动统治,总有一天必须采用暴力"。

　　他在这里强调的,显然不是"和平长入",而是"暴力革命"。否则为什么要说"总有一天必须采用暴力"呢?

　　在 80 年代末,即 1889 年 12 月 18 日,恩格斯在致……格·特里尔……的信中指出:"无产阶级不通过暴力革命就不可能夺取自己的政治统治,即通往新社会的唯一大门,在这一点上我们的意见是一致的。"在这封信中恩格斯还批评了丹麦农民党"放过拿起武器来惩罚宪法的破坏者的机会"的做法。而进入 90 年代,恩格斯根据形势的变化,则在保留享有"革命权"的同时,进一步论述了"和平长入社会主义"的问题,接着就是"马克思恩格斯晚年确实是和平长入社会主义的首倡者。

　　显然,这里也证明了恩格斯把重点放在"和平长入"的反面。因此,阎先生只好又靠"进入 90 年代……"和谢先生一样,歪曲恩格斯的著作。无需赘述。

　　这里需要说明的是,不知阎先生为何不像谢先生那样,也引用《资本论》第三卷的话。因此阎先生在这里就把"和平长入的首倡者"只归于恩格斯,而不归于"马克思恩格斯"。既然如此,"马克思恩格斯与时俱进的理论创新精神非常宝贵",就没有马克思的份儿。这与自己文章的标题不符。该标题至多只适用于"早年",不适用于"晚年"。而阎先生引用马克思恩格斯早年的著作,照我前面的分析,全部违背原意。因此,指责列宁的《国家与革命》没有"恩格斯这篇《导言》,一直至今,恩格斯(以及马克思)用和平手段取得政权即'和平长入社会主义'几乎从来没有宣传过,相反,始终处于被否定和被批评的地位"也就毫无根据;尤其是自己也没有引用马克思晚年的著作,却硬说"以及马克思",更加无理。所谓"马克思恩格斯始终是'两点论'而不是'一点论'",至少不适用于马克思的晚年。所谓"我们更应该学习马克思恩格斯的创新精神,并依据他们创立的实事求是的世界观与时俱进地正确看待如何取得政权这个问题",至少没有马克思晚年的著作可供"学习"。

评《马克思〈资本论〉的当代"人道主义"解读》

《马克思〈资本论〉的当代"人道主义"解读——凯文·安德森教授访谈录》[①] 一文，说到安德森教授关注马克思成熟时期的著述，特别是《资本论》文本研究及其在今日世界的现实意义。但他"强调马克思主义的人道主义维度"，难免背离原著本意。他说："鉴于其他形式的'马克思主义'对马克思主义本真含义的歪曲和颠倒，我们今天仍然有必要强调马克思主义的人道主义维度。""有充足的证据可证明，人道主义主题贯穿于马克思一生的著述之中，例如，《资本论》第三卷中就提到了在未来的新社会中，我们将超越必然性王国，走向真正的自由王国，人成为其自身的目的的世界。在《哥达纲领批判》中，也说到要终结脑体劳动的分离，这都是一种人道主义的视角和立场。"

此前就有人拿马克思的《巴黎手稿》和《人类学笔记》证明他在早期和晚期都是人道主义者，只剩中期还有点说不过去。现在填补了这个"空白"，好像就"天衣无缝"了。可惜，这套"一生论"难免要与早期和晚期的马克思人道主义发生矛盾。"早期派"的论点是，《巴黎手稿》达到了他毕生"成就的顶

---

① 张秀琴、王葳蕤：《马克思〈资本论〉的当代"人道主义"解读——凯文·安德森教授访谈录》，《中国社会科学报》2011年12月27日。

点"，也叫"顶峰论"；此后的唯物论就成了他创作能力的"衰
退"，才有"两个马克思"之说。"晚期派"则说马克思终于回
到人道主义上来，也叫"回归论"。但如果人道主义是他"一生
著述的主题"，就不可能在早期达到顶峰，"两个马克思"一说
和"回归论"也都否定了。那么，"一生论"要想成立，得先批
倒它们。

其实，"一生论"根本不是什么新解读，而是误解原著的老
套路。因为《哥达纲领批判》和《资本论》第三卷说得很清楚：
那是"在共产主义高级阶段上"，空想社会主义者也猜到要先
"终结脑体劳动分离"，否则人们就不能自觉按照"必然"办事，
"各尽所能，各取所需"，成为自然界和社会关系的主人。所以，
那时的"自由"也只能是："社会化的人，联合起来的生产者，
将合理地调节他们和自然之间的物质变换……但是不管怎样，这
个领域始终是一个必然王国。在这个必然王国的彼岸，作为目的
本身的人类能力的发展，真正的自由王国，就开始了。但是，这
个自由王国只有建立在必然王国的基础上，才能繁荣起来。"①

可见，"我们将超越必然性王国……"不是《资本论》的原
意。自由王国只能以必然王国为基础，就不是"超越"。再说，
人道主义的"自由王国"也不用等到共产主义高级阶段。文艺
复兴时期提出的"自由个性"，就是人不同于其他动物所固有的
特性，后来又叫"天赋人权"；现在还有人在鼓吹"自由平等的
普世价值"。那么，只要是人就有"自由平等"的人权，还高于
国家主权；它们不只属于人类发展的某个历史阶段，也不只属于
某个国家，而是属于全人类的全部历史。然而，正因为它们适用
于一切时代和一切民族，它们在任何时候和任何地方都不适用。
实际上，各时代、各民族、各阶级都有自己自由平等的要求，甚

---

① 《马克思恩格斯全集》第 25 卷，人民出版社 1974 年版，第 925 页。

至彼此相反。

而《资本论》第一卷就说明，"自由平等"这类"天赋人权的真正之乐园"，实际上只存在于资本主义社会中"劳动力买卖"的流通领域内。因为，买卖双方只是由他们的自由意志决定，他们以自由人和权利平等者的资格订立契约；契约是最后的结果，他们的意志就在此取得共同的法律表现。但是，离开流通领域，货币的所有者就变成了资本家，劳动力的所有者就变成他的劳动者，他们之间就成为剩余价值的剥削者和创造者的对抗关系。资本家为了在竞争中取胜，就必须最大限度地剥削工人创造的剩余价值，必然激起工人更大的反抗；无产者则只有被剥削的"自由"，虽然工人也有不出卖劳动力的自由，但这样就无钱换取食物，只有自由到饿死为止。所以，人在这里不仅没有自由，还成了必然性的奴隶。因此，自由要不要以必然为基础，也是马克思主义与人道主义的对立，它们只有在互相转化的过程中才能统一。不知道马克思主义的人，只看到自由和必然的对立，而不知它们在一定条件下的统一，还情有可原；研究马克思主义的人也这样，就有点说不过去了。

而且，"一生论"的研究方法也与"早期派"和"晚期派"相近，紧盯着马克思个别手稿的个别词句，无视他在1845年后研究《资本论》的主题，不是"人道主义"，而是"揭示现代社会的经济运动规律"。这就是误解树木而不见森林。事实上，马克思在1859年《政治经济学批判》序言中就说明，1845年春，恩格斯住在布鲁塞尔时，"决定共同阐明我们的见解与德国哲学的意识形态的见解的对立，实际上是把我们从前的哲学信仰清算一下"[1]。其成果就是《德意志意识形态》，此前还有马克思的《关于费尔巴哈的提纲》。其后，他们

---

[1]　《马克思恩格斯选集》第2卷，人民出版社2012年版，第4页。

分工合作，马克思用《资本论》证明唯物史观的科学性；恩格斯配合他做生活保障和著作说明，并用《自然辩证法》"确立辩证的同时又是唯物主义的自然观"①，即包括人类社会在内的世界观，因为社会经济形态的发展是一种自然历史过程。直到马克思逝世，他们都没有回顾过费尔巴哈。只有在德国古典哲学"好像有点要复活的样子"时，恩格斯才用《路德维希·费尔巴哈和德国古典哲学的终结》进一步清算费尔巴哈学说，阐明唯物史观。他在该书1888年单行本序言中，开头就原原本本地引用马克思在1859年的说明，足见他们在1845年以后始终都很重视与人道主义划清界限。原因很简单：不破不立。无视马克思这一生的轨迹，硬说他在哲学世界观上始终如一，他的思想怎能发展？更不要说他从量变到质变的哲学革命了。

马克思不畏艰难险阻，一生艰苦奋斗，为我们树立了从人道主义飞跃到马克思主义的光辉榜样。要说"人道主义主题贯穿于马克思一生的著述之中"，只能理解为他在1845年以前信仰过费尔巴哈的人性哲学，但他清算了这种哲学信仰，制定了唯物史观，创立了马克思主义，直到逝世都用《资本论》证明以唯物史观为基础的马克思主义世界观，正好与费尔巴哈的人性哲学、人类学等人道主义根本对立。他在《资本论》第一卷第二版跋中说明："我的辩证方法，从根本上来说，不仅和黑格尔的辩证方法不同，而且和它截然相反。"② 这就是说，他的辩证法不是唯心主义，而是唯物主义，即辩证唯物主义或唯物辩证法，也与费尔巴哈人道主义的直观唯物主义和在历史领域中的唯心主义截然相反。他生活在1818—1883年，1845年前才26岁，又哪里是"一生"？恩格斯在《在马克思墓前的讲话》中说，他"一生"有唯物史观和剩余价值两大科学发现，正好把社会主义从

---

① 《马克思恩格斯选集》第3卷，人民出版社2012年版，第385页。
② 《马克思恩格斯选集》第2卷，人民出版社2012年版，第93页。

空想变为科学，就是要彻底铲除人道主义的社会基础。他一生的著述中贯穿着什么"主题"，昭如日月。但若带着成见去解读，势必背离他的思想和行动，甚至从"保卫马克思"走到所谓"认识论断裂"。

评《改革开放的时代精神》

　　《改革开放的时代精神——纪念"真理标准问题大讨论"40周年》（以下简称《精神》）① 一文说："'真理标准问题大讨论'对推动当代中国哲学研究具有三重作用，这集中体现为由其所开启的思想解放推动了哲学理论创新，哲学理论创新'反哺'于改革开放，促进了改革开放事业的健康发展。"

　　但这不符合实际。当时，首先是以邓小平同志为核心的党的第二代领导集体，在实践上打破了"两个凡是"，然后才有在理论上的"思想解放"。而且，除了"改革开放"，还有"坚持四项基本原则"。这样才有"以经济建设为中心"和"两个基本点"的中国特色社会主义道路。并非"哲学理论创新'反哺'于改革开放"，反而有的"理论创新"违背四项基本原则，危及党中央的正确路线。幸在邓小平同志及时发现，在1983年10月12日党的十二届二中全会上提出："思想战线不能搞精神污染。""有一些同志热衷于谈论人的价值、人道主义和所谓异化，他们的兴趣不在批评资本主义而在批评社会主义。"② 对这种错误倾向的批评，效果不够显著的原因："一则批评本身的质量和分量不够，二则抵抗批评的气势很盛。批评不多，却常被称为'围

---

① 《改革开放的时代精神——纪念"真理标准问题大讨论"40周年》，《中国社会科学报》2018年6月28日。

　　② 《邓小平文选》第3卷，人民出版社1993年版，第36、40—41页。

攻'，被说成是'打棍子'。其实倒是批评者被围攻，而被批评者却往往受到同情和保护……对此，马克思主义者应当站出来讲话。"① 当时，我还在写书，观点正好与这股思潮相反，应约发表两文作了批判。后来有人用"实践唯物主义"取代辩证唯物主义和历史唯物主义，公然否定马克思主义的世界观和历史观。结果还是党中央坚持中国特色社会主义路线，才有今天这样的中国奇迹，为世界人民作出巨大贡献。搞清这个事实，问题迎刃而解。今天还搞不清，将来就更难了。

《精神》说："实践哲学的探索大略经历了认识论的实践论，实践唯物主义（实践本体论）和人类学实践哲学三个阶段。"这是学术问题，但它关系到党和国家的指导思想，而且四十年来背离党中央始终坚持的理论核心，我们也应认真反思。

我觉得，这是回到马克思主义以前的旧哲学，即"哲学，这一似乎凌驾于一切专门科学之上并包括一切专门科学的科学的科学"②。因为马克思早在 1845 年就把哲学变成"只是世界观的实证科学"。他在《关于费尔巴哈的提纲》（以下简称《提纲》）开头就说："从前的一切唯物主义——包括费尔巴哈的唯物主义——的主要缺点是：对对象、现实、感性，只是从客体的或者直观的形式去理解，而不是把它们当做人的感性活动，当做实践去理解，不是从主体方面去理解。因此，结果竟是这样，和唯物主义相反，唯心主义却把能动的方面发展了，但只是抽象地发展了，因为唯心主义当然是不知道现实的、感性的活动本身的。"③

照此说来，只要把从前一切唯物主义的"主要缺点"改正过来，就是把事物、现实、感性"当作人的感性活动、当作实践去理解"，并"从主观方面去理解"，结果就和唯心主义相反，"能

---

① 《邓小平文选》第 3 卷，人民出版社 1993 年版，第 46 页。
② 《马克思恩格斯全集》第 21 卷，人民出版社 1965 年版，第 335 页。
③ 《马克思恩格斯选集》第 1 卷，人民出版社 2012 年版，第 137 页。

动的方面"（即辩证法）也由唯物主义继承和发展了，而且不是抽象地继承和发展，因为唯物主义当然知道"真正现实的、感性的活动"。

这是自觉运用辩证法，通过哲学基本问题，按照客观方面和主观方面互相依存和互相转化的条件，把费尔巴哈的"直观唯物主义"转化为"实践唯物主义"，同时也将从前包含在直观唯物主义中的实践唯心主义（如费尔巴哈所说"只有在实践哲学之领域内，我才是唯心主义者"①）从哲学中分离出去，成为哲学之外的道德学说，专门研究人们的行为规范。这就从根本上改变了以往旧哲学和专门科学的实践哲学混在一起的局面，正如恩格斯在《路德维希·费尔巴哈和德国古典哲学的终结》（以下简称《终结》）中说："有一种迷信，认为哲学唯心主义的中心就是对道德理想即对社会理想的信仰，这种迷信是从哲学之外产生的……"②恩格斯在《终结》序言中也说，《提纲》"作为包含着新世界观的天才萌芽的第一个文献，是非常宝贵的"③。虽然还只是"新世界观的天才萌芽"，但已超出旧哲学的范畴，不属于旧哲学，而属于马克思主义的新哲学，即无产阶级的世界观。

接着，马克思恩格斯就在《德意志意识形态》（以下简称《形态》）中制定唯物史观，清算从前的哲学信仰，不仅把"实践哲学"从哲学中分离出去，回归道德学说的专门学科，而且把"理论哲学"的"思辨"也变成了"只是世界观的实证科学"，完成了哲学革命。所以，《形态》说："在思辨终止的地方，在现实生活面前，正是描述人们实践活动和实际发展过程的真正的实证科学开始的地方。"④ 正如后来恩格斯在《反杜林论》中说，他们

---

① 《费尔巴哈哲学著作选集》下卷，荣震华、王右庆、刘磊译，生活·读书·新知三联书店 1962 年版，第 12 页。

② 《马克思恩格斯选集》第 4 卷，人民出版社 2012 年版，第 238 页。

③ 《马克思恩格斯选集》第 4 卷，人民出版社 2012 年版，第 219 页。

④ 《马克思恩格斯选集》第 1 卷，人民出版社 2012 年版，第 153 页。

这种"现代唯物主义，否定的否定，不是单纯地恢复旧唯物主义，而是把 2000 年来哲学和自然科学发展的全部思想内容以及这 2000 年的历史本身的全部思想内容加到旧唯物主义的持久性的基础上。这已经根本不再是哲学，而只是世界观，这种世界观不应当在某种特殊的科学的科学中，而应当在各种现实的科学中得到证实和表现出来。因此，哲学在这里被'扬弃'了，就是说，'既被克服又被保存'；按其形式来说是被克服了，按其现实的内容来说是被保存了"①。

当时《形态》还说，马克思恩格斯"这种历史观和唯心主义历史观不同，它不是在每个时代中寻找某种范畴，而是始终站在现实历史的基础上，不是从观念出发来解释实践，而是从物质实践出发来解释各种观念形态"②。所以，"市民社会包括各个人在生产力发展的一定阶段上的一切物质交往……这种社会组织在一切时代都构成国家的基础以及任何其他的观念的上层建筑的基础"③。可见，人类社会的历史就是从生产出发的生产力和生产关系、经济基础和上层建筑的矛盾运动过程。因此，"共产主义对我们来说不是应当确立的状况，不是现实应当与之相适应的理想。我们所称为共产主义的是那种消灭现存状况的现实的运动"④。只有参加这种现实社会运动的"实践唯物主义者"才是"即共产主义者"，打着共产主义招牌玩概念游戏的人都不算数。这就和空想共产主义划清了界限。

《精神》却说，"综合起来""总体分析"：真理标准问题大讨论"以来的当代中国哲学研究，关键在于在思想史的背景下激活了实践哲学的传统，并在此基础上摆脱了苏联教科书哲学对于马

---

① 《马克思恩格斯选集》第 3 卷，人民出版社 2012 年版，第 517 页。
② 《马克思恩格斯选集》第 1 卷，人民出版社 2012 年版，第 172 页。
③ 《马克思恩格斯选集》第 1 卷，人民出版社 2012 年版，第 211 页。
④ 《马克思恩格斯选集》第 1 卷，人民出版社 2012 年版，第 166 页。

克思主义哲学的僵化理解……按照新康德主义者，W. 文德尔班的理解"，回到旧哲学的理论哲学和实践哲学。"改革开放四十年来，基于马克思主义基本理解形成文化哲学、发展哲学、生态论哲学、交往哲学、经济哲学、社会哲学、政治哲学等哲学形态和哲学分支，在范畴上均属于实践哲学。这是实践哲学在各个领域的延展和引申，由此开辟了这一整个时期基本研究范式……"真是哲学的帽子满天飞！还美其名曰："结束了以往的经院式哲学研究范式以及常规式的解题活动，在马克思主义立场、观点和方法的指导下，逐步形成了当代我国哲学研究百花齐放的新局面。"其实，这都是打着"理论创新"的招牌回到从前的旧哲学，甚至不准别人出版按照马列主义原著来研究马克思从人道主义到唯物史观的飞跃的书稿。

　　好在我们的辩证唯物主义和历史唯物主义也不是白学的，就能看出这种复辟旧哲学的本来面目，只要再来一次哲学革命就行了。但也不能总是这样倒来倒去。根本的办法，即把学到的辩证唯物主义世界观和历史观变成方法论。正如恩格斯在《终结》中说："我们发现了这个多年来已成为我们最好的工具和最锐利的武器的唯物主义辩证法"①。既然世间的事物都是按照对立统一、量变到质变和否定之否定的规律而存在和运动，按照这种客观规律办事，问题也就迎刃而解；胡乱戴上哲学帽子，反而显得玄奥莫测。由此可知那种复辟错在哪里。"实践哲学"的"三个阶段"，只有"第一阶段"还可以说，因为"实践论"就在哲学基本问题第二方面的"认识论"中。"第二阶段"就不行了，因为"本体论"不属于哲学基本问题的第二方面，而是属于第一方面。至于"第三阶段"的"人类学实践哲学"，恩格斯早就说明"人类学（这个名称很拙劣）"②。它和人道主义一样也从抽象的"人"出

① 《马克思恩格斯选集》第 4 卷，人民出版社 2012 年版，第 250 页。
② 《马克思恩格斯全集》第 20 卷，人民出版社 1971 年版，第 524 页。

发，而不是从"这些个人的一定社会性质的生产"出发。而且，马克思恩格斯在哲学革命时就把"实践哲学"从哲学中分离出去作为道德学说，现在这些人又把它捡回来，到处乱戴，就是复辟。可见，这"三个阶段"表面上也像"否定之否定"，实际上都是回到旧哲学，不从生产出发，不分生产力和生产关系、经济基础和上层建筑，也不管内容是否合适，都戴上哲学的帽子就万事大吉。然而做学问没那么简单。例如，"文化哲学"可以包括物质文化和精神文化，即人类创造的一切。那么"发展哲学"还有什么内容可以"发展"？又如，"生态论哲学"，其实就是人类与自然界的关系问题，又是"论"又是"哲学"，两顶帽子更加玄虚莫测。再如，"交往哲学"，可以包括人们的物质交往和精神交往。物质交往又可分为人与自然界的交往，即发展生产力和改善环境；人与人之间的交往首先是生产关系，总和就是经济基础；与经济基础相适应的精神交往就是上层建筑。这又和物质文化、精神文化相重复。而所谓"理论创新"，都是货真价实的旧哲学，正好跟马克思恩格斯的哲学革命对着干。好在我们党和国家始终推行"双百方针"，否则怎能坚持四十年？

再说，《精神》通篇只讲"改革开放"，不提"坚持四项基本原则"，所谓"基于马克思主义基本理解"，实际上都是自己幻想的那一套，还不按照"实践是检验真理的标准"办事。苏联于1991年解体，震动全世界，就是由于从赫鲁晓夫开始搞现代修正主义，始终迷信资产阶级人道主义。实践早已证明，社会主义国家的改革开放，必须坚持四项基本原则，否则难免重蹈覆辙。

《精神》还说，真理标准问题大讨论"使当代中国哲学研究彻底走出了苏联教科书哲学的思辨研究方式……传统哲学基本上是理论哲学即形而上学传统（实际上，马克思的哲学革命早就把'理论哲学的思辨'变成只是世界观的实证科学，与形而上学无关）……这种哲学沉迷于思辨与社会历史无关的永恒之物，从而脱离了现实"。

事实正好相反。"苏联教科书哲学"在不同时期有不同内容。列宁和斯大林时期都是辩证和历史唯物主义；到赫鲁晓夫上台，1960年出版的《马克思主义哲学原理》，当时我国哲学界不少人集中在中央党校讨论哲学教科书问题时都亲眼看到，书上写着"共产主义是人道主义的最高体现"。实际上人道主义的高级形态就是费尔巴哈人本主义二元论的形而上学和思辨。《精神》为了自己回到"人类学实践哲学"，就把苏联的列宁和斯大林时期与赫鲁晓夫到戈尔巴乔夫时期的理论混为一谈。表面上不管苏联后一时期的人道主义，实际上却把人道主义"脱离了现实"的"形而上学"和"思辨"都加到苏联前一时期和我国20世纪60年代出版的教科书《辩证唯物主义和历史唯物主义》（艾思奇主编）的头上，再加以批判。这样栽赃陷害和颠倒是非，根本不是科学研究的态度，又算什么"理论创新"？

值得注意的是，《精神》紧接着说："但马克思认为，'任何真正的哲学都是自己时代的精神上的精华，因此必然会出现这样的时代，那时哲学不仅在内部通过自己的内容，而且在外部通过自己的表现，同自己的时代的现实世界接触并相互作用'。"企图以此标榜自己的哲学就是"自己时代的精神上的精华"，堵死不同观点的发表。而马克思这段话，虽然在抽象意义上还可以说，但是具体情况必须具体分析。因为，它载于1842年7月10、12、14日的《莱茵报》附页，离马克思恩格斯1845年在《形态》中的哲学革命还有几年。当时马克思还是青年黑格尔派，即使说出了"绝对真理"，也不是马克思主义的东西。再说，如果1842年马克思就掌握了"绝对真理"，就不需要在1845年制定唯物史观的哲学革命了。何况，恩格斯到1892年还说："1844年还没有现代的国际社会主义，从那时起，首先是并且几乎完全是由于马克思的功绩，社会主义才发展成为科学。"① 怎么还能用 1842 年的 "哲学" 来推翻 1845 年哲学革命产生的 "新世界观的实证科学" 呢？果真如此，马克思研究《资本论》和恩格斯研究《自然辩证法》还有何必要和用处？

《精神》说："真理标准问题大讨论所引发的……一场哥白尼革命：把实践服从于理论和教条转换为理论以实践为标准并服从于实践。" 这就有点言过其实。因为，"实践服从于理论" 可能有过，例如教条主义；但实践服从于 "教条" 就成了迷信，而不是科学，二者怎能混为一谈？

马克思主义世界观的 "唯物主义实践论" 也不是在哲学基本问题第一方面的本体论中，而是在第二方面的认识论中。正如恩格斯说："思维和存在的关系问题还有另一个方面……我们的思维能不能认识现实世界？用哲学的语言来说，这个问题叫做思维和存在的同一性问题，绝大多数哲学家对这个问题都作了肯定的回答……但是，此外，还有其他一些哲学家否认认识世界的可能性……对这些以及其他一切哲学上的怪论的最令人信服的驳斥是实践，即实验和工业。"② 并非一切实践都是检验真理的标准，难道错误的实践也能检验吗？但是，人们的实践除了下意识外，都由思想支配。盲目实践，难免受到错误思想的支配。所以需要辩证唯物主义世界观和历史观的实证科学来指导，还要始终保卫它的科学性。否则难免把别人或自己的胡思乱想当作马克思主义，害人害己。更重要的是，把马克思主义的实证科学拿到别处去应用和发展，就要具体情况具体分析，避免教条主义和经验主义的错误。在实践中还要随时总结经验教训，时刻坚持真理，时刻准备改正错误。运用马克思主义理论，只有这样经过实践检验，才能把从前的思辨哲学变成现代的实证科学。

---

① 《马克思恩格斯选集》第 1 卷，人民出版社 2012 年版，第 69 页。
② 《马克思恩格斯选集》第 4 卷，人民出版社 2012 年版，第 231—232 页。

　　此外，"实践唯物主义"并非"实践本体论"，而是恩格斯在《终结》序言中说明的"作为包含着新世界观的天才萌芽的第一个文献，是非常宝贵的"。它为《形态》的哲学革命做好准备，但不等于《形态》制定的唯物史观的哲学革命，更不能用它来批判辩证唯物主义和历史唯物主义。否则就是用"新世界观的天才萌芽的第一个文献"来推翻新世界观的哲学革命，断送前进之路，只能退向旧哲学。《精神》就是这样做的典范。我们绝对不能跟着它回到人道主义的旧哲学上去，像赫鲁晓夫那样复辟资本主义。

　　鉴于《精神》打出"新康德主义"的招牌，《终结》有三段话值得认真思考。

　　如果新康德主义者企图在德国复活康德的观点，而不可知论者企图在英国复活休谟的观点（在那里休谟的观点从来没有绝迹），那么，鉴于这两种观点在理论上和实践上早已被驳倒，这种企图在科学上就是开倒车，而在实践上只是一种暗中接受唯物主义而当众又加以拒绝的羞羞答答的做法。[1]

　　当时哲学讲席都被那些故弄玄虚的折中主义的小识小见之徒占据了，而比所有这些人高明百倍的费尔巴哈，却不得不在穷乡僻壤中过着农民式的孤陋寡闻的生活。[2]

　　而在包括哲学在内的历史科学的领域内，那种旧有的在理论上毫无顾忌的精神已随着古典哲学完全消失了；起而代之的是没有头脑的折中主义，是对职位和收入的担忧，直到极其卑劣的向上爬的思想。……相反，科学越是毫无顾忌和大公无私，它就越符合工人的利益和愿望。在劳动发展史中

[1]　《马克思恩格斯选集》第4卷，人民出版社2012年版，第232页。
[2]　《马克思恩格斯选集》第4卷，人民出版社2012年版，第236页。

找到了理解全部社会史的锁钥的新派别，一开始就主要是面向工人阶级的，并且从工人阶级那里得到了同情，这种同情是它在官方科学那里既没有寻找也没有期望过的。德国的工人运动是德国古典哲学的继承者。①

---

① 《马克思恩格斯选集》第4卷，人民出版社2012年版，第265页。

附录:学术回顾

　　1955年,我从北京大学哲学系毕业,就分配到当时中国科学院正在筹备的哲学研究所,这是党对我的信任。我在李奇同志领导下,两人成立伦理学小组。作为新中国院系调整后的首届毕业生,又是研究道德伦理,我不能只顾自己、不勤四体。当时人少事杂,我就什么活都干,包括行政办公和值班巡逻,唯恐做得不够、不好。几十年后返所团拜,当年的老同志也还记得。

　　而在学术方面,早年中央提出"向科学进军",我就抓住三件事:一是向苏联学习,做马列经典著作的专题卡片;二是收集国内外有关论著;三是去团中央等单位了解思想动态。由此掌握了马列主义的基本观点,坚定了学术研究的指导思想,受用一生。

　　当时我收集到一些有关共产主义道德的小册子,就发现苏联把人道主义当作共产主义道德的一项原则,与唯物史观相抵触,还有教条味。到1956年,赫鲁晓夫做秘密报告,咒骂斯大林独裁专制,震动世界。我认为这是把无产阶级专政和封建专制混为一谈,否定科学社会主义的关键,后果严重。他还提出:"一切为了人,为了人的幸福。"我国也有人提出"共同人性",引用马克思《1844年经济学哲学手稿》(以下简称《手稿》)为据。这让我对《手稿》产生了兴趣。我还想起,20世纪30年代后,苏联理论界异口同声说恩格斯在《家庭、私有制和国家的起源》(以下简称《起源》)序言中,把物资生产和人身生产"同等看待,犯了一个错误"。这里就有问题,因为没有人身生产,历史就无法存在。必须把它搞清楚,否则影响唯物史观和家庭史的科学性,给人道主义者提供借口。

1957 年,我觉得哲学工作者应该把重点放在理论研究上,又想到人性论和人道主义的问题,更觉得《手稿》重要,却百读不解。后来劳动锻炼两年。到 1960 年,去中央党校参加全国哲学教科书讨论,看到苏联教材说:"共产主义是人道主义的最高体现。"人道主义成了"马列主义(辩证唯物主义和历史唯物主义)的核心",实际上取代了马列主义。我便与人合写《资产阶级人性论批判》,还想把几年来收集到的苏联人道主义问题相关资料整理一下。但当时所里叫我跟李光灿同志写《整风运动的经验和意义》。他和李奇一样是延安出来的老干部,向我生动地描述了毛主席讲《实践论》和《矛盾论》的情景,令我深受启发。

1962 年,我整理好苏联资料。所里一度要调我去浙江温岭,后来又叫我去参加中宣部组织的"批判人道主义"小组。经过几家大学帮助查阅经典原著和批判小组集体讨论、筛选和编辑,1964 年内部发行了《马克思恩格斯列斯论人性和人道主义》。其间,我比较全面地学习了马列原著,又查阅了毛泽东著作和普列汉诺夫著作及新中国成立前后理论界的有关观点,分别编成专题,还看了一些人道主义著作。但批判未能完成,小组人员就各回原单位参加"四清";我还参加了两期,然后就到了"文化大革命"时期。

总的来说,"文化大革命"前,我的学术工作并不稳定。但"文化大革命"后,经过二十多年的学习和思考,我的学术思想在脑海中成型。原来,马克思早已说明,当 1845 年春,恩格斯也住在布鲁塞尔时,"我们决定共同钻研我们的见解与德国哲学思想体系的见解之间的对立，实际上是把我们从前的哲学信仰清算一下"①。其成果就是《德意志意识形态》。书中指明："生命的生产"，无论是通过劳动而生产自己的生命，还是通过生育而生产他人的生命，就立即表现为双重关系：一方面是自然关系，另一方面是社会关系"②。可见，他们制定唯物史观时，"生活的生产"就包含"劳动"和"生育"两种。因此，恩格斯在《起源》序言中说明两种生产为基础的唯物史观，不是什么错误，正好体现了他们最初的本意。恩格斯还发现，在写《形态》前夕，马克思还有一个"包含着新世界观的天才萌芽"的《关于费尔巴哈的提纲》，对人道主义的唯物主义进行了全面的批判。足见他的新世界观正是在清算人道主义中产生和发展起来。只要如实揭示他清算人道主义、制定唯物史观和创立马克思主义的过程，真正的马克思主义者自会与人道主义划清界限。从前我们批不倒人道主义，现在可以从这里找到最有说服力的根据。

研究伦理道德没法解决这个问题，我就开始钻研马哲史，参加创办马哲史学会。20世纪80年代，为了恢复两种生产为基础的唯物史观，阐明马克思恩格斯清算人道主义的具体过程，厘清马克思主义诞生以来的一些混乱思想，我写了四本书。

第一，《两种生产问题的探讨——论唯物史观的基础》，1983年2月出版。

本书论述：恩格斯在《起源》序言中没有把两种生产"同等看待"，不是"二元论"；它们是唯物史观的基础，与以人性论为基础的人道主义相对立。这可作为我之后两本书的绪论。1983年十月中旬，所里科研处不断找我写批判人道主义的文章，我按照马克思恩格斯原著写了两篇，分别在《解放日报》和《工人日报》上发表，说明"人是马克思主义的出发点"错在哪里。

---

① 《马克思恩格斯选集》第2卷，人民出版社2012年版，第4页。
② 《马克思恩格斯选集》第1卷，人民出版社2012年版，第160页。

第二,《人类家庭发展史》,1988 年 9 月出版。

本书参照马克思对摩尔根《古代社会》的摘要以及恩格斯的阐释,证明家庭产生氏族制度,它只在私有制下才是"社会的细胞",还会随着公有经济和科技的发展而归于消亡,并与流行观点划清界限。当时所里在评职称。院里一评委对我说:"看到书中说明家庭消亡,遗传工程还可以免去妇女生孩子的痛苦,我投你一票。"

第三,《人类财产发展史》(合著),1999 年出版。

在从人身生产方面说明人类社会史之后,我在本书中继续从物资生产方面用历史和逻辑相统一的方式论述:人类社会必然从公有制开始到私有制又到公有制,物资生产在全过程中都起着决定作用,经济不发达国家也有社会主义革命的理论根据。自从《资本论》用逻辑和历史相统一的方式说明人类社会发展过程以后,再用反过来的方式,"通俗"而"明确"地解说这个过程,便于人们理解历史规律,掌握自身命运,就成了马克思主义基础理论研究的重要方面。这只有在恩格斯出版《起源》和社会主义革命胜利的基础上才可能实现,本书就是这样一次尝试。书写成后,得到国家出版基金资助。

第四,《人道主义到唯物史观——马克思世界观的飞跃》,1995 年出版。

本书曾遭到反对。为了不连累推荐者,在他们的评价中,我把"观点正确"都改成"观点明确"。幸蒙天津人民出版社积极支持,终于问世。我送李奇同志一本,因为她不仅始终是我到哲学所后的领导,而且在我参与批判人道主义期间,也和一大批人在民族文化宫搞这方面的工作。我这本书实际上是当年批判工作的继续。李奇同志是中国社会科学院研究生院第一任哲学系主任,此时已八十多岁高龄,还三次叫我去面谈。她说:"我读你这本书时,还逐条查对了经典原著,觉得和过去的理解不同了。这是学习马克思主义的最好参考书。我写文给《人民日报》推荐这本书,却不知为什么没有发表。"我说这总有原因,但心里感到难得知音,可以告慰老同志。当时张春明同志还找我说:"李奇同志在离休干部返所会上专门说了你的书,还问这样的书怎么只印一千册。"后在《高校理论战线》(1997 年第 2 期)上看到金林先生发表书评,可见还有人支持,颇受鼓舞。2010 年清华大学冯虞章等同志编写一本教材,邀我参加,专写我这本书说明的马克思主义与人道主义的关系,更令我感到不乏知己。

我的学术经历主要如此。这几本书问世后,除了第一本有人在《哲学研究》1985 年 12 期上对"有些观点"提出商榷(我在第二本书中用"马克思家庭观的几个问题"作了答复),未见有人公开提出不同意见。其实错误难免,我也九十多岁了,如在世时看不到批评指正,死后就无法自己改正了,岂不遗憾?

我想恢复马克思主义诞生时的本来面目,因为不知道它,就很难坚持和发展。唯物史观如果只有一种物质生产,没有人怎么生产?更不要说历史了。不知道马克思主义是在清算人道主义的基础上发展起来的,怎能与人道主义划清界限,又如何坚持马克思主义?更不要说发展了。想要发展,就得说明新情况和新问题。如果连旧情况和旧问题都不清楚,甚至不辨新旧,搞颠倒了也不知道,还怎么说明那些新事物呢?其实,只要读懂马克思恩格斯的原著,就没有说不清楚的问题。但要是自己没读懂,甚至没怎么读,又怎么说得清楚呢?可见,中央开展马克思主义理论研究和建设工程,对于坚持和发展马克思主义具有多么重大的历史和现实意义!

恩格斯说:"即使只是在一个单独的历史实例上发展唯物主义的观点,也是一项要求多年冷静钻研的科学工作,因为很明显,在这里只说空话是无济于事的,只有靠大量的、批判地审查过的、充分地掌握了的历史资料,才能解决这样的任务。"① 可见,要想学术成正果,先把路线看清楚,再从资料下功夫,还得"冷静钻研"不怕苦。只有这样,才能为坚持和发展马克思主义作出贡献,并把普遍真理和具体实践结合起来,永葆革命青春。

① 《马克思恩格斯全集》第 13 卷,人民出版社 1962 年版,第 527 页。